国家自然科学基金项目（项目号：41801143）成果

文化表征与非表征的理论与实践

北京西四街区文化的综合保护

成志芬 著

中国社会科学出版社

图书在版编目(CIP)数据

文化表征与非表征的理论与实践:北京西四街区文化的综合保护/成志芬著.
—北京：中国社会科学出版社，2021.12
ISBN 978-7-5203-9325-6

Ⅰ.①文⋯ Ⅱ.①成⋯ Ⅲ.①地方文化—研究—西城区 Ⅳ.①G127.13

中国版本图书馆 CIP 数据核字(2021)第 235628 号

出 版 人	赵剑英
责任编辑	吴丽平
责任校对	赵 琳
责任印制	李寡寡

出　　版	中国社会科学出版社
社　　址	北京鼓楼西大街甲 158 号
邮　　编	100720
网　　址	http://www.csspw.cn
发 行 部	010－84083685
门 市 部	010－84029450
经　　销	新华书店及其他书店

印　　刷	北京明恒达印务有限公司
装　　订	廊坊市广阳区广增装订厂
版　　次	2021 年 12 月第 1 版
印　　次	2021 年 12 月第 1 次印刷

开　　本	710×1000 1/16
印　　张	20.25
插　　页	2
字　　数	302 千字
定　　价	118.00 元

凡购买中国社会科学出版社图书，如有质量问题请与本社营销中心联系调换
电话：010－84083683
版权所有　侵权必究

序

  2021年教师节之际，志芬告诉我，她计划出版《文化表征与非表征的理论与实践》专著，并邀请我为之作序。我将这个消息作为她馈赠的教师节礼物。作为老师，每当看到学生的成果问世，自会感到无比欣慰。志芬著作标题中包含两个关键词：表征（representation）和非表征（non-representation）。这两个术语是外来概念，经由多个学科引入中国，例如文学、传播学、心理学、数学等学科。这些学科对表征各有定义，在人文地理学中，表征是描述文化的术语，它指被人们清晰表达出来的、意义明确的、被人们普遍了解的人类知识。非表征，顾名思义是指那些未能用文本明确表达出来的、意义不明显的、未被人们普遍了解的人类知识。即便给出这两个术语的定义，人们还是需要用例子来理解这两个概念。而本书则通过北京西四北一至八条历史文化街区，阐述了何为表征的文化，何为非表征的文化。

  本书从表征和非表征的双重视角发掘历史文化街区的文化，这是一个重要的突破。以往人们主要关注的是表征文化，如流行的历史文本中对研究区域的介绍。而今大量的关于历史文化街区的著述集中在表征文化上，例如四合院大门的等级、房屋用瓦的形制、材质和颜色、建筑彩绘的代表性内容等。人们很少关注非表征文化，例如忽视历史文化街区内居民在日常生活中的身体实践、个人细微的情感起伏、对胡同生活的琐碎记忆等。志芬在这本书中虽然也大量引用了《宸垣识略》《藤阴杂记》《天咫偶闻》《京师坊巷志稿》等文献中的信息，借此探究西四历史文化街区的表征文化，但是也花了大量笔墨记录了该街区内的非表征文

文化表征与非表征的理论与实践：北京西四街区文化的综合保护

化，这是本书最有价值的部分，也很有趣。譬如，书中摘录了一位普通人所描写的礼路胡同19号院子："进了堂屋……目送我们进东耳房……妈妈径直回她的房里去了。我独自回东耳房"，"你们就跟她到下房去吧……"①在这些琐碎的日常生活描述中，没有提到四合院的形制，以及四合院居住上的礼俗安排，但是作者提及了堂屋，东耳房、下房等地点，不仅堂屋需要保护，其他附属房屋也不可或缺，所有这些地点共同成为一个空间容器，存满笔者对家的美好记忆。若没有这些地点，情感似乎失去了空间投射对象。

历史文化街区的表征与非表征可以视为一种文化分类的两个端点，在两端之间是一个过渡带。如果我们将官方规定的民宅建筑营造法式作为表征的典型代表，那么文人杂记、百姓日记则开始向非表征过渡；而胡同里上班族早出晚归的身影，大槐树下闲聊的老人，天空中飞过的鸽群则向非表征趋近；某个时刻邻里之间的一次争吵则可视为典型的非表征。透过一个又一个非表征，我们或许可以看到真正的历史文化街区的文化是如何形成的，百姓记日记，完成了对日常生活重要意义的甄别，邻里花样翻新的争吵，意味着院落新秩序的出现。对历史文化街区非表征文化的研究，意味着学者的目光不仅停留在权威的、唯一的、稳定的表征文化上，而是开拓了更多的视角。我以为，这些新视角包括三个特点。首先，承认文化的具身性，例如只有走向日常生活，才能理解夏日在胡同树荫下行走的惬意。其次，承认临时性知识的意义。只有仔细听了老住户对新来者的高声训斥，才能理解居民为何自觉遵守不在院门道停放自行车的道理，在给定情景中理解文化何其重要。第三，承认知识的中介性，有时即便研究者看到了当地人的"文化"，也未必真能完全地理解之，如果一眼就可以看懂，则不是非表征了，因此我者和他者之间需要中介知识。

表征和非表征理论应用的领域很广泛，本书仅仅是将之应用到历史文化街区。也许读者可以通过阅读本书的案例，掌握表征和非表征理论

---

① 丁伟：《中国十年情爱报告（上册）》，中国文联出版公司1998年版，第18—19页。

序

的要旨，从而应用到与自己正在探索的领域上。这里"跑题"式地列举两个研究领域。其一是地缘政治。思里夫特（Nigel Thrift）是非表征理论的提出者[1]，他在该理论提出10年后，邀请一批学者合著《非表征理论：空间、政治和影响》[2] 一书，并于两年后出版。他在该书前言中提到，非表征理论可以应用到地缘关系分析中，这会促使学者在分析伊拉克战争、阿富汗战争、911事件，以及其他政治事件时，不再局限在帝国主义、资本主义、全球化、全球变暖这些固定的思维模式上，而是开辟更多的分析视角，从而看到那些难以记住的、在某些情景下的另类政治冲动，这样可以更好地理解复杂的地缘关系。其二是影视评论。电影《让子弹飞》包含的内容既有表征，也有非表征。主角张牧之，从悍匪摇身变为清官，与鹅城的恶霸黄四郎展开一次又一次较量。张黄两人似乎是正义与邪恶的代表，这就是表征；而悍匪变清官的临时性动机以及暴动前难以琢磨的民众政治动机就是非表征。

读到这里，读者可能还有许多疑惑，这是因为此未能将全书的精华展现出来，那么就请读者自己品味吧。

周尚意
2021年10月10日

---

[1] Thrift, N. J., *Spatial Formations*, London: Sage, 1996.
[2] Thrift, N. J., *Non-representational Theory: Space, Politics, Affect*, London: Routledge, 2008.

目　录

绪论 ……………………………………………………………（1）
　　第一节　研究背景 ……………………………………………（1）
　　第二节　研究意义 ……………………………………………（11）
　　第三节　研究框架与研究问题 ………………………………（16）

第一章　表征理论、非表征理论与三元空间理论 ……………（20）
　　第一节　表征理论 ……………………………………………（20）
　　第二节　非表征理论 …………………………………………（27）
　　第三节　三元空间理论 ………………………………………（38）

第二章　北京西四北一至八条历史文化街区概貌 ……………（67）
　　第一节　街区的位置与隶属关系演变 ………………………（67）
　　第二节　街区的历史文化景观和重要历史事件 ……………（71）
　　第三节　街区的历史沿革 ……………………………………（82）
　　第四节　制度变化对实体要素和空间安置的影响 …………（87）

第三章　西四街区的表征文化 …………………………………（108）
　　第一节　能指表征的所指文化 ………………………………（109）
　　第二节　表征文化保护的缘由 ………………………………（150）
　　第三节　单保护表征文化的局限性 …………………………（158）

第四章 西四街区的非表征文化 …………………………………（161）
第一节 当下居民的非表征活动 …………………………………（161）
第二节 历史上居民的非表征活动 ………………………………（172）
第三节 非表征文化保护的缘由 …………………………………（183）
第四节 非表征文化保护的适用性和紧迫性 ……………………（191）

第五章 西四街区表征与非表征文化的关系 ……………………（196）
第一节 表征、非表征与三元空间的关系 ………………………（197）
第二节 表征、非表征与权力的关系 ……………………………（221）
第三节 居民获取表征和非表征权力的途径 ……………………（242）

结语 ………………………………………………………………（261）
第一节 文化表征与非表征的关系 ………………………………（261）
第二节 对策建议 …………………………………………………（264）

附录 ………………………………………………………………（271）
附录1 西四北一至八条街区院落和谐文化调查 ………………（271）
附录2 西四北一至八条街区表征文化访谈问卷 ………………（274）
附录3 西四北一至八条街区非表征文化访谈问卷 ……………（276）

参考文献 …………………………………………………………（278）

后记 ………………………………………………………………（306）

图 目 录

图 0-1　三种理论的相互关系 …………………………………（14）
图 0-2　本书的研究框架 ………………………………………（18）
图 1-1　三元空间之间的相互作用 ……………………………（52）
图 1-2　安德森对三元空间关系的理解 ………………………（65）
图 2-1　西四北一至八条街区在北京老城的相对位置变化 ……（69）
图 2-2　西四北一至八条街区四至范围及其在北京老城的区位 ……（71）
图 2-3　清乾隆时期西四牌楼 …………………………………（83）
图 2-4　清乾隆时期西四北头条至八条胡同 …………………（85）
图 2-5　1936 年西四北头条至八条胡同 ………………………（86）
图 3-1　第三章"西四街区表征文化"分析框架 ……………（109）
图 3-2　西四北六条 23 号院落正房隔扇裙板上的图案 ………（117）
图 3-3　西四北一至八条街区部分四合院的包袱苏式彩画 …（119）
图 3-4　西四北一至八条街区部分四合院的其他样式彩画 …（119）
图 3-5　西四北一至八条街区部分四合院广亮大门 …………（125）
图 3-6　西四北一至八条街区部分四合院金柱大门 …………（126）
图 3-7　西四北一至八条街区部分四合院蛮子门 ……………（126）
图 3-8　西四北一至八条街区部分四合院如意门 ……………（127）
图 3-9　西四北一至八条街区部分四合院西洋门 ……………（127）
图 3-10　西四北一至八条街区部分四合院广亮大门门墩 ……（130）
图 3-11　西四北一至八条街区部分四合院金柱大门和
　　　　　蛮子门门墩 …………………………………………（131）

· 1 ·

图 3-12　西四北一至八条街区部分四合院如意门门墩 …………（131）
图 3-13　西四北一至八条街区部分四合院"户对" ……………（132）
图 3-14　西四北一至八条街区部分四合院广亮大门象眼的
　　　　雕刻图案 ……………………………………………（133）
图 3-15　西四北一至八条街区部分四合院广亮大门雀替 ……（133）
图 3-16　西四北三条 27 号四合院大门花牙子 ………………（133）
图 3-17　西四北一至八条街区部分四合院如意门门头装饰
　　　　表征能指图 …………………………………………（140）
图 3-18　西四北二条 29 号四合院如意头表征能指图
　　　　（圆雕花篮） …………………………………………（140）
图 3-19　西四北一至八条街区部分四合院影壁 ………………（142）
图 3-20　西四北六条 23 号四合院廊心墙雕刻的"万"字图案 …（146）
图 3-21　西四北一至八条街区部分四合院不同戗檐的
　　　　雕刻图案 ……………………………………………（146）
图 3-22　西四北一至八条街区四合院大门不同的博缝头图案 …（147）
图 3-23　西四北一至八条街区不同四合院瓦当的雕刻图案 …（147）
图 3-24　西四北一至八条街区不同四合院的脊饰和
　　　　蝎子尾装饰 …………………………………………（147）
图 3-25　西四北一至八条街区不同四合院的倒挂楣子 ………（148）
图 3-26　西四北一至八条街区部分四合院留存的门联 ………（150）
图 3-27　房屋为不同产权形式的居民对表征文化的了解情况 …（158）
图 4-1　第四章"西四街区的非表征文化"分析框架 …………（161）
图 4-2　居民选择自己院落附近空地作为聊天和休闲空间 …（163）
图 4-3　居民选择大树下、后墙外作为聊天空间 ……………（163）
图 4-4　西四北一至八条街区居民关于卫生间空间的非表征 …（167）
图 4-5　西四北一至八条街区部分四合院大门门扇被换为铁门 …（169）
图 4-6　西四北一至八条街区部分四合院大门加装铁栅栏或者
　　　　防盗门 ………………………………………………（169）
图 4-7　居民房顶种植绿植 ……………………………………（170）

图目录

图 4-8　居民自家附近夹缝空间种植绿植 …………………………（171）
图 4-9　居民非自家附近夹缝空间中种植绿植 ……………………（171）
图 4-10　西四北一至八条街区部分四合院的新式天棚 ……………（172）
图 4-11　西四北一至八条街区部分四合院垂花门 …………………（174）
图 4-12　西四北六条 23 号四合院游廊局部 ………………………（177）
图 4-13　西四北一至八条街区部分四合院门钹 ……………………（178）
图 4-14　西四北一至八条街区部分四合院门包叶 …………………（179）
图 4-15　西四北五条某院落承载着居民记忆的老树 ………………（188）
图 4-16　西四北一至八条街区部分四合院取代门钹的门铃、现代锁图 …………………………………………（195）
图 5-1　第五章"西四街区表征与非表征文化的关系"分析框架 …（197）
图 5-2　表征、非表征与空间实践之间的关系 ……………………（200）
图 5-3　不同性别居民解决邻里矛盾的方式 ………………………（206）
图 5-4　结构方程模型的构成 ………………………………………（208）
图 5-5　西四北一至八条街区院落和谐文化认同及保护模型 ……（213）
图 5-6　结构方程模型路径修改和模型修正图 ……………………（218）
图 5-7　结构方程模型修正标准化参数估计路径图 ………………（218）
图 5-8　权力推动表征、非表征、空间实践互动关系 ……………（224）
图 5-9　西四北头条至八条胡同的小型墙画 ………………………（236）
图 5-10　西四北头条至八条胡同的大型墙画 ………………………（236）
图 5-11　西四北一至八条街区部分四合院电线走线情况 …………（237）
图 5-12　西四北一至八条街区部分配电箱、变压器安放情况 ……（238）
图 5-13　西四北一至八条街区胡同花池子 …………………………（243）
图 5-14　西四北一至八条街区居民自己表征的胡同绿化空间 ……（247）
图 5-15　西四北一至八条街区部分四合院统一放置的门墩 ………（247）
图 5-16　居民在门口摆放的储物空间 ………………………………（250）
图 5-17　居民在院内搭建的储物空间 ………………………………（251）
图 5-18　西四北一至八条街区居民用自行车占据停车位 …………（252）
图 5-19　居民利用超市购物小车和三轮车占据停车位 ……………（252）

图 5-20　停车位占据消防栓取水位置 …………………………（253）
图 5-21　西四北头条至八条胡同停车阻碍交通 …………………（253）
图 5-22　居民自家门前防止被停车措施 …………………………（254）
图 5-23　西四北一至八条街区院落后墙开门成为商业空间 ……（255）
图 5-24　政府部门把院落外墙统一刷成灰色 ……………………（256）
图 5-25　居委会安装的大门扶手 …………………………………（257）
图 5-26　西四北一至八条街区居民占用公共空间 ………………（258）
图 5-27　西四北一至八条街区部分居民占用门洞公共空间 ……（259）

表 目 录

表1-1 赫尔布雷希特关于表征理论与非表征理论区别 ………… (35)
表1-2 三元空间特征对比 ……………………………………… (50)
表1-3 卡普对三元空间概念及案例的理解 …………………… (61)
表2-1 明代西四北一至八条街区居住名人 …………………… (72)
表2-2 清代西四北一至八条街区居住名人 …………………… (73)
表2-3 民国时期西四北一至八条街区居住名人 ……………… (75)
表2-4 西四北一至八条街区历史文化景观 …………………… (79)
表2-5 清代至民国时期西四北一至八条街区发生的历史事件 …… (80)
表2-6 西四北头条至八条胡同名称变迁情况 ………………… (84)
表2-7 20世纪二三十年代西四北头条至八条部分房屋
　　　出租情况 …………………………………………………… (92)
表2-8 20世纪40年代西四北头条至八条部分房屋出租情况 …… (92)
表2-9 20世纪40年代西四北头条至八条部分房屋出售情况 …… (94)
表2-10 西四北一至八条街区房屋所有权和使用权制度变迁
　　　及对四合院文化的影响 ………………………………… (101)
表2-11 西四北一至八条街区文物保护单位 ………………… (106)
表2-12 西四北一至八条街区保护较好的四合院 …………… (106)
表3-1 明朝对不同身份人员居住四合院建筑形制的规定 …… (112)
表3-2 清朝对不同身份人员居住四合院建筑形制的规定 …… (112)
表3-3 北京西四北一至八条街区同一院落不同房屋的规制
　　　及其表征 ………………………………………………… (115)

· 1 ·

表3-4	明朝对不同身份人员居住四合院装饰的规定	(116)
表3-5	清朝对不同身份人员居住四合院装饰的规定	(116)
表3-6	不同等级彩画所表征的建筑等级	(118)
表3-7	明朝对不同身份人员居住四合院建筑大门的规定	(120)
表3-8	清朝对不同身份人员居住四合院建筑大门的规定	(121)
表3-9	西四北一至八条街区不同形制大门表征的能指和所指	(124)
表3-10	西四北一至八条街区部分四合院"门当户对"的表征能指	(128)
表3-11	西四北一至八条四合院不同形制大门的装饰表征能指	(134)
表3-12	西四北一至八条街区四合院部分如意门的门头装饰表征能指	(139)
表3-13	西四北一至八条街区部分四合院的影壁样式及装饰	(142)
表3-14	四合院雕刻、绘画等装饰表征的能指和所指	(144)
表3-15	院落居民伦理教化文化的表征	(148)
表3-16	西四北一至八条街区四合院大门门联	(149)
表3-17	西四北一至八条街区重点访谈对象基本情况	(152)
表3-18	西西北一至八条街区调查问卷特征	(156)
表4-1	西四北一至八条街区部分四合院垂花门装饰情况	(173)
表4-2	表征理论和非表征理论的区别	(192)
表4-3	西四北一至八条街区四合院垂花门保留及其保存完整情况	(193)
表4-4	西四北一至八条街区四合院大门门钹保留情况	(194)
表4-5	西四北一至八条街区四合院大门门包叶保留情况	(194)
表5-1	被调查者基本属性	(203)
表5-2	居民间和谐情况及选择西四北一至八条街区居住的理由	(203)
表5-3	不同年龄、性别居民对四合院邻里之间关系的认识	(205)
表5-4	研究初设的潜在变量与观察变量	(213)

表目录

表 5-5	KMO 和 Bartlett 的检验	(215)
表 5-6	问卷的信度、效度分析	(216)
表 5-7	模型适配度摘要	(217)
表 5-8	北京市政府关于西四北一至八条街区及四合院保护规划文件及相关内容	(227)
表 5-9	近年来政府部门对西四北一至八条街区进行的空间实践活动	(230)

绪　　论

第一节　研究背景

一　实践背景

（一）重视优秀传统文化的保护与传承

国家重视优秀传统文化的保护与传承。文化是一个国家、一个民族的灵魂。文化兴国运兴，文化强民族强。中国共产党第十七届中央委员会第六次全体会议做出"社会主义文化大繁荣大发展"的决定。① 党的十八大报告中提出了"文化强国"战略。② 之后，党第十八届中央委员会第二次全体会议提出全面推进社会主义文化建设。③ 党第十八届中央委员会第三次全体会议提出："紧紧围绕建设社会主义核心价值体系、社会主义文化强国……推动社会主义文化大发展大繁荣。"④ 党第十八届中央委员

---

① 《中共中央关于深化文化体制改革　推动社会主义文化大发展大繁荣若干重大问题的决定》，《实践》（思想理论版）2011年第Z1期。
② 张时哲：《漫谈十八大报告中的文化强国战略》，http://dangjian.people.com.cn/n/2013/0117/c136058-20236742.html，2013年01月17日。
③ 《中国共产党第十八届中央委员会第二次全体会议公报》，http://news.xinhuanet.com/2013-02/28/c_114843346.htm，2013年2月28日。
④ 《中国共产党第十八届中央委员会第三次全体会议公报》，《新长征》2013年第12期。

文化表征与非表征的理论与实践：北京西四街区文化的综合保护

会第四次全体会议提出要实现我国文化昌盛。[①] 2013年中央城镇化工作会议提出，城镇建设要保护和弘扬传统优秀文化，并延续城市历史文脉。[②] 党第十八届中央委员会第五次全体会议提出，要"加强社会主义精神文明建设，建设社会主义文化强国"[③]。2015年中央城市工作会议提出要保护弘扬优秀传统文化，保护好文化遗产；"要加强对城市的空间立体性、平面协调性、风貌整体性、文脉延续性等方面的规划和管控，留住城市特有的地域环境、文化特色、建筑风格等'基因'"[④]，"要控制城市开发强度，划定历史文化保护线"[⑤][⑥] 等。中共中央"十三五"规划建议中提出要"建设社会主义文化强国"，要构建优秀传统文化传承体系，加强文化遗产保护。[⑦][⑧] 2016年，习近平在"哲学社会科学工作座谈会"上的讲话中指出，"要加强对中华优秀传统文化的挖掘和阐发，使中华民族最基本的文化基因与当代文化相适应、与现代社会相协调"[⑨]。"关于实施中华优秀传统文化传承发展工程的意见"指出，"实施中华优秀传统文化传承发展工程，是建设社会主义文化强国的重大战略任务"[⑩]。党的十九大报告指出，"中国特色社会主义文化，源自于中华民族五千多年文明历史所孕育的中华优秀传统文化"[⑪]。可见，国家把文化发展放在了重要的位置，要求我们

---

① 《中国共产党第十八届中央委员会第四次全体会议公报》，《实践》（党的教育版）2014年第11期。

② 《习近平在中央城镇化工作会议上发表重要讲话》，http://news.xinhuanet.com/politics/2013-12/14/c_125859827.htm，2013年12月14日。

③ 《中国共产党第十八届中央委员会第五次全体会议公报》，《求是》2015年第21期。

④ 《中央城市工作会议在北京举行》，《人民日报》2015年12月23日第1版。

⑤ 佚名：《指导思想》，《城乡建设》2016年第1期。

⑥ 《2015年中央城市工作会议（全文）》，http://bg.yjbys.com/gongzuobaogao/26711.html，2016年1月5日。

⑦ 安仁：《"十三五"：用国家思维引领文化建设》，《金融时报》2015年11月20日第9版。

⑧ 《中共中央十三五规划建议（全文）》，http://news.ifeng.com/a/20151103/46094489_0.shtml，2015年11月3日。

⑨ 习近平：《在哲学社会科学工作座谈会上的讲话》，中共江苏省委党史工作办公室、江苏省新四军和华中抗日根据地研究会《老兵话当年（第二十四辑）》，2016年。

⑩ 《关于实施中华优秀传统文化传承发展工程的意见》，《中国勘察设计》2017年第2期。

⑪ 《习近平在中国共产党第十九次全国代表大会上的报告》，http://www.china.com.cn/19da/2017-10/27/content_41805113.htm，2017年10月27日。

绪　论

发扬优秀的传统文化，延续城市历史文脉。

北京市重视优秀历史文化的传承弘扬。2014年2月，习近平在北京考察工作时提出，北京是世界著名古都，丰富的历史文化遗产是一张金名片，传承保护好这份宝贵的历史文化遗产是首都的职责。2017年2月，习近平再次在北京考察工作时指出：北京历史文化是中华文明源远流长的伟大见证，要更加精心保护好，凸显北京历史文化的整体价值，强化"首都风范、古都风韵、时代风貌"的城市特色[1]。《北京城市总体规划（2016年—2035年）》提出，"实施中华优秀传统文化传承发展工程，更加精心保护好北京历史文化遗产这张中华文明的金名片"[2]。《中共北京市委关于制定北京市国民经济和社会发展第十三个五年规划的建议》提出：要"推动文化繁荣发展，着力建设全国文化中心"[3]，其中要"传承弘扬优秀历史文化"，"推进文物院落的腾退搬迁，加大文物保护单位、胡同四合院保护修缮力度，保护好古都风貌这张中华文明的'金名片'"[4]。北京推进全国文化中心建设领导小组第五次会议提出要传承弘扬中华优秀传统文化[5]。其实，早在北京市"十二五"规划中，北京市就提出了"人文北京、绿色北京、科技北京"的建设目标和战略规划[6]，提出要"加强首都文化软实力建设"[7]。可见，重视优秀历史文化的传承弘扬也一直是北京市政府工作的重点。

北京历史文化街区优秀传统文化是北京城市文化软实力的重要组成部分。北京作为一座具有3000多年建城史，800多年建都史的历史文化

---

[1] 《精心打造北京"金名片"》，http://www.xinhuanet.com/syzt/jjjmp/，2017年3月27日。
[2] 中国共产党北京市委员会、北京市人民政府：《北京城市总体规划（2016年—2035年）》，中国建筑工业出版社2019年版。
[3] 《在新起点上加快建设国际一流的和谐宜居之都》，《北京日报》2015年11月26日第3版。
[4] 《北京市十三五规划建议全文内容公布》，http://bj.bendibao.com/news/2015128/210415.shtm，2015年12月8日。
[5] 蔡奇：《做好首都文化这篇大文章　推动全国文化中心建设不断取得新成效》，http://news.eastday.com/eastday/13news/auto/news/china/20190601/u7ai8604223.html，2019年6月1日。
[6] 蔡赴朝：《为"人文北京、科技北京、绿色北京"建设提供强大精神动力和智力支持》，《前线》2009年第3期。
[7] 蔡庆悦：《加强文化建设　提升首都城市软实力》，《前线》2011年第2期。

名城，历史文化是非常厚重的。在北京老城，尤其是北京历史文化街区内散布着众多的历史建筑（或建筑群）。这些建筑物（或建筑群）在街巷胡同中的空间布局都隐含着一定的空间秩序，许多历史建筑的设计、建造也都蕴含着深刻的历史文化，从而具有一定的历史价值、艺术价值和科学价值等。而这些建筑及其遗留的传统文化是通过一些符号表征出来的。所以这些符号的表征文化是北京城市文化软实力的重要组成部分。北京历史文化街区中还居住着很多居民，这些居民通过日常生活的身体实践所创造的非表征文化也是北京城市文化软实力的重要组成内容。然而，随着全球化、城市化的快速发展，历史文化街区的保护面临着一些问题，如一些历史建筑遭到了破坏，旧的历史建筑不能再满足居民对新的生活居住条件的需求，一些历史建筑的变化不再能够承载居民的记忆，居民自己创造的文化没有被保护下来等。所以，在此实践背景下，需要研究北京历史文化街区优秀传统文化的保护问题。

（二）重视中华优秀传统文化的创造性转化、创新性发展

保护优秀文化已经成为全人类的共识，而优秀文化不仅包含优秀传统文化，也包含创新文化。正如党的十九大报告指出，我们要"深入挖掘中华优秀传统文化蕴含的思想观念、人文精神、道德规范，结合时代要求继承创新，让中华文化展现出永久魅力和时代风采"，要"激发全民族文化创新创造活力，推动中华优秀传统文化创造性转化、创新性发展"，要"推动中华文明创造性转化、创新性发展，激活其生命力，让中华文明同各国人民创造的多彩文明一道，为人类提供正确精神指引"。《北京市推进全国文化中心建设中长期规划（2019年—2035年）》指出，要深入实施中华优秀传统文化传承发展工程，推动创造性转化、创新性发展[①]。

历史文化街区既包含丰富的中华优秀传统文化，也包含许多创新文化。既包含表征文化，也包含非表征文化。然而，目前对历史文化街区

---

① 徐秀丽：《〈北京市推进全国文化中心建设中长期规划（2019年—2035年）〉出台》，《中国文物报》2020年4月14日第001版。

的研究主要集中于表征文化，对其的保护依据也主要来源于从历史文献和历史建筑形态中挖掘的表征文化。而按照文化地理学近年来兴起的"非表征理论"，仅以这些文本性的历史资源不足以保护历史文化街区的文化，因为它们不仅来源于建筑，也来源于居住在历史文化街区中的居民。非表征文化还能体现历史文化街区的创新文化和地方特色。因此，从文化地理学空间表征与非表征综合的视角对历史文化街区的文化保护进行研究非常必要。

北京是见证历史沧桑变迁的古都，也是不断展现国家发展新面貌的现代化城市。《北京城市总体规划（2016年—2035年）》提出，北京历史文化遗产是中华文明源远流长的伟大见证，是北京建设世界文化名城的根基。要大力推进全国文化中心建设，提升文化软实力和国际影响力；要传承城市历史文脉，深入挖掘保护内涵，构建全覆盖、更完善的保护体系。因此，选择北京历史文化街区为案例进行研究具有代表性，也具有紧迫性。对北京历史文化街区表征与非表征文化保护的综合研究能为推动北京建设成为中国特色社会主义先进文化之都做出贡献。

（三）重视棚户区（含北京传统胡同四合院居住区）的改造

国家重视棚户区（含北京传统胡同四合院居住区）的住房改造问题。2014年2月25日，习近平到北京东城区南锣鼓巷历史文化街区雨儿胡同的四合院进行视察，了解居民居住情况，并了解居民住房改造的意愿（原地改建还是拆迁）[1]。2015年10月10日，李克强对棚户区改造工作做出了重要批示[2]。国家领导人的重视说明棚户区、历史传统居住区的居民居住问题已经成为国家急需解决的问题。

北京市重视中心城区棚户区的改造问题。《中共北京市委关于制定北京市国民经济和社会发展第十三个五年规划的建议》全文中提到："推进

---

[1] 独家视频：《习近平雾霾天视察北京胡同　问住房改造》，http：//news.ifeng.com/mainland/detail_2014_02/25/34166378_0.shtml，2014年2月25日。
[2] 《李克强对棚户区改造工作作出重要批示强调》，http：//news.sina.com.cn/c/2015-10-10/doc-ifxiqtqy0717512.shtml，2015年10月10日。

实施老城重组……按照就地改造、适当疏解、逐步改善、保护风貌的思路，推进老城区平房院落修缮改造和环境整治。基本完成中心城棚户区改造。"① 2020 年，东城区、西城区的棚户区改造和环境整治项目的占地面积分别为 69.4 公顷、29.7 公顷②。可见，北京市也非常重视棚户区的改造。

　　历史居住区在北京老城历史文化街区中占有较大的比例（除商业区、绿地外即为居住区），是北京老城重要的组成部分，承载着北京老城重要的居住功能。然而，目前普遍存在居住人口密度大、住房拥挤、市政设施配套不完备、使用年限久、人均面积小、治安和消防安全隐患大，以及环境脏、乱、差等问题，急需对其进行保护规划。据统计，北京老城第一批公布的 25 片历史文化保护区内的总人口密度为 275 人/公顷，而每一百平方米住宅用地上的居住人口在 7 人以上的院落所占比例最大，占院落总数的百分比为 38.6%③。而西四北一至八条街区总用地面积为 32.19 公顷，每一百平方米住宅用地上的居住人口在 4—7 人的院落所占比例最大，占总院落的 45%。每一百平方米住宅用地上的居住人口在 7—10 人的院落占总院落的 13%，每一百平方米住宅用地上的居住人口在 10 人以上的院落占总院落的 6%④。可见，北京老城历史街区居住人口密度偏高，人均居住面积偏小。面对这样的状况，需要研究北京历史文化街区居住文化的保护及居住环境的改造问题。如 2016 年，北京东四三条至八条地区试点部分居民"申请式搬迁"的改造方式，以改善搬迁者及留下的未搬迁者的寓居水平⑤⑥。

---

① 《在新起点上加快建设国际一流的和谐宜居之都》，《北京日报》2015 年 11 月 26 日第 3 版。
② 《2020 年各区棚户区改造项目清单》，http://zjw.beijing.gov.cn/bjjs/zfbz/phqgz/ndssjh/index.shtml，2021 年 5 月 30 日。
③ 北京规划委员会：《北京旧城二十五片历史文化保护区保护规划》，北京燕山出版社 2002 年版，第 10—15 页。
④ 北京规划委员会：《北京旧城二十五片历史文化保护区保护规划》，北京燕山出版社 2002 年版，第 95—100 页。
⑤ 《北京东四今年将试点居民"申请式搬迁"》，http://news.chinanews.com/gn/2016/01-24/7730017.shtml，2016 年 1 月 24 日。
⑥ 《东城拟疏解被占文物故居》，http://www.huabianwen.com/detail/rolls3160124m1435634772.html，2016 年 1 月 24 日。

绪　论

（四）重视和谐宜居之都的建设

国家及北京市重视和谐宜居之都的建设。2014年2月，习近平在考察南锣鼓巷地区雨儿胡同、北京市规划展览馆等后召开的座谈会上，提出了推进北京发展和管理工作的几点要求，其中之一，要明确北京城市战略定位，把北京建设成为国际一流的和谐宜居之都。[1][2]《北京城市总体规划（2016年—2035年）》提出，要"建设国际一流的和谐宜居之都，谱写中华民族伟大复兴中国梦的北京篇章"，2035年发展目标之一："初步建成国际一流的和谐宜居之都。"[3]北京市第十四届人民代表大会第三次会议中指出，要把建设国际一流的和谐宜居之都的新目标贯穿于北京市各项工作之中[4]。《中共北京市委关于制定北京市国民经济和社会发展第十三个五年规划的建议》全文中提到："准确把握北京发展的阶段性特征，紧紧抓住和利用好重大历史机遇，继续集中力量落实首都城市战略定位、推动京津冀协同发展……朝着建设国际一流的和谐宜居之都目标奋勇前进。"[5]

北京历史文化街区承载着北京老城重要的居住功能，其院落的和谐居住文化、宜居的环境建设是北京建设和谐宜居之都的重要组成部分。北京四合院在历史上具有宜居的自然环境和和谐的人文环境，其空间设计使得内部建立起一定的秩序，这种内部秩序具有安定感和亲密感，也使得居住在其中的人们具有良好的邻里关系[6]。而随着传统的四合院逐渐变成了大杂院，人们居住的空间变得越来越小，居住其中的人员变得越来越

---

[1] 《习近平在北京考察工作时强调　立足优势　深化改革　勇于开拓》，《北京观察》2014年第3期。
[2] 习近平：《把北京建成国际一流的和谐宜居之都》，http：//news.sina.com.cn/c/2014-02-26/192329572035.shtml，2014年2月26日。
[3] 中国共产党北京市委员会、北京市人民政府：《北京城市总体规划（2016年—2035年）》，中国建筑工业出版社2019年版。
[4] 王安顺：《将北京建设成国际一流的和谐宜居之都》，http：//bj.people.com.cn/n/2015/0123/c82837-23659075.html，2015年1月23日。
[5] 《中共北京市委关于制定北京市国民经济和社会发展第十三个五年规划的建议》，http：//www.vccoo.com/v/73b826，2015年12月9日。
[6] 尼跃红：《北京胡同四合院类型学研究》，中国建筑工业出版社2009年版，第200页。

杂，大杂院居民之间变得不和谐，大杂院的居住环境也已经不宜居。所以在此背景下，需要研究北京历史居住区的和谐宜居文化的建设问题。

二　理论背景

本书是在国际、国内文化地理学领域开始关注"非表征理论"，但研究（尤其是国内文化地理学领域的研究）尚处于起步阶段，以及学界对日常生活空间重视的宏观理论背景下进行的。

（一）"非表征理论"兴起

地理学对"非表征理论"开始关注，但目前的研究（尤其在国内地理学领域的研究）尚处于起步阶段。

地理学中的"非表征理论"兴起于20世纪70年代。20世纪六七十年代，哲学和艺术学领域对"表征"的巨大的批评（表征不再能够反映现实），导致了人文科学领域"表征危机"（representational crisis）的盛行。所谓"表征危机"就是指一种"反表征"或者"非表征"。这源于符号语言学领域瑞士语言学家索绪尔（F. de Saussure）对"能指"和"所指"关系进行批判的"语言学转向"。索绪尔认为，"能指"和"所指"之间的联系是任意的，尤其是对于语言符号。如"牛"这个所指，其能指在法语中和德语中是不同的[①]。在语言中所指有可能是独立于能指的[②]。索绪尔的这一观点得到了人们的支持和推广，导致了"表征危机"的出现及其进一步扩大。法国思想家德里达（J. Derrida）也解构了语言的表征系统，他认为，"文本之外，别无他物"，语言符号不存在客观和真实的意义，表征背后空无一物。该"表征危机"也动摇了西方长期以来基于文本的哲学、文学及文化的思辨系统[③][④]。语言符号的"表征危

[①] ［瑞士］索绪尔：《普通语言学教程》，高名凯译，商务印书馆1980年版，第103—111页。
[②] 李恒威、黄华新：《表征与认知发展》，《中国社会科学》2006年第2期。
[③] Atkinson, D., *Cultural Geography: A Critical Dictionary of Key Ideas*, I. B. Tauris, 2005, pp. 11 – 15.
[④] 秦旭：《希利斯·米勒解构批评研究》，社会科学文献出版社2011年版，第161页。

绪　论

机"扩展为一种后工业社会文化（或后现代文化）的"表征危机"①。后现代文化认为，任何文本都没有"先验的、客观的"的意义，"表征"不再能够切合意义的核心，意义只是在阅读和解释的过程中建构的②。"表征危机"导致了"非表征理论"（non-representation theory）的兴起及发展。在 20 世纪 70 年代早期，"表征危机"这个普遍现象的冲击波涉及了地理学。地理学家已经越来越感兴趣于运动、身体和日常生活③。自此，地理学研究中兴起了"非表征"理论。

然而，地理学界明确提出"非表征"的概念是在 1996 年左右，而且，目前地理学界（尤其是国内地理学界）对"非表征理论"的研究尚处于起步阶段。在国际地理学领域，对"非表征理论"研究较多的地理学者数量并不多，比较著名的学者有英国布里斯托尔大学地理学者思里夫特（N. Thrift）、德国不来梅大学副校长和地理学院应用地理学教授赫尔布雷希特（I. Helbrecht）、英国布里斯托尔大学地理学者迪尤斯伯里（J. D. Dewsbury）、英国威尔士大学地理和地球科学研究所学者克雷斯韦尔（T. Cresswell）、英国北安普顿大学学者霍尔顿（J. Horton）和克拉夫特（P. Kraftl）等。在国内文化地理学领域，只有很少量的学者提到了非表征理论研究的重要性，但尚未对其进行详细研究。

"非表征理论"在北京历史文化街区的应用能很好地补充居住文化保护的内容和途径。居住区居民的日常生活是文化的载体，"非表征理论"使人们把日常的实践看作一种文化，并且试图通过不同的方式加强这些日常实践的创造性④。非表征活动是充满活力和创造力的"场景"⑤。持续的创造是在日常生活非表征活动中发生的，人们需要对其进行关注，

---

① 盛宁：《关于后现代"表征危机"的思考》，《外国文学评论》1991 年第 1 期。
② 孙燕：《反对阐释：一种后现代的文化表征》，上海三联书店 2007 年版，第 32 页。
③ Rubidge, S., "Nomadic Diagrams: Choreographic Topologies", *Choreographic Practices*, Vol. 1, No. 1, 2011, pp. 43 – 56.
④ Thrift, N., "Steps to an Ecology of Place", in John Allen, Doreen Massey & Philip Sarre (Eds.), *Human Geography Today*, Cambridge: Polity Press, 1999, pp. 295 – 322.
⑤ Revill, G., "Cultural Geographies in Practice Performing French Folk Music: Dance, Authenticity and Nonrepresentational Theory", *Cultural Geographies*, Vol. 11, No. 2, 2004, pp. 199 – 209.

而不是仅仅关注有意识地编码的东西和符号。一些美的东西也正是非表征活动自然地、真实地创造的①。所以，对"非表征理论"的研究能为北京历史文化街区居住文化的保护提供理论依据。

（二）学界对居民日常生活空间的重视

20世纪50年代之前，德国哲学家康德（I. Kant）、美国地理学家哈特向（R. Hartshorne）的空间观都是把空间视为一个容器，认为空间是一种绝对的空间。② 在传统认识论上，一提到"空间"，人们想到的多是数学、欧几里得的几何学及其定理，所以人们认为"空间"是一个抽象物，是没有内容的空壳子，是一个空洞无物的东西，人们把它看成一个干巴巴的概念。至于各个学科对空间的研究，更是最大限度地肢解了它，它被分割为地理学的空间、社会学的空间、历史学的空间，等等。③ 1974年，法国著名的哲学家和社会学家列斐伏尔（H. Lefebvre）（1901—1991）在其关于空间的巨著《空间的生产》中对空间做了新的理解。该理解不仅波及地理学、城市规划学、建筑学等领域，而且涉及哲学和文学领域。④ 他认为，空间不再是一种背景、舞台或者容器，空间总是体现了某种意义。⑤ 空间具有源于自然、历史，以及源于身体、年龄、性别等的差异，空间也是人们充满情感的空间等，所以对空间的研究需要关注居民日常生活的空间。本书正是在此对空间的理解背景下进行的。

---

① Gold, J. R., Revill, G., "Gathering the Voices of the People? Cecil Sharp, Cultural Hybridity, and the Folk Music of Appalachia", *Geo Journal*, Vol. 65, No. 1 – 2, 2006, pp. 55 – 66.
② 陆扬：《日常生活审美化批判》，复旦大学出版社2012年版，第19页。
③ Lefebvre, H., *The Production of Space*, trans. D. Nicholson-Smith, Oxford: Blackwell, 1991, p. 19.
④ 陆扬：《日常生活审美化批判》，复旦大学出版社2012年版，第333—338页。
⑤ Lefebvre, H., *The Production of Space*, trans. D. Nicholson-Smith, Oxford: Blackwell, 1991, pp. 26, 154.

第二节 研究意义

一 实践意义

本书具有以下实践意义。

第一，本书通过表征理论与非表征理论，探索综合保护历史文化街区文化的途径，提出文化综合保护的框架和方案。该框架将为北京市文物局、北京市文化局等相关部门关于历史文化街区、历史建筑的保护提供重要的指导，将为北京市规划委员会等相关部门对历史文化街区的规划，为其他城市历史文化街区的保护规划提供重要的参考。

目前对北京历史文化街区文化保护的研究有不同的方法和思路，但总体来看，都偏重于对表征文化的研究，缺乏从地理学空间视角进行的研究，所以提出的保护建议也较为单薄，而且缺乏操作性。关于北京历史文化街区的研究，从研究内容来看，可以归纳为几个方面。其一，对历史文化街区内单一类型的历史建筑遗迹保护进行研究。如对产业类等[1][2]。其二，对历史遗迹保护的某一方面问题进行研究，如法律问题、工程技术问题、档案问题、保护修缮遵循的原则等。其三，从宏观角度进行泛泛研究[3][4]。从研究的街区对象来看，有学者以北京什刹海历史文化街区为例，研究环境的变化对地方文化的影响。通过调查发现，案例区的地方文化特色被迫削弱，且外来文化不能融入地方文化，所以应最大限度地发展具有传统文化特色的业态，维持传统的生活方式和社会网

---

[1] 王夏：《北京老城四合院的保护与利用》，《中华民居》2011年第10期。
[2] 张明庆：《北京什刹海地区名人故居的现状及其旅游开发》，《首都师范大学学报》（自然科学版）2007年第5期。
[3] 田继忠：《历史文化街区整体保护及有机更新的路径研究——以北京南锣鼓巷地区为例》，《经济论坛》2011年第11期。
[4] 胡燕：《北京历史街区的传统建筑色彩文化与保护策略研究》，《华中建筑》2014年第2期。

络，来重塑案例区的地方文化。① 有学者对朝阜大街进行了建筑设计的探索，分析了北京现代化的生活模式在传统院落的空间形态中的一些问题，总结目前传统院落空间改造的几种模式，分析了它们的优劣，陈述了目前北京传统院落改造面临的资金问题、容积率问题等，分类研究了餐饮、办公、商业等非居住功能的四合院现代化模式。② 本书发挥文化地理学的学科优势，从空间的视角，注重表征理论和非表征理论的综合性、人和环境的综合性，为北京历史文化街区文化保护提出具体建议。

本书选择北京西四北一至八条历史文化街区（以下简称为北京西四北一至八条街区或西四街区）为例，是由于该区域具有典型性和代表性。因为它是位于北京旧皇城外、内城里，隶属于目前的北京西城区，自元朝以来的一个传统的居住区，且它的居住功能至目前一直没有发生变化，而不像南锣鼓巷地区、什刹海地区等其功能已经由传统的居住区变为商业区和旅游区。

第二，本书深入挖掘并研究北京历史文化街区蕴含的历史文化，为人们正确地解读北京历史文化街区提供依据，为北京旅游宣传部门关于北京历史文化街区的宣传提供一定的借鉴，为北京市青少年教育基地的遴选设立提供借鉴。

二 理论意义

本书具有以下理论意义。

第一，本书探讨表征与非表征理论两者之间的关系，以及对于地方意义挖掘的作用，从而在某种程度上丰富文化地理学地方理论的研究。

长期以来，地理学对"表征"理论比较重视，但近年来，学界出现了对"话语权威"和表征普适性的质疑，在此基础上，提出了"非表征理论"。而非表征理论的提出并不是否定表征的重要性，并不意味着表征

---

① 谌丽等：《历史街区地方文化的变迁与重塑——以北京什刹海为例》，《地理科学进展》2010年第6期。
② 陶春春：《北京传统院落空间非居住功能的现代化模式研究》，硕士学位论文，清华大学，2004年，第20—50页。

绪　论

时代的结束[1]。正如非表征理论研究的重要人物赫尔布雷希特认为，表征理论从抽象、建构、再现的视角看待世界，类似人们的"右眼"。非表征理论从有形、经验、居住的角度看待世界，类似人们的"左眼"。两只眼睛在科学领域从理论和工具的角度对于抓住世界的改变都是有用的。虽然两者之间存在区别，但它们之间不是竞争的关系，不是两者选择其一的关系，城市和地方的研究需要把两者结合起来[2]，因为城市和地方都是一个复合体（Complexcities）。列斐伏尔也认为，表征理论与非表征理论同等重要[3]。英国地理学者多琳梅西（D. Massey）认为，地方是表征与非表征的综合体[4]。有学者认为，非表征理论揭露了表征理论的死角，克服了表征理论的缺点[5]。因此，地理学未来发展的趋势，一是对表征的继续讨论，二是发展非表征地理学[6][7]，以改变目前"半盲"的现象，达到"双目明视"[8]。

非表征与表征同等重要，但学界对其的研究（尤其是国内文化地理学领域的研究）尚处于初始阶段。本书结合北京历史文化街区的案例，研究街区的表征与非表征文化，挖掘地方意义，从而在某种程度上丰富文化地理学地方理论的研究。

第二，本书从文化地理学的学科视角，综合了表征理论、非表征理

---

[1] Atkinson, D., *Cultural Geography: A Critical Dictionary of Key Ideas*, I. B. Tauris, 2005, pp. 11-13.

[2] Helbrecht, I., "Bare Geographies in Knowledge Societies-creative Cities as Text and Piece of Art: Two eyes, One Vision", *Built Environment*, Vol. 30, No. 3, 2004, pp. 194-203.

[3] Lefebvre, H., *Writings on Cities*, Oxford: Blackwell, 1996, p. 101.

[4] Massey, D., "Thinking Radical Democracy Spatially", *Environment & Planning D: Society & Space*, 1995, pp. 283-288.

[5] Dirksmeier, P. & Helbrecht, I., "Time, Non-representational Theory and the Performative Turn-Towards a New Methodology in Qualitative Social Research", *Forum Qualitative Sozial forschung/Forum Qua litatire Social Research*, Vol. 9. No. 2, 2008, p. 55.

[6] Atkinson, D., *Cultural Geography: A Critical Dictionary of Key Ideas*, I. B. Tauris, 2005, pp. 11-13.

[7] Thrift, N., Dewsbury, J. D., *Dead Geographies and Hovo to Make Them Live*, Environment and Planning D: society and Space, Vol. 18, 2000, pp. 411-432.

[8] Helbrecht, I., "Bare Geographies in Knowledge Societies-creative Cities as Text and Piece of art: two Eyes, one Vision", *Built Environment*, Vol. 30, No. 3, 2004, pp. 194-203.

论、列斐伏尔的三元空间理论，提出北京历史文化街区文化保护的框架。本书在框架提出的过程中，分析了三元空间理论与表征及非表征理论之间的关系，用三元空间理论补充了表征理论和非表征理论，这对于这几个理论的进一步完善具有一定的理论意义。本书所借鉴的理论，其关系如图0-1所示。

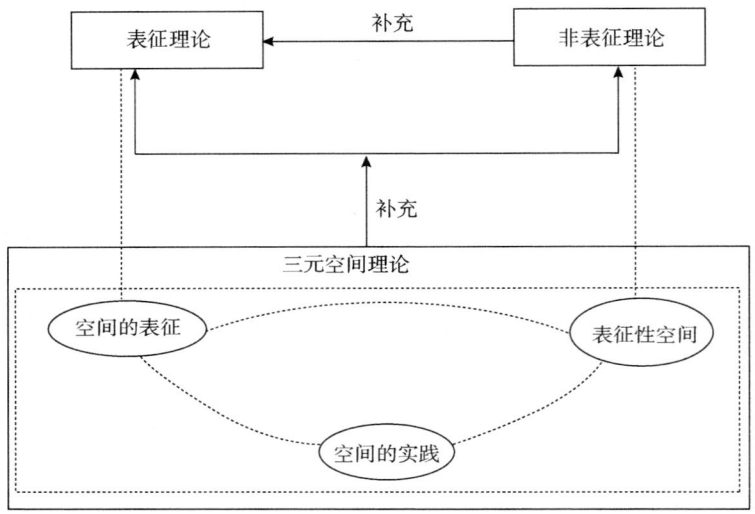

图0-1 三种理论的相互关系

列斐伏尔提出了空间的一般社会理论并将空间结构进行了区分。他跨越历史学、社会学和地理学这些特定学科所圈定的特权领地及其阐释视野，将空间交织进超学科的"三维辩证法"（"三元辩证法"）之中。[①②] 列斐伏尔认为在三元空间中，表征性空间才是真正的空间，是居民的差异化的、情感的空间。列斐伏尔的空间三元辩证法的提出具有重要的理论意义。正如澳大利亚悉尼大学地理学家巴格（L. B. Bugg）认为，列斐伏尔的三元空间的概念框架用一个辩证的关系把物质过程和意义形成的过程联系

---

① 成志芬、田燕：《基于空间表征的北京历史文化遗迹的保护与开发研究》，《兰台世界》2015年第11期。
② 吴宁：《日常生活批判——列斐伏尔哲学思想研究》，人民出版社2007年版。

在了一起，是非常有用的①。之后，列斐伏尔的学生、美国地理学者索贾（E. W. Soja）于1989在其著作《后现代地理学》中用列斐伏尔的许多的观点来支持自己的研究，提出了第一空间、第二空间、第三空间的概念。② 美国加州大学地理学者戈特迪纳（M. Gottdiener）于20世纪80年代对城市空间的研究也把列斐伏尔的空间社会生产的概念带给了更多人。到20世纪90年代，在英美地理学界，列斐伏尔对空间和都市生活的研究变成讨论的焦点③。

三元空间理论中涉及权力。加拿大阿尔伯塔大学社会文化地理学家希尔兹（R. Shields）出版了一些关于空间内容的作品，如专著《列斐伏尔、爱和斗争：空间辩证法》（*Lefebvre, Love, and Struggle: Spatial dialectics*）（Psychology Press，1999）、文章《列斐伏尔的"空间生产"的英文摘要》（*An English Precis of Henri Lefebvre's "la Production de L'espace"*，Urban and Regional Studies，University of Sussex，1988），以及专著《边缘的地方：另类现代性地理》（*Places on the Margin: Alternative Geographies of Modernity*）（Routledge，2013）等。在这些成果中，希尔兹贯穿了对列斐伏尔的三元空间的理解，他认为"空间的表征"是话语权形成的空间。"表征性空间"是反话语权的空间。④ 索贾也赞成希尔兹的理解⑤。

依据列斐伏尔对空间的表征、表征性空间和空间的实践的理解，以及依据对表征理论、非表征理论的分析，政府和规划者的"空间的表征"与表征理论中表征的内涵相同。居民和利用者的"表征性空间"与非表征理论中的非表征的内涵相同。所以表征理论中的表征和非表征理论中

---

① Laura Beth Bugg, "Religion on the Fringe: The Representation of Space and Minority Religious Facilities in the Rural-urban Fringe of Metropolitan Sydney, Australia", *Australian Geographer*, Vol. 43, No. 3, 2012, pp. 273 - 289.

② Allen, J., Pryke, M., "The Production of Service Space", *Environment & Planning D: Society & Space*, Vol. 12, 1994, pp. 453 - 453.

③ McCann, E. J., "Race, Protest, and Public Space: Contextualizing Lefebvre in the US city Antipode", *Antipode*, Vol. 31, No. 2, 1999, pp. 163 - 184.

④ Shields, R., "Henri Lefebvre: Introduction", http://www.slidefinder.net/h/henri_lefebvre_introduction_rob_shields/lecture/5419117, 2015年9月27日.

⑤ Allen, J., Pryke, M., "The Production of Service Space", *Environment & Planning D: Society & Space*, Vol. 12, 1994, pp. 453 - 453.

的非表征通过空间实践联系在一起,并与空间实践通过一种回溯前进的方式相互作用。希尔兹在其作品中也注重了对空间实践的研究。他注意到空间通过地方形象、集体神话、物质对环境干预等方式被社会建构。他竭力展示列斐伏尔空间概念,虽然有学者认为希尔兹在其作品中没有真正关注列斐伏尔的社会空间的思想①。思里夫特的非表征理论把身体的运动作为一个主题,从身体运动的角度提出了对空间的理解。他认为,空间不是先验的,而是从身体的日常活动的运动中产生的。所以空间不只是我们占领的物质,不只是围着我们的一些物质,而它取决于谁居住在这里,谁的身体的运动生产了它。空间是情感性的、定性的、实体性的。思里夫特的非表征理论对空间的理解,与法国著名的历史学家、社会学家和文化人类学家米歇尔·德塞图(M. De Certeau,1925—1986)和列斐伏尔对空间的理解一致。德塞图认为,空间是由运动要素的交叉组成的,是由运动的全体要素所驱动的②。列斐伏尔认为空间是社会的空间。列斐伏尔、思里夫特、德塞图等学者对空间的概念和思想的分析体现在复杂的、身临其境的互动环境中③。而德塞图、列斐伏尔又把居民权力内容加入了其空间理论内容中,居民拥有权力可以推动表征、非表征与空间实践之间的回溯前进等,这对于表征理论和非表征理论的扩展具有一定的理论意义。

第三节 研究框架与研究问题

一 研究框架

本书除绪论和结语外,共分为五章,其中,绪论部分是对研究的实

---

① Shields, R., *Places on the Margin: Alternative Geographies of Modernity*, Routledge, 2013.
② De Certeau, M., *The Practice of Everyday Life: Living and Cooking*, Volume 2, U of Minnesota Press, 1998, pp. 110 – 115.
③ Rubidge, S., "Nomadic Diagrams: Choreographic Topologies", *Choreographic Practices*, Vol. 1, No. 1, 2011, pp. 43 – 56.

践背景、理论背景、实践意义、理论意义等进行介绍。第一章对表征理论、非表征理论、列斐伏尔的三元空间理论进行介绍，并对其国内外研究状况进行梳理。第二章是对北京西四北一至八条街区[①]进行介绍，包括街区的位置与隶属关系演变、历史文化景观和重要的历史事件、街区的历史沿革，制度文化对实体要素和空间安置的影响等。第三章为街区的表征文化研究。本章对表征的能指、所指分门别类地进行介绍，分析了表征能指所反映的所指意义，并分析表征文化保护的缘由、单保护表征文化的局限性等。第四章为街区的非表征文化研究。本章分析了历史时期及当下居民的非表征文化、非表征文化保护的缘由，以及非表征文化保护的适用性和紧迫性等。第五章分析了表征文化与非表征文化的关系。本章分析了表征理论中的表征、非表征理论中的非表征与三元空间理论中"空间的表征""表征性空间"的对应情况，并分析了表征、非表征与空间实践的联系，用空间实践分析了表征文化保护的影响因素，列举了空间实践促进非表征向表征转变的案例。之后，该部分内容分析了三元空间理论中的权力与表征及非表征的关系。最后为结语，包含文化表征与非表征的关系、对北京历史文化街区表征和非表征文化的保护的建议。本书研究的框架图如图 0-2 所示。

二　研究问题

本书主要研究以下几个问题。

（一）北京西四北一至八条街区中，非表征文化与表征文化之间的区别和关系是什么？

2000 年，英国开放大学社会科学学院欣奇利夫（S. Hinchliffe）认为，地理学领域表征危机的出现导致了非表征理论的发展，而非表征理论出

[①] 按照北京市人民政府 1990 年公布的"北京市第一批历史文化保护区名单"，西四街区的名称为"西四北一至八条街区"，而按照胡同的路牌和门牌，西四街区的最南侧胡同（第一条胡同）名为"西四北头条"，故该书根据行文要求，会出现有西四北一至八条街区和西四北头条、北二条胡同等，具体解说见后记。

文化表征与非表征的理论与实践：北京西四街区文化的综合保护

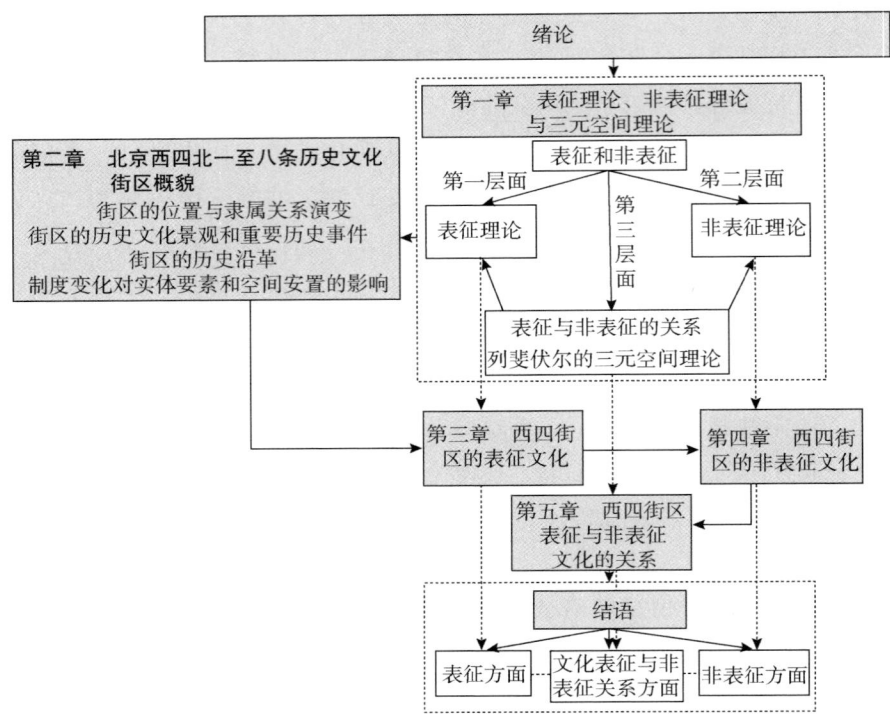

图 0-2 本书的研究框架

现数十年，地理学家尚没有重视和认真研究这种新的认识论，没有认真研究思想和实践之间的关系[①]。2010 年，英国奇切斯特大学地理学者如贝祺（S. Rubidge）也认为，思里夫特和他的同事只是提出了非表征理论，但他们没有把非表征的概念应用在实际中。[②] 本书将呼应这两个核心文献，把表征理论、非表征理论应用于北京西四北一至八条街区中进行研究，并研究两者之间的区别及联系。

[①] Hinchliffe, S., "Performance and Experimental Knowledge: Outdoor Management Training & the End of Epistemology", *Environment and Planning D: Society & Space*, Vol. 18, No. 5, 2000, pp. 575 – 596.

[②] Rubidge, S., "Nomadic Diagrams: Choreographic Topologies", *Choreographic Practices*, Vol. 1, No. 1, 2011, pp. 43 – 56.

绪 论

（二）表征、非表征与三元空间及权力有什么样的关系？

列斐伏尔在其《空间的生产》一书中提出了空间的表征、空间实践、表征性空间的三元空间辩证法，他认为，三元空间是一种回溯前进的关系，而且他认为，三元空间涉及权力，其中，表征性空间是"空间的真理"（truth of space），它使居民具有空间的权力，这种空间是有活力和动力的空间。[1] 德塞图的抵制理论也认为，居民在日常生活中对生活细节的抵制具有积极的意义，它着眼于居民的权力，激发和延续了居民的创造力[2]。本书也呼应这两个核心文献，研究表征、非表征与三元空间的关系，以及它们与权力的关系。

（三）北京历史文化街区中的表征文化和非表征文化保护的对策是什么？

赫尔布雷希特认为，非表征理论创造了隐性的知识，这些知识完全受制于个人，不能从一个人传给另一个人，不能从一个地方传到另一个地方。[3] 而欣奇利夫认为，非表征活动通过身体实践可以创造新的思想，他列举了户外学习管理培训的案例，户外培训经理的内容与正常工作中的问题是没有关系的，培训的内容也不是表征的知识，而是通过身体的投入、玩耍所发展的一个实验的经历，在这种非表征活动条件下，会创造一些新的东西。[4] 而这种直接经验创造的东西会通过语言重构成为表征的知识[5]。本书也呼应这几个核心文献，研究表征文化和非表征文化保护的对策。

---

[1] Lefebvre, H., *The Production of Space*, trans. D. Nicholson-Smith, Oxford：Blackwell, 1991, pp. 396 – 400.

[2] 练玉春：《论米歇尔·德塞都的抵制理论——避让但不逃离》，《河北学刊》2004 年第 2 期，德塞都即德塞图，作者注。

[3] Atkinson, D., *Cultural Geography：A Critical Dictionary of Key Ideas*, I. B. Tauris, 2005, pp. 11 – 15.

[4] Hinchliffe, S., "Performance and Experimental Knowledge：Outdoor Management Training and the End of Epistemology", *Environment & Planning D：Society & Space*, Vol. 18, No. 5, 2000, pp. 575 – 596.

[5] Shusterman, R., *Practicing Philosophy：Pragmatism and the Philosophical life*, Psychology Press, 1997, pp. 162 – 163. 转引自 Hinchliffe, S., "Performance and Experimental Knowledge：Outdoor Management Training and the End of Epistemology", *Environment & Planning D：Society & Space*, Vol. 18, No. 5, 2000, pp. 575 – 596.

第一章 表征理论、非表征理论与三元空间理论

第一节 表征理论

一 "表征"的语义演变

"表征"（representation）是人文科学领域一个复杂的词汇，它被应用于艺术、文化、法律等社会科学领域，所以它是多学科所使用的一个概念。由于历史上其语义的多学科交叉，所以至今它的语义是丰富的、复杂的。① 正如在20世纪初，在法语哲学术语的一次讨论会上，哲学家们也曾讨论过是否要取消这个词，因为这个词的词源不明，语义比较含混。当时法国哲学家柏格森（H. Bergson）认为，"表征"一词可以用"表象"来替代，它指那些为心智完成了的先前活动的印证。然而，法国哲学家阿伯兹特（F. Abauzit）和拉谢里尔（J. Lachelier）反对用"表象"一词替代表征。他们认为"re"有二次显现的意义。法国哲学家德里达（J. Derrida）也认为，re 不仅指"重复"的意思（如 recover），还有主体与客体对立的意思，正如抵制（resistance）、反抗（revolt）、厌恶（repugnance）、排斥（repulsion）这些词中"re"的用法一样。"re"指一种以前被给予之物的再度出现，而以前被给予时未引起注意。此后，德里达认为，哲学语言向日常用语嫁接就形成了"表征"一词的应用。但

---

① Atkinson, D., *Cultural Geography: A Critical Dictionary of Key Ideas*, I. B. Tauris, 2005, pp. 11–15.

第一章　表征理论、非表征理论与三元空间理论

"表征"一词涉及哲学史、语言史和法国哲学语言史。而对于表示"表征"的其他词汇，德国哲学家海德格尔（M. Heidegger）曾用 vorstellung 一词表示"表征"。但德里达认为，该词只指目前状况。而 representation，则指将一种不在场的东西重新带回到当前呈现。而呈现一词具有两重意思，一为重复再现，一为回归。这两重意思又相互关联。所以表征中蕴含着重复和回归的意思。① 英国文化研究学者威廉斯（R. Williams）在《关键词：文化与社会的词汇》（*Keywords*：*Vocabulary of Culture and Society*）一书中梳理了"表征"一词的演变。14世纪时，表征的词根 represent 出现于英语国家，它指：（1）在某个权威人士面前引荐自己或者他人；（2）事物呈现在心灵上（如英雄事迹）；（3）事物呈现在眼前，如绘画、戏剧；此后，该词也指象征、在政治上代表国家。到17世纪，represent 的意义又扩展为代表他者。"表征"指：（1）一个符号、象征；（2）一个意象、图像（image）；（3）呈现在眼前或者心上的一种过程。20世纪以后，"表征"指在视觉上对某件事物具体化，指精准的再现。威廉斯认为"表征"这个词还是比较复杂难解的。②

表征一词，在《牛津高阶英汉双解词典》里被解释为，（1）表现、表示、代表、代理；（2）表现某人（某事物）的事物，（尤指）图画、雕塑、戏剧；（3）（就某事物）向某人提出抗议或者呼吁。③《现代汉语词典》中没有"表征"这个词汇。有学者认为，在人文科学方面，"表征"是一个复杂的词汇，它的应用范围比较广泛，在艺术、文化、法律等方面都有应用。由于历史的原因，其语义比较丰富和复杂，对该概念的讨论一定是部分的、不完全的。哲学、社会科学方面对表征的这些研究，为人文地理学关于表征的讨论提供了营养④。

---

① 吴剑平：《遣发：关于表征》，《国外文学》1994年第2期。
② ［英］雷蒙·威廉斯：《关键词：文化与社会的词汇》，刘建基译，生活·读书·新知三联书店2005年版，第406—410页。
③ ［英］霍恩比：《牛津高阶英汉双解词典（第四版增补本）》，李北达译，商务印书馆2002年版，第1272页。
④ Anderson, Hannah, Chicago's Critical Mass & the Trans portation of Everyday Life, http://hannahwinkle.com/ccm/ccm.htm, 2007.

"表征"多使用的是其名词形式,而不是动词形式,但其动词和形容词"表征着""可表征的""表征性的"语意相同。

二 国内外学者对表征理论的研究及理解

"表征"一词的应用,是西方人文和社会科学在"语言学转向"后,由实体论认知模式转向语言学的认知模式后使用的词语。[①] 德里达认为,表征,在政治领域,指议会的、外交的、联合体的代表;在审美领域,造型艺术中,表征指模仿的再现;在戏剧中,指表现、表演和展览。所以,表征一词的含义为代表、再现和表现。德里达还认为,表征指,将目前的一种呈现取代另一种缺席的呈现,其代表另一种缺席再次显现等[②]。英国格拉斯哥大学地理研究所劳里埃(E. Laurier)和菲洛(C. Philo)认为,表征最好被描述为许多可能的表达的实践之一。[③] 有学者认为,将内在的意义表达出来的外在物体就是表征。[④] 列斐伏尔认为,表征是工具性知识的形式[⑤]。中国学者认为,表征就是语言、符号等系统的表意[⑥]。另有学者认为,科学事实都有一个表征,科学家为了认识科学对象的基本事实,采用模型、代数语言等对事实进行的描述就是表征。表征是两个事物之间的替代,是一种有意识的认知过程。[⑦] 表征一般存在于一些静态的记录编码中[⑧]。此外,表征是受到规则影响的一个有意识的过程,是去情境化的[⑨]。美国学者埃德尔曼(G. M. Edelman)认为,表征有指称和意义的含

---

① 周兴杰:《表征危机与文化研究的知识分子构想》,《社会科学辑刊》2012年第5期。
② 吴剑平:《遣发:关于表征》,《国外文学》1994年第2期。
③ Laurier, E., Philo, C., "Possible Geographies: a Passing Encounter in a Café", *Area*, Vol. 38, No. 4, 2006, pp. 353 – 363.
④ Hall, S. (Eds), *Representation: Cultural Representations and Signifying Practice*, London: SAGE Publisher in Association of the Open University, 1997, p. 31.
⑤ Lefebvre, H., *Everyday Life in the Modern World*, trans. Rabinovitch S., London: Athlone Press, 2000, p. 72.
⑥ 周兴杰:《表征危机与文化研究的知识分子构想》,《社会科学辑刊》2012年第5期。
⑦ 魏屹东:《科学表征:一种新的科学哲学》,《山西日报》2013年1月22日第C02版。
⑧ [美]埃德尔曼:《比天空更宽广》,唐璐译,湖南科学技术出版社2012年版,第34页。
⑨ 魏屹东、裴利芳:《论情境化潜意识表征——评德雷福斯的无表征智能理论》,《科学技术与辩证法》2009年第2期。

第一章　表征理论、非表征理论与三元空间理论

义，与意识有密切的联系①。关于"意识"，根据《现代汉语词典》中的解释，其意应为人的头脑对于客观物质世界的反映，是感觉、思维等各种心理过程的总和，其中的思维是人类特有的反映现实的高级形式②③。

就表征的形式而言，首先，德里达认为，语言是表征性的，它表征着一些意义或者事物。另外，因表征是一种观念的指向物，所以其形式可以是一种图画，一个影像，一个景象、戏剧、诗歌等审美形式等④。有学者也认为，语言文字符号系统是为了再现物质世界，以及为了表达人的感情，所以语言就是表征⑤。中国有学者认为，"表征"与语言学的转向有关，语言作为各种文化价值和意义的载体，是人们必须使用的媒介，语言就是表征⑥。埃德尔曼认为，表征的用途非常广泛，可用于图像、手势、语言等⑦。文字、色调等也是表征⑧。总之，它是工具性知识的形式。⑨

对于表征的作用，有学者认为，表征是人类最重要的认知方式之一，但由于表征始终是不完全的，所以符号表征对认知是必要的，但不是充分的⑩⑪。有学者也认为，表征是人类重要的认知和学习方式，而符号表征对于认知不是充分的，是必要的。表征是不完全的，但反对表征是不对的，因为表征在人类的认知活动中是普遍存在的。非表征和符号主义不是对立的⑫。德里达认为，表征是为了用来认知与其一切有联系的物质

---

① [美]埃德尔曼：《比天空更宽广》，唐璐译，湖南科学技术出版社 2012 年版，第 70 页。
② 《现代汉语词典》，商务印书馆 1998 年版，第 1495 页。
③ 靖鸣：《新闻意识及其对新闻实践的影响》，《当代传播》2004 年第 6 期。
④ 吴剑平：《遣发：关于表征》，《国外文学》1994 年第 2 期。
⑤ 盛宁：《关于后现代"表征危机"的思考》，《外国文学评论》1991 年第 1 期。
⑥ 周兴杰：《表征危机与文化研究的知识分子构想》，《社会科学辑刊》2012 年第 5 期。
⑦ [美]埃德尔曼：《比天空更宽广》，唐璐译，湖南科学技术出版社 2012 年版，第 70 页。
⑧ Duncan, J. S., *The City as Text: The Politics of Landscape Interpretation in the Kandyan Kingdom*, Cambridge: Cambridge University Press, 2005, pp. 1–5.
⑨ Lefebvre, H., *Everyday Life in the Modern World*, trans. Rabinovitch S, London: Athlone Press, 2000, p. 72.
⑩ 张博、葛鲁嘉：《具身认知的两种取向及研究新进路：表征的视角》，《河南社会科学》2015 年第 3 期。
⑪ 李恒威、黄华新：《表征与认知发展》，《中国社会科学》2006 年第 2 期。
⑫ 费多益：《寓身认知心理学》，上海教育出版社 2010 年版，第 171 页。

第一章　表征理论、非表征理论与三元空间理论

(R. Hoggart)、威廉斯一起开创了著名的"伯明翰文化研究学派"[1]。霍尔的结构主义表征理论借鉴瑞士语言学家索绪尔的符号理论提出。索绪尔认为，语言是一种符号，它所结合的是观念和声音意象（sound image），为了便于区分，他用意旨（或所指）（signified）来表示观念，用意符（能指）（signifier）来表示声音意象，表征系统由符号的能指和所指构成。一个社会所接受的符号，是以集体习惯、以约定俗成为基础的，是一个社会环境里的规矩和制度定下来的[2]。但随着后结构主义地理学的发展，对能指与所指的关系理解已经超越了索绪尔的研究。能指通常被理解为符号的物质形式，它是一种可以被看到、听到、触摸到的东西。所指是一种心理概念或意义的复合体。从形式与内容的二元论来看，能指被视为符号的形式，所指被视为符号的内容[3]。在此基础上，霍尔的结构主义表征理论认为，人们通过各种符号的文化系统或者语言系统或者别的系统，建构了事物的意义，并传递之。意义所依赖的是符号的功能，符号功能和意义共同组成了表征系统[4]。所以如有学者所分析的中国民间"庆祝丰收画"的表征：不同的人在不同的位置，给予不同的描写和绘画，这表征的是一种等级结构。在该层次结构的顶部是龙、凤，这种超自然的东西象征中国社会的最高权力——皇帝和皇后。之后是村长，这是地方当局的符号象征，他从龙和凤的手中祈求权力。之后，是牛（中国农业文明的支柱），它和村长有一样的荣幸。在绘画中，这些符号的位置被放置在乐队前面的右边，构成焦点，成为整个庆典的核心。乐队的队员，是舞蹈演员和观众（无论是男性或女性，年老的还是年轻的），所有的都在村长、龙、凤和牛后面，实际上，表达了他们对丰收和好运的感谢和对来年的期盼。中间的等级，是年轻的和年老的男人，位于村长后右边的位置，女性位于边缘，因为在中国农村社会，女性通常被看作

---

[1] 孙越：《斯图亚特·霍尔的文化表征理论探究》，硕士学位论文，山东大学，2012年。
[2] ［瑞士］索绪尔：《普通语言学教程》，高名凯译，商务印书馆1980年版，第103—111页。
[3] Ahmad, M., "Deconstructing Bond of Signifier & Signified: a Corpus-based Study of Variation in meaning", *International Journal of Linguistics, Literature and Culture*, Vol. 6, No. 4, 2020, pp. 76–87.
[4] ［英］斯图尔特·霍尔编：《表征：文化表征与意指实践》，徐亮、陆兴华译，商务印书馆2005年版，第25—26页。

文化表征与非表征的理论与实践：北京西四街区文化的综合保护

不如男人，在家庭、社区、社会起到了补充和装饰的功能。[1][2]

地理学者所理解的表征理论与霍尔的结构主义表征理论相似。赫尔布雷希特认为，表征理论更注重精神活动，从而创造了显性的知识[3]。思里夫特认为，表征理论主要是从建构的角度（building perspective）来理解世界，表征先于任何本体接触的尝试。它认为直接访问本体永远是被否定的，表征理论是诠释的化身，是社会建构[4]。有学者认为，表征理论不注重研究对象本身，而只注重建构[5]。即意义在经验以前就存在。表征理论是所谓宏伟的理论（grand theory），用一些模式精确地解释世界。因为这些理论想生产一个以理性为中心的存在，成为将来进一步思考的前提。另有学者指出，表征理论不重视物质环境，表征先于任何实践[6]。有学者认为，表征理论在事物上预先设有假设，表征理论认为语言是认知活动的证据，表征总是发生在词语之后（after-words）（词语包含讨论的口头语或者书面语，包括分析、解释、研究等）等[7]。有学者也认为，表征活动与社会建构有关，如对一些舞种的认识与孩提时代科班学习该舞蹈有关[8]。

---

[1] Jia, W., Huang, S., "Symbolic Reconstruction of a Chinese Cultural Community: An Analysis of Jinglong Wang's Folk Painting Celebrating a Bumper Harvest", *The Journal of Popular Culture*, Vol. 37, No. 4, 2004, pp. 683 – 693.

[2] 成志芬：《历史文化街区表征与非表征之间的关联——以北京历史文化街区文化意义变化分析为例》，《人文地理》2021年第2期。

[3] Helbrecht, I., "Bare Geographies in Knowledge Societies-creative Cities as Text and Piece of Art: Two eyes, One Vision", *Built Environment*, Vol. 30, No. 3, 2004, pp. 194 – 203.

[4] Thrift, N., "Steps to an Ecology of Place", in John Allen, Doreen Massey & Philip Sarre (Eds.), *Human Geography today*, Cambridge: Polity Press, 1999, pp. 295 – 322.

[5] Helbrecht, I., "Bare Geographies in Knowledge Societies-creative Cities as Text and Piece of Art: Two eyes, One Vision", *Built environment*, Vol. 30, No. 3, 2004, pp. 194 – 203.

[6] Thrift, N., "Steps to an Ecology of Place", in John Allen, Doreen Massey & Philip Sarre (Eds.), *Human Geography today*, Cambridge: Polity Press, 1999, pp. 295 – 322.

[7] Dirksmeier, P. & Helbrecht, I., "Time, Non-representational Theory and the 'Performative Turn'—Towards a New Methodology in Qualitative Social Research", *Forum Qualitative Sozialforschung/ Forum: Qualitative Social Research*, Vol. 9, No. 2, 2008, p. Art. 55, http://nbnresolving.de/urn:nbn:de:0114 - fqs0802558.

[8] Revill, G., "Cultural Geographies in Practice Performing French Folk Music: Dance, Authenticity and Nonrepresentational Theory", *Cultural Geographies*, Vol. 11, No. 2, 2004, pp. 199 – 209.

第一章　表征理论、非表征理论与三元空间理论

四　本书"表征"的界定

霍尔提出了结构主义的表征理论，国内外地理学者对表征含义的理解与霍尔的结构主义表征理论的内涵相似，所以本书采用霍尔的结构主义表征理论，在此基础上，本书结合中国案例的实际情况，对"表征"做了以下界定：表征是指受到历代权力机构的规制所影响的，由不同主体有意识地表现出来的文字、建筑、绘画、雕刻等能指，这些能指反映了一定的所指意义，且大部分已被符号化而具有代表意义，并建构了人们认知的一种框架。

第二节　非表征理论

一　非表征理论的提出

地理学研究中表征理论和非表征理论两者都重要。地理学原来是一门注重表征的实践和政治的科学，如从画图到 GIS（Geographic Information System）地理信息系统运用，从照片处理到遥感研究都重视表征。而 20 世纪 70 年代哲学、语言学等领域的表征危机涉及地理学，所以从 20 世纪 70 年代起，地理学出现了两个趋势：第一个以对表征的讨论为特征；第二个是非表征地理学的发展。但是，非表征地理学的发展并不意味着地理学表征时代的结束[1]。正如赫尔布雷希特认为，表征理论注重抽象、建构，类似人们的"右眼"。非表征理论注重经验、居住，类似人们的"左眼"。两只眼睛都是有用的[2]。这也正如在认知领域，以前认为表征的方法是非常重要的，其研究是基于表征的经典的认知模型，并跟随着推论。但是，后来，表征方法已经被情境中行动的直接感知的概念日

---

[1] Atkinson, D., *Cultural Geography: A Critical Dictionary of Key Ideas*, I. B. Tauris, 2005, pp. 11 – 15.

[2] Helbrecht, I., "Bare Geographies in Knowledge Societies-creative Cities as Text and Piece of Art: Two eyes, One Vision", *Built Environment*, Vol. 30, No. 3, 2004, pp. 194 – 203.

文化表征与非表征的理论与实践：北京西四街区文化的综合保护

益取代。情境不再是被动的，它变成了多种可能，所以非表征的方法变得越来越重要[1]。列斐伏尔也认为，城市既是表征，也是生活的实体；既是一个文本，也是一个作品；既是一个可读的结构，也是一个被体验的艺术[2]。所以，有学者认为，"表征危机"之后地理学的研究趋势应该是，地理学家需要用 GIS 手段继续研究世界意义的明确形象，要分析空间表征的不同形式之间的相互作用以及需要分析实践的领域[3]。同时，地理学也需要努力研究非表征，需要从科学转变为一门艺术[4]。非表征的想法已经导致地理学家在他们的方法上不予重视精神过程的角色、语言，导致他们研究新的指标，如身体、情感、空间实践、相互作用、表演、事情、技术等[5]。非表征导致地理学家分析实践的领域，例如在城市环境或城市规划中行为的模式等。

文化地理学研究中，非表征理论主要针对表征理论对实践的、具身的、主体意义的忽视，它的研究弥补了表征理论研究的缺陷，两者变得都重要。文化地理学领域，表征理论过分强调精英文化[6]，赫尔布雷希特认为，目前关于城市和文化的研究严重地偏离了应有的方向，而太重视表征的研究（即右眼的研究），而不能同时重视表征和非表征理论的研究，被抽象所蒙蔽造成了"半盲"的现象。所以我们要彻底研究非表征理论，以"双目明视"[7]，达到多林梅西所认为的，地方是各种事物相互

---

[1] Thrift, N., Dewsbury, J. D., "Dead Geographiesöand How to Make Them Live", *Environment & Planning D: Society & Space*, Vol. 18, 2000, pp. 411 – 432.

[2] Lefebvre, H., *Writings on cities*, Oxford: Blackwell, 1996, p. 101.

[3] Atkinson, D., *Cultural Geography: A Critical Dictionary of Key Ideas*, I. B. Tauris, 2005, pp. 11 – 15.

[4] Thrift, N., Dewsbury, J. D., "Dead Geographiesöand How to Make Them Live", *Environment & Planning D: Society & Space*, Vol. 18, 2000, pp. 411 – 432.

[5] Atkinson, D., *Cultural Geography: A Critical Dictionary of Key Ideas*, I. B. Tauris, 2005, pp. 11 – 15.

[6] Revill, G., "Cultural Geographies in Practice Performing French Folk Music: Dance, Authenticity and Nonrepresentational Theory", *Cultural Geographies*, Vol. 11, No. 2, 2004, pp. 199 – 209.

[7] Helbrecht, I., "Bare Geographies in Knowledge Societies-creative Cities as Text and Piece of Art: Two eyes, One Vision", *Built Environment*, Vol. 30, No. 3, 2004, pp. 194 – 203.

第一章 表征理论、非表征理论与三元空间理论

联系的一个综合体①。

非表征理论作为对社会学、地理学、人类学和文化研究非常重要的理论②，也是新文化地理学者所关注的对象，它于21世纪以来备受文化地理学者的关注，如文化地理学者对情感地理、身体地理等的关注③。"非表征理论"术语是由思里夫特首次提出的。思里夫特是英国布里斯托尔大学的名誉教授，英国华威大学的教授。他独著、合著的著作超过35本，文章超过200篇，他的研究领域为：国际金融、城市、社会和文化理论等④。1996年，思里夫特认为，非表征理论的集中点是"外部的"，这区别于表征理论的主要集中点是"内部的"⑤。1999年，他在其《地方生态的步骤》一文中认为，非表征理论来自简单的观察，它只思考行动⑥。2000年，思里夫特和迪尤斯伯里在《如何把死的地理学变为活的》一文中对"非表征理论"做出了定义：非表征理论强调日常生活中的实践流（flow），如具体体现、被捕获并致力于有影响的创造、情境、语言和对象的技术等⑦，《文化地理学手册》也有类似描述："强调日常生活中具体的、被捕获的、效忠于影响创造的、作为情境的，以及不可避免地通过语言和对象而技术化的实践流。"⑧ 并且，思里夫特在该文中认为非表征强调行为和环境是不能分离的。非表征的观点取决于对日常的理解，非表征活动是日常生活中无自我意识（unselfconscious）的行为。⑨

---

① Massey, D., "Thinking Radical Democracy Spatially", Environment & Planning D: Society & Space, 1995, pp. 283–288.
② Thrift, N., *Non-representational Theory: Space, Politics, Affect*, Routledge, 2008, p. i.
③ 朱竑主编：《地理学评论（第4辑）——第六届人文地理学沙龙纪实》，商务印书馆2012年版，第9页。
④ Thrift, N., *Non-representational theory: Space, Politics, Affect*, Routledge, 2008, p. i.
⑤ Thrift, N., *Spatial Formations*, Sage, 1996, p. 6.
⑥ Thrift, N., "Steps to an Ecology of Place", in John Allen, Doreen Massey & Philip Sarre (Eds.), *Human Geography Today*, Cambridge: Polity Press, 1999, pp. 295–322.
⑦ Thrift, N., Dewsbury, J. D., "Dead Geographiesöand how To Make Them Live", *Environment & Planning D: Society & Space*, Vol. 18, 2000, pp. 411–432.
⑧ [英] 凯·安德森、史蒂夫·派尔、奈杰尔·思里夫特等主编：《文化地理学手册》，李蕾蕾、张景秋译，商务印书馆2009年版，第420页。
⑨ Thrift, N., Dewsbury, J. D., "Dead Geographiesöand How to Make Them Live", *Environment & Planning D: Society & Space*, Vol. 18, 2000, pp. 411–432.

二 国内外学者对非表征理论的研究及理解

非表征理论是国内外地理学者近年来（集中于2012年后）研究的热点，但研究尚处于起步阶段。国外学者中，除思里夫特外，赫尔布雷希特是另一位对非表征理论颇有研究的地理学家，针对思里夫特提出的非表征理论，2004年，他在"*Bare Geographies in Knowledge Societies-creative Cities as Text and Piece of Art：Two Eyes，One Vision*"一文中认为，非表征理论更注重身体的物质性，从而创造了隐性的知识，使之固定于一个地方，他还对表征和非表征理论进行了对比[①]。2006年，克雷斯韦尔在《文化地理学》杂志上发表文章《"你不能在这里摇动爵士舞"：舞池里的生产移动性》，该文章通过对英国舞厅里舞蹈的研究发现，被认为是来自"美国的"舞蹈，其实是英国风格的交际舞。因为舞蹈里表征和非表征是共同存在的，而不是早期的传统所认为的，文本在社会环境中具有特权。所以他认为，身体的移动对地理研究非常重要[②]。2006年，霍尔顿和克拉夫特在《儿童地理学》上发表的文章认为，非表征理论是儿童地理学研究的一种新方法，并通过几个很普通的例子：戴眼镜、逛公园、上学第一天等进行了说明。他们还认为，非表征理论比表征理论、象征性成长理论更有意义[③]。克拉夫特也研究了非表征理论在儿童地理学的运用等[④]。有学者认为，非表征理论分析实践的领域，就像研究"野生的表征"（in the wild）[⑤]。2008年，德国不来梅大学地理学者德科斯米尔（P. Dirksmeier）和赫尔布雷希特认为，非表征理论的思

[①] Helbrecht, I., "Bare Geographies in Knowledge Societies-creative Cities as Text and Piece of Art: Two eyes, One vision", *Built Environment*, Vol. 30, No. 3, 2004, pp. 194 – 203.

[②] Cresswell, T., "'You cannot Shake that Shimmie Here': Producing Mobility on the Dance Floor", *Cultural Geographies*, Vol. 13, No. 1, 2006, pp. 55 – 77.

[③] Horton, J., Kraftl, P., "Not Just Growing Up, but Going on: Materials, Spacings, Bodies, Situations", *Children's Geographies*, Vol. 4, No. 3, 2006, pp. 259 – 276.

[④] Kraftl, P., "Building an Idea: the Material Construction of an Ideal Childhood", *Transactions of the Institute of British Geographers*, Vol. 31, No. 4, 2006, pp. 488 – 504.

[⑤] Atkinson, D., *Cultural Geography: A Critical Dictionary of Key Ideas*, I. B. Tauris, 2005, pp. 11 – 15.

第一章　表征理论、非表征理论与三元空间理论

想来源于英国文化美学。如20世纪60年代，眩晕光学艺术、一些绘画等用纯粹的几何学的形式的框架作为一种实验，这启发了非表征理论。非表征理论主要关注实践，集中于物质表达的重复的方式，如手势、信息和知识传输的其他模式等①。针对这些回应，2008年，思里夫特在其《非表征理论》著作中提出了非表征理论主要有七个原则。第一，它尽力去捕获日常生活的湍流（onflow），这又可以归结为三个命题。一个命题是重视经验。一个命题是重视预认知，因为预认知对决定有影响，一些决定通常是先于认知的。一个命题是重视肢体语言、环境等。这就是为什么非表征理论赋予"玩耍"（play）特权，玩耍被理解为永恒的人类活动和情感价值，不只限定于孩提时代的玩耍。在玩耍中，以表述行为和理论的方式涉及许多基本的道德困境（如公平）。第二，非表征理论是反传记的和先于个人的（anti-biographical and pre-individual）。传记提供虚假的归属感，要用材料的系统性来替代传记，要强调对物质性的思考，包括对物质文化的研究。第三，非表征理论集中于实践（practices），身体的稳定性是实践教育的结果。行动以实践为先决条件。第四，非表征理论重视事情（things）的溢出（spillage），重视身体（身体是行动的身体）。尤其是，它重视事物的抓住感（sense-catching）的能量。第五，非表征理论是实验性的，从这个意义上说，文化是一个"无意识的冒险"。第六，强调情感和感觉。要坚持一种个人身份感，重视联合行动。道德成为至关重要的规范，在此规范下，人们行动。第七，再次提出空间的物质性，也就是说，从"本能"研究空间，它是一个具体性和物质性的意义，很难用语言表达，而需要捕捉它的存在②。2010年，如贝祺认为，思里夫特和他的同事没有把非表征的概念应用在实际中。他作为一个有着多年经验的舞蹈艺术家，通过九次设想人在一些物质性的环境中的运

---

① Dirksmeier, P. & Helbrecht, I., "Time, Non-representational Theory and the 'Performative Turn'—Towards a New Methodology in Qualitative Social Research", *Forum Qualitative Sozialforschung/Forum: Qualitative Social Research*, Vol. 9, No. 2, 2008, p. Art. 55, http://nbnresolving.de/urn:nbn:de:0114-fqs0802558.

② Thrift, N., *Non-representational Theory: Space, Politics, Affect*, Routledge, 2008, pp. 5–18.

文化表征与非表征的理论与实践：北京西四街区文化的综合保护

动反映，而把这些概念和理论应用在实际中。他认为，思里夫特的非表征理论最好通过表演性质的手段来验证。而在实践中，表征和非表征同等重要。他还通过实践验证了德塞图和列斐伏尔对空间的理解。2010 年，思里夫特认为，空间是通过表演性的活动产生的。[1]

国内有学者认为，非表征更重视人的实践行为和非言语行为，非表征理论为情感地理学提供了基础。[2] 郭文等认为，非表征主要是对非稳定性流动知识、活力性知识和关联性知识的关注，具有经验性和情境性、具身性和体验性、结构性和交互性。[3] 周尚意、纪凤仪、成志芬以大运河（北京段）为例，运用非表征理论分析了大运河文化带空间营造的路径，认为大运河文化带空间营造中，应将日常生活中的非表征文化转换为表征文化，并应营造优美的开敞空间成为人们的日常生活空间。[4] 有学者研究了"东突暴恐"事件，研究了表征和非表征的行为实践对地理意义的生产过程，认为受众受到自身情感、主体性等因素的影响，在与媒体甚至政府进行"协商"的过程中产生了新的地方想象和地方意义，从而批判了传统的地缘政治研究范式[5]。有学者认为对身体的研究涉及非表征理论[6]。

非表征是一种潜意识的过程，是情境化的，受到情境要素的影响，情境要素是在经验中获得的。如司机通过发动机声音的变化来判断是否换挡就是一种非表征[7]。非表征性活动不需要借助于有意识的表征，如我

---

[1] Rubidge, S., "Nomadic Diagrams: Choreographic Topologies", *Choreographic Practices*, Vol. 1, No. 1, 2011, pp. 43–56.

[2] 朱竑、高权：《西方地理学"情感转向"与情感地理学研究述评》，《地理研究》2015 年第 7 期。

[3] 郭文、朱竑：《社会文化地理知识生产的表征与非表征维度》，《地理科学》2020 年第 7 期。

[4] 周尚意、纪凤仪、成志芬：《基于非表征理论大运河空间营造的两种路径——以大运河（北京段）为例》，《北京联合大学学报》（人文社会科学版）2019 年第 4 期。

[5] 安宁、朱竑：《"东突暴恐"事件的批判地缘政治分析》，《地理学报》2015 年第 10 期。

[6] 陶伟、王绍续、朱竑：《身体、身体观以及人文地理学对身体的研究》，《地理研究》2015 年第 6 期。

[7] 魏屹东、裴利芳：《论情境化潜意识表征——评德雷福斯的无表征智能理论》，《科学技术与辩证法》2009 年第 2 期。

第一章 表征理论、非表征理论与三元空间理论

们在路上行走不会撞到东西，能够接球等，这些活动不需要对自己身体及别的东西的尺寸的有意识的估计[1]。非表征是人们应付环境的非意识的能力[2]。有学者也认为，非表征理论逃避了以意识为中心的自我参照，把运动的主题及内容作为超越建构主义的手段[3]。

非表征指通过具身的和情境的人工代理与环境互动，不需要符号表征[4]。有学者认为，非表征理论注重日常行为、身体实践和情感[5]。有学者认为，非表征理论让主体通过一种直观的方式了解一些事情，而不是通过科学意义上的术语了解[6]。人们会不断修正其行动以产生令人满意的结果，生活朝向目标的人的行动是非表征的[7]。有学者认为情绪是表征性的心理状态，感官的快感和不快感是非表征性的心理状态[8]。非表征侧重于人与环境的互动来建构人类的认知活动[9]。社会生活的概念以前是一个散漫的概念，而实践使其成为非表征方面越来越重要的概念[10]。德科斯米尔和赫尔布雷希特用非表征理论的一个特殊的视角观察了社会研究中一种表演行为的方法（performative methodology）。这种方法在定性社会研究中集中于艺术或者社会实践的语言、身体和多模式表演的运用。在定性社会研究中"表述行为的转变"导致"表征"范式转向艺术/表演的技

---

[1] 费多益：《寓身认知心理学》，上海教育出版社2010年版，第156页。
[2] [美] 约翰·R. 塞尔：《社会实在的建构》，李步楼译，上海人民出版社2008年版，第2页。
[3] Thrift, N., *Non-representational Theory：Space, Politics, Affect*, Routledge, 2008, p. i.
[4] 张华：《符号入场问题及其哲学意义》，《哲学动态》2010年第1期。
[5] Kuhlke, O., "German Bodies：Race and Representation after Hitler. Gender", *Place and Culture*, Vol. 7, No. 2, 2000, p. 211.
[6] Dirksmeier, P. & Helbrecht, I., "Time, Non-representational Theory and the 'Performative Turn'—Towards a New Methodology in Qualitative Social Research", *Forum Qualitative Sozialforschung/Forum：Qualitative Social Research*, Vol. 9, No. 2, 2008, p. Art. 55, http：//nbnresolving.de/urn：nbn：de：0114 - fqs0802558.
[7] 魏屹东：《语境论与科学哲学的重建》，北京师范大学出版社2012年版，第471页。
[8] 郭本禹、崔光辉、陈巍：《经验的描述——意动心理学》，山东教育出版社2010年版，第147页。
[9] 孟伟：《交互心灵的建构——现象学与认知科学研究》，中国社会科学出版社2009年版，第112页。
[10] Thrift, N., Dewsbury, J. D., "Dead Geographiesöand How to Make them Live", *Environment & Planning D：Society & Space*, Vol. 18, 2000, pp. 411 – 432.

术（techniques），如表演、跳舞、摄影、音乐和视频等[①]。美国华盛顿大学哲学学者克拉克（A. Clark）提供了一个外部环境对人的认知起关键作用的案例——老年痴呆综合征。老年痴呆综合征的患者丧失了所有的精神功能，但是大部分患者能在特殊护理机构外生活下去，并创造了他们的专业世界，关键就是外部环境在起作用。他们一般生活在自己家的中心位置——沙发处，这是一个非常有利的位置，从这里他在视觉上可以访问他需要的任何位置。因为这个外部环境是他自己创造并居住其中的，这种环境对他们自己有许多提醒，并包含特殊的路径，形成了一个有结构的环境，所以他们能够用外部环境形成外部记忆，形成认知，而这种认知没有通过精神的功能，是非表征的[②]。

三 非表征与表征的差异

关于表征和非表征的差异，思里夫特在其《地方生态的步骤》（*Steps to an Ecology of Place*）一文中陈述了对表征理论的三个不喜欢，对非表征理论的三个喜欢，间接地区别了"表征理论"和"非表征理论"这两个不同的认识论。第一，表征理论是用一些模式解释世界，他不喜欢。因为它联系到一个理论框架，以此生产一个以理性为中心的存在，并作为进一步思考的前提。这种理论也不容易理解自己的文化特殊性。第二，表征理论是现代性的概念。第三，表征对空间、时间、地方的理解忽视了物质环境，表征先于任何实践。所以表征理论是旧世界。对于非表征理论，第一，非表征理论强调从时空路径来实践意义，而不是把意义从外部强加。第二，非表征理论包含历史的概念，这些概念包含隐喻，是实践的和表述性的。第三，非表征理论关注空间和时间，强调分布、活力（dynamism）、努力，它从居住（dwelling）的视角来理

---

① Dirksmeier, P. & Helbrecht, I., "Time, Non-representational Theory and the 'Performative Turn'—Towards a New Methodology in Qualitative Social Research", *Forum Qualitative Sozialforschung/Forum: Qualitative Social Research*, Vol. 9, No. 2, 2008, p. Art. 55, http://nbnresolving.de/urn:nbn:de:0114-fqs0802558.

② Clark, A., *Being There: Putting Brain, Body, and World Together Again*, London: MIT Press, 1997, pp. 66–67.

第一章 表征理论、非表征理论与三元空间理论

解空间①。赫尔布雷希特结合思里夫特的观点，对两者进行了区别，区别如表1-1。他把城市的表征分为社会互动、网络节点、社会资本方面，把城市的非表征分为看到的和感觉到的城市景观、个人居住和地理资本几方面②。有学者认为，表征记忆就如同刻在石头上的铭文，多年以后才能被解读。而非表征记忆就如同气候导致的冰川变化，被解读是一个信号。它是一个动态模式，但是不会有重复的另一个动态模式③。虽然表征与非表征理论有差异，但它们之间不是竞争的关系，不是两者选择其一的关系，城市和地方的研究需要把两者结合起来④。

表1-1 赫尔布雷希特关于表征理论与非表征理论区别

表征理论	非表征理论
建造（building）的视角	居住［（in）dwelling］的视角
文本（textual）的模式	实体主义模式（physicalism）
逻辑分类（logical classification）	实体分类（physical classification）
抽象的	具体的
认知能力的（cognition）	具体化的（embodiment）
社会建构的	感觉的（perception）
理论的	实践的

注：本表根据本页脚注④中的图1绘制。

表征与非表征之间的差别的案例。这里列举两个案例。（1）英国牛津布里斯托尔大学地理学者雷维尔（G. Revill）提供了一个对比地理学所关心的日常生活的表征和非表征之间差异的例子。对音乐的表演者来说，他有意识（conscious）地表演出曲子的社会和文化背景，勾画出符号和实践的声音之间的参考线，这种音乐就是表征。而民间音乐好像只是简

---

① Thrift, N., "Steps to an Ecology of Place", in John Allen, Doreen Massey & Philip Sarre (Eds.), *Human Geography Today*, Cambridge: Polity Press, 1999, pp. 295-322.

② Helbrecht, I., "Bare Geographies in Knowledge Societies-creative Cities as Text and Piece of Art: Two eyes, One Vision", Built Environment, Vol. 30, No. 3, 2004, pp. 194-203.

③ ［美］埃德尔曼：《比天空更宽广》，唐璐译，湖南科学技术出版社2012年版，第35页。

④ Helbrecht, I., "Bare Geographies in Knowledge Societies-creative Cities as Text and Piece of Art: Two eyes, One Vision", Built Environment, Vol. 30, No. 3, 2004, pp. 194-203.

文化表征与非表征的理论与实践：北京西四街区文化的综合保护

单地娱乐，它的意义就是活动本身。参与者没有把舞蹈和音乐"智能化"，没有太深刻地思考它们。他们只是非常喜欢音乐和舞蹈本身，这种音乐活动就是非表征①。（2）赫尔布雷希特采用表征和非表征理论分别分析了城市中的集聚及创新。在表征理论中，知识的生产是一个精神的活动。城市各种集聚经济的优势和弱点在许多文献中都有表征，知识的生产和传播依赖于多种参与者之间的信息的交流。知识的生产被认为是人类接触和社会互动的结果。在该视角下，大部分的研究兴趣集中在知识生产的制度条件和学习空间集聚生产系统。在生产过程中有各种模式和理论。创新过程完全依赖于互动、集体学习过程。城市主要被认为是知识生产，因为他们提供丰富的社会互动的机会。他们是社会资本的预兆，被经济主体所占据。所以知识经济体需要一个最低的空间距离，这样才能有密集的社交接触，从而造成集聚。而非表征理论认为，知识生产也是一个物质的活动，首先，创新和发明常被审美的好奇心高度激励，许多发明创造，是由身体的好奇心、好玩所激发。如冶金、火箭、铁路等。所以探索事物的物质面是创新的一个重要的刺激。其次，非表征是隐性知识，不能通过社会网络转移知识而完全受到个人限制，所以更固定在个人身上，固定在一个地方。隐性知识的生产取决于居住在内（indwelling）概念的行动。第三，城市的景观（地理资本）的"视觉和感觉"在知识的生产中扮演着角色。如创造性的服务业位置的选择非常强烈地依赖于建筑的"外观和感觉"，以促进其员工的创造力，因为城市景观可以在知觉和评价企业家和员工的作用、重要性和意义方面扮演角色。②

非表征理论对表征理论有所批判。赫尔布雷希特认为，思里夫特的非表征理论预设了海德格尔的观点：居住先于思考（dwelling comes before thinking）。海德格尔认为，人们受到战争的威胁、人口增长等，总是没有房屋居住，但是真正的困境不是战争的破坏、人口的增加、产业的影响，

---

① Revill, G., "Cultural Geographies in Practice Performing French folk Music: Dance, Authenticity and Nonrepresentational Theory", *Cultural Geographies*, Vol. 11, No. 2, 2004, pp. 199-209.

② Helbrecht, I., "Bare Geographies in Knowledge Societies-creative Cities as Text and Piece of Art: two Eyes, one Vision", *Built Environment*, Vol. 30, No. 3, 2004, pp. 194-203.

第一章 表征理论、非表征理论与三元空间理论

而是人们寻求居住的本质，居住没有被实践为人的存在，没有成为人生存的特征。人们必须先居住，才能思考真正的困境，思考无家可归。一旦思考无家可归，那么战争、人口增加、环境恶化等困境将不再出现。所以居住（经验）先于思考。①② 可见，非表征理论遵循本体论，认为经验先于思考。我们居住在时空的世界中，在该世界中我们在用词语、理论、舞蹈、绘画、歌唱、学术写作、政治演讲或者进行新的艺术形式等之前，我们移动、体验和行动③。有学者认为，非表征理论揭露了表征理论方法的死角。非表征理论和表征理论让我们质疑这种关系：材料和想象之间、自然和文化之间的二元关系。非表征理论对表征理论重要的贡献在于，它注意到日常生活，经常观察客体、情形、人们这些罕见的原材料。非表征理论克服了表征理论的缺点，如表征理论对事物的假设等。④

四 本书"非表征"的界定

基于思里夫特的非表征理论，结合国内外学者对"非表征理论"的理解，并结合北京西四北一至八条街区四合院的实际情况，对"非表征"做出以下界定：非表征是指未受到历史时期权力机构的影响，而是居民在日常生活中，从居住的视角，根据情境，通过身体的实践，无意识地创造出来的活动及其美的、新的文化。这些非表征活动影响当地居民居

---

① Heidegger, M., "Bauen Wohnen Denken", in Führ, E. ed., *Building and Dwelling, Martin Heidegger's Foundation of a Phenomenology of Architecture*, Munich: Waxmann Münster, 2000, pp. 31 – 49 (first published in 1952). 转引自 Helbrecht, I., "Bare Feographies in Knowledge Societies-creative Cities as Text and Piece of Art: two Eyes, one Vision", *Built Environment*, Vol. 30, No. 3, 2004, pp. 194 – 203.

② 郭文成：《论晚期海德格尔关于居住的生存伦理思想》，《湖北大学学报》（哲学社会科学版）2010 年第 3 期。

③ Helbrecht, I., "Bare Geographies in Knowledge Societies-creative Cities as Text and Piece of Art: two Eyes, one Vision", *Built Environment*, Vol. 30, No. 3, 2004, pp. 194 – 203.

④ Dirksmeier, P. & Helbrecht, I., "Time, Non-representational Theory and the 'Performative Turn'—Towards a New Methodology in Qualitative Social Research", *Forum Qualitative Sozialforschung/Forum: Qualitative Social Research*, Vol. 9, No. 2, 2008, p. Art. 55, http://nbnresolving.de/urn:nbn:de:0114 – fqs0802558.

住的日常生活。本书将从胡同空间活动、院落空间活动、院落大门自主设计、院落宜居及装饰等方面对非表征文化进行分析。

第三节　三元空间理论

一　空间理论的提出

三元空间理论是由列斐伏尔提出的。列斐伏尔1928年加入法国共产党，是西方马克思主义的代表人物之一。他毕业于巴黎大学，获得哲学博士学位。他1930年开始任教，1973年退休，一生写了60多部著作和300多篇文章。20世纪30年代，列斐伏尔把日常生活作为哲学研究的主要对象，提出了日常生活批判的理论。他认为日常生活是比生产活动更加丰富的社会层面。[1] 列斐伏尔也是20世纪50年代以来西方传播马克思主义多元论的最积极宣传者之一。在美学上，他认为用马克思主义哲学才能说明艺术的本质。他的主要的著作有《辩证唯物主义》（1938）、《日常生活批判》（1946）、《现代世界的日常生活》（1971）[2][3]。列斐伏尔在晚年的研究方向从日常生活转向了资本主义的再生产和空间。1974年，他出版了巨著《空间的生产》，该书是一部在城市、城市化、空间等领域影响深远的著作。该著作深刻地影响了人文地理学中的城市理论。列斐伏尔逝世后，一个著名的杂志曾这样评价他："最多产的法国马克思主义者，他的作品不仅影响着哲学的发展，而且影响着社会科学、地理学、政治科学和文学批评的发展。"[4]

列斐伏尔的空间理论基于资本主义空间中出现的矛盾而提出。资本主义空间的矛盾表现为同质化—碎片化—等级化[5]。首先，同质化空间表

---

[1] Lefebvre, H., *Critique of Everyday Life* (Vol. 2), Verso, 2002, p. 40.
[2] 冯契主编：《哲学大辞典（上）》，上海辞书出版社2001年版，第856页。
[3] 曲钦岳主编：《当代百科知识大词典》，南京大学出版社1989年版，第23—24页。
[4] "Henri Lefebvre", https://en.wikipedia.org/wiki/Henri_Lefebvre.
[5] 张一兵主编：《社会批判理论纪事》，中央编译出版社2006年版，第183页。

第一章　表征理论、非表征理论与三元空间理论

现在空间否定了差异。资本主义的空间运作否定了差异：否定了源于自然、历史，以及源于身体、年龄、性别和族群的差异，是一个同质化的空间。资本主义制度下，空间是一个抽象空间，只被用来生产剩余价值，反映了政治和经济的权力。它有赖于银行、商业、公路、机场等构成的巨大网络。地面空间、地下空间、大气层空间、星球空间、星际空间等都成为生产力与产物，都被利用来生产剩余价值①。而列斐伏尔提出的异质的空间概念为："在有限的可能性社会空间里，'不同的东西'不仅是可能的，而且是确定革命途径的基础。这种不同的东西不一定源于一个有意识的计划，更可能只是源于人们的行动、感觉和感受。人们把'不同的东西'表达为他们在日常生活中所追寻的意义，这种实践不断地创造出各种异质空间。"② 第二，空间的矛盾造成空间碎片化（pulverization）。资本主义的商品化发展，消费社会的形成，导致各种空间被一点点孤立，使空间成为可以相互交换的断片（fragments），这就使得资本主义的空间交换优于使用。也即，空间的商品化导致空间成为碎片。另外，人们缺少宏大叙事的日常生活，人们之间的联系没有连贯性，也容易造成空间的碎片化。如一个商场，空间被不断地分割，不断地碎片化。第三，空间运作的逻辑不符合资本的逻辑，资本主义的空间运作使资本主义面临空间的爆炸（explosion）。资本主义控制空间生产的规模以及力量的能力有限："资本主义的积累和增长的空间规划，即'通过占有空间、生产空间'来'减少'过去一个世纪以来的各种内部矛盾的资本的能力，并没有达到驾轻就熟的地步"③④，以至于"资本主义和国家都无法掌握这个它们生产出来的混乱、充满矛盾的空间"⑤；资本主义空间内部有冲突。第一个冲突是数量和质量。空间统计、规划、预测，它失去了定性

---

① 夏铸九、王志弘：《空间的文化形式与社会理论读本》，明文书局1993年版，第89—95页。
② ［美］戴维·哈维：《叛逆的城市：从城市权利到城市革命》，叶齐茂、倪晓晖译，商务印书馆2014年版，第 ix 页。
③ ［美］爱德华·苏贾：《后现代地理学》，王文斌译，商务印书馆2004年版，第147页。
④ 车玉玲、袁蓓：《空间的多重维度——作为政治与资本表达的空间》，《社会科学辑刊》2012年第2期。
⑤ 薛毅：《西方都市文化研究读本》，广西师范大学出版社2008年版，第27—29页。

分析，被同质化。空间也被市场化，通过各种流与资本积累相联系。所以，在资本主义空间，人们需要一个定性的空间，出现了两类区域：通过空间生产利用的区域和通过空间消费利用的区域。于是房地产业、建筑业，以及旅游和休闲变成投资和获利的手段。这些导致了空间的爆炸。

面对这些矛盾，列斐伏尔在其晚期的研究中把视角转向了空间和都市化，开启了对空间的研究。并且，列斐伏尔认为，资本主义能够解决其内部矛盾并且存活下来的方式就是：通过占有空间和生产空间，这也是列斐伏尔最著名的论述。资本主义城市的街头和历史文化保护区疾病缠身，面临着无家可归者、城市中心区改造和搬迁、因贫穷和社会分化导致的犯罪等。在城市生活的人们诉求把城市建设得更符合他们的心愿，有更安全的公共空间等[1]。公民有控制空间社会生产的权力，即"城市权利"[2]。索贾认为，列斐伏尔反抗资本主义的地理特征：均质化、分裂、等级制，这也是列斐伏尔创造的一个三元组合。[3]

二 空间理论的目标和研究视角

列斐伏尔关注空间，首先，他希望在新的社会背景下建构一种关于空间的新本体论，把马克思主义空间化[4]。因为他认为，在他之前，哲学领域等学者虽然经过了很长时间的努力，但仍然没有建立一个空间的科学，把精神空间、真实空间等结合在一起，更没有让空间获得一些理论地位。[5] 他认为，黑格尔和马克思都没有关注日常生活的空间。[6] 在黑格

---

[1] [美] 戴维·哈维：《叛逆的城市：从城市权利到城市革命》，叶齐茂、倪晓晖译，商务印书馆 2014 年版，第 v—x 页。

[2] Soja, E. W., "Postmodern Geographies: The Reassertion of Space in Critical Social Theory", Verso, 1989, p. 153.

[3] [美] Edward W. Soja：《第三空间：去往洛杉矶和其他真实和想象地方的旅程》，陆扬等译，上海教育出版社 2005 年版，第 43 页。

[4] Soja, E. W., "Beyond Postmetropolis", Urban Geography, Vol. 32, No. 4, 2011, pp. 451–469.

[5] Lefebvre, H., The Production of Space, trans. D. Nicholson-Smith, Oxford: Blackwell, 1991, p. 7.

[6] Elden, S., Understandig Henri Lefebvre: Theory an Dthe Possible, London: Continuum, 2004.

第一章　表征理论、非表征理论与三元空间理论

尔、马克思的基础上，列斐伏尔提出了自己的空间理论。许多人认为，列斐伏尔关于空间的思想是明确的，也是比较成功的[1]。其次，他希望提出一种新的社会生活构想："我们的任务就是构思和重建一种完全不同的城市，它不再重蹈全球化、城市化资本横行所造成的可怕的困境。但这需要我们创造出一场旨在改变城市日常生活的，充满活力的反资本主义运动。"[2] 这种构想类似马克思的共产主义一样，他的目标是生产出的人类生存空间是类似艺术品的乐园[3]。即，"在一个全球范围内，生产出作为艺术品的人类空间，作为日常生活变革的社会基础"[4]。因为列斐伏尔认为，现存的空间是资本主义利用权力获取利润的工具，是具有工具性的[5]。这也是资本主义能够延存下来的原因。资本主义占有空间，以及对空间的生产："通过占有空间，通过生产空间"使资本主义得以延续[6]。列斐伏尔的这一评论也得到了其后的马克思主义地理学者哈维（D. Harvey）（英国地理学者）的支持[7]。

列斐伏尔最初曾是一位人本主义者，后来又受到法国结构主义的影响，具体到其晚期对城市和空间研究的视角，索贾认为，列斐伏尔的空间思想中存在着后现代的角度，索贾据此还提出了后现代的第三空间的理论[8]。美国文化研究学者詹姆逊（F. Jameson）也认为，列斐伏尔的空

---

[1] Allen, J., Pryke, M., "The Production of Service Space", *Environment & Planning D: Society & Space*, Vol. 12, 1994, pp. 453–453.

[2] [美] 戴维·哈维:《叛逆的城市：从城市权利到城市革命》，叶齐茂、倪晓晖译，商务印书馆2014年版，第 ix 页。

[3] 刘怀玉:《现代性的平庸与神奇：列斐伏尔日常生活批判哲学的文本学解读》，中央编译出版社2006年版，第418—419页。

[4] Lefebvre, H., *The Production of Space*, trans. D. Nicholson-Smith, Oxford: Blackwell, 1991, p. 422.

[5] Lefebvre, H., *The Production of Space*, trans. D. Nicholson-Smith, Oxford: Blackwell, 1991, p. 314.

[6] Lefebvre, H., "The Survival of Capitalism: Reproduction of the Relations of Production, trans", *Frank Bryant* (London: Allison and Busby), 1976, p. 21.

[7] [美] 大卫·哈维:《希望的空间》，胡大平译，南京大学出版社2006年版，第31页。

[8] [美] Edward W. Soja:《第三空间：去往洛杉矶和其他真实和想象地方的旅程》，陆扬等译，上海教育出版社2005年版，第71—72页。

间理论体现了一种后现代文化①。美国南加州大学洛杉矶分校地理、城市和区域规划学者迪尔（M. J. Dear）也认为，列斐伏尔的空间理论有着后现代思想的倾向②。而有学者却反对将列斐伏尔认为是后现代的空间地理学家③。国内有学者将列斐伏尔的空间理论视为是后结构主义的视角④。有学者认为，法国哲学家福柯（M. Foucault）关于空间的观点说明《空间的生产》一书具有后结构主义特征。⑤ 列斐伏尔的"生产"概念是针对马克思的"生产"概念的弱势而改进的。列斐伏尔认为，马克思的"生产"概念只集中于商品的生产的直接过程和他们的交换，比较狭窄。而列斐伏尔认为，生产应该包含更广泛的含义，如文化、空间等，以及生产模式的再生产问题。所以列斐伏尔对马克思的理论进行了扩展，形成了其社会生产理论。在该理论中，日常生活变成一个重要因素，空间—时间成为一个循环的模式。列斐伏尔超越了只重视劳动时间的批判，他认为工人们除了工作场所的生活外，还有其社会生活、家庭生活、政治生活等⑥。

三 三元空间理论"空间"的属性

列斐伏尔认为空间具有社会属性，传统认识论把"空间"理解为社会活动的容器或者舞台的方式是错误的⑦。列斐伏尔认为，一方面，空

---

① [美] 弗里德利克·詹明信：《晚期资本主义的文化逻辑》，陈清侨译，生活·读书·新知三联书店1997年版，第10—20页。

② Dear, M. J., *The Postmodern Urban Condition*, Blackwell, 2000, pp. 47 – 69. 转引自迈克迪尔《后现代血统：从列斐伏尔到詹姆逊》，包亚明主编《现代性与空间的生产》，上海教育出版社2003年版，第83—110页。

③ Lefebvre, H., *Writings on Cities*, Oxford: Blackwell, 1996, pp. 45 – 51.

④ 钱俊希：《后结构主义语境下的社会理论：米歇尔·福柯与亨利·列斐伏尔》，《人文地理》2013年第28卷第2期。

⑤ 陆扬：《日常生活审美化批判》，复旦大学出版社2012年版，第341页。

⑥ Lefebvre, H., "Toward a Leftist Cultural Politics: Remarks Occasioned by the Centenary of Marx's Death", in Nelson C., Grossberg L. Eds. *Marxism and the Interpretation of Culture*, trans. Reifman, D., Champaign: University of Illinois Press, 1988, pp. 75 – 88.

⑦ [美] Edward W. Soja：《第三空间：去往洛杉矶和其他真实和想象地方的旅程》，陆扬等译，上海教育出版社2005年版，第56—60页。

第一章 表征理论、非表征理论与三元空间理论

间区别于哲学家和数学家定义的精神空间,另一方面,它不只是实践感官活动和"自然"感觉所定义的物质的空间,它是一种社会空间。社会空间的构成既不是一些事物的集合或一些感官的数据,也不是包含各种概念的空洞的包装,它是凌驾于现象、事物、物质材料之上的不能简化的"方式"(form)。社会空间包含再生产的社会关系和生产关系。空间对社会再生产延续扮演着决定性的作用。① 空间是抽象的空间,但在抽象中也有真实,如商品和金钱。它也是具体的空间。它是工具性的,但是像知识一样,它扩展了其工具性。② 列斐伏尔认为,不能把空间想象为一种被动的事物,也不能把它想象为"产品"一样的事物,它是一种被用来交换与消费,并处于转瞬即逝中的存在。空间具有交换价值和使用价值。所以"空间"概念是和精神文化空间、社会空间集合在一起的。

空间具有历史特征。列斐伏尔对空间的一个重要贡献,是提出了"空间生产的历史模式"的概念③,他把空间的发展历史分为六个阶段(空间的历史与生产过程的历史相联系),按照时间的先后顺序为:绝对空间(Absolute space)—神圣的空间(sanctified space)—历史性空间(historical space)—抽象空间(abstract space)—矛盾空间(contradictions of space)—差异化空间(differential space)。其中,绝对空间:指自然景观状态下的空间,有自然的独特性,由山顶、洞穴、河流等自然景观所组成。至今它不是消失了,它是作为历史空间的基础。有学者认为绝对空间是指原始社会的空间④。神圣的空间:政治力量占据了自然空间后的空间,如古希腊的庙宇或者道教的圣地。希尔兹认为是指出现了城邦和君主后的空间⑤。历史性

---

① Lefebvre, H., *The Production of Space*, trans. D. Nicholson-Smith, Oxford: Blackwell, 1991, p. 32.

② Lefebvre, H., *The Production of Space*, trans. D. Nicholson-Smith, Oxford: Blackwell, 1991, p. 27.

③ 刘怀玉:《现代性的平庸与神奇:列斐伏尔日常生活批判哲学的文本学解读》,中央编译出版社2006年版,第412页。

④ 唐旭昌:《大卫·哈维城市空间思想研究》,人民出版社2014年版,第42页。

⑤ Lefebvre, H., "Toward a Leftist Cultural Politics: Remarks Occasioned by the Centenary of Marx's Death", in Nelson, C., Grossberg L. Eds. *Marxism and the Interpretation of Culture*, trans. Reifman D., Champaign: University of Illinois Press, 1988, pp. 75–88.

文化表征与非表征的理论与实践:北京西四街区文化的综合保护

空间:指西方的历史古城(希腊、罗马帝国时期)主导时期的空间。抽象空间:消除了来源于自然和历史时间的差别,消除了来源于年龄、性别、种族等身体方面的差别①。资本主义的运作,被设计成是隐蔽的,其空间是有价值的和有权力的,常常通过暴力手段减少其阻碍和阻力。抽象空间社会关系的再生产与生物的再生产相结合。在空间实践方面,社会再生产是有优势的。空间的表征,受制于知识和权力,只给"表征性空间"留下很少的余地,表征性空间对工作、想象、记忆是限制的。年轻的孩子生活在一个对年龄、性别等没有差异的空间,他们只能通过反抗才能获得自然、感觉、性别和乐趣的差异性。抽象空间是一个权力的空间,最终将由于其内部的冲突而解散。抽象空间被资本主义所掌握,并且通过它获得利润。希尔兹也认为抽象空间是指资本主义的政治经济的空间②。矛盾空间:列斐伏尔认为,抽象空间瓦解会产生新矛盾空间,以及老矛盾升级会导致新矛盾空间。在该空间中,社会生产关系的再生产有两个倾向:旧关系的崩溃和新关系的生成。希尔兹认为,矛盾空间指当代全球资本对本地化产生影响的空间③。差异化空间,列斐伏尔希望最终建立一个差异化空间,突出差异性和特点、消除同质化的空间,成为一个多样性的空间,它可以修复抽象空间破坏的功能、元素和社会实践的完整性,空间趋向于识别社会再生产、社会关系、家庭关系等④。希尔兹认为,差异化空间是指未来重新评价多样性和生活经验的空间⑤。列斐伏尔认为,这几个不同历史阶段的空间是不断向前发展的。资本主义空间是历史发展到一定阶段的产物。自前资本主义时期城市的贸易功能到资本主义时期,遵循资本积累的逻辑,城市成为工业城市,

---

① 包亚明:《现代性与空间的生产》,上海教育出版社2003年版,第52页。
② Rob Shields, "Henri Lefebvre: Introduction", http://www.slidefinder.net/h/henri_lefebvre_introduction_rob_shields/lecture/5419117, 2015年9月27日。
③ Rob Shields, "Henri Lefebvre: Introduction", http://www.slidefinder.net/h/henri_lefebvre_introduction_rob_shields/lecture/5419117, 2015年9月27日。
④ Lefebvre, H., *The Survival of Capitalism: Reproduction of the Relations of Production*, Allison & Busby, 1976, pp. 46 – 52.
⑤ Rob Shields, "Henri Lefebvre: Introduction", http://www.slidefinder.net/h/henri_lefebvre_introduction_rob_shields/lecture/5419117, 2015年9月27日。

第一章 表征理论、非表征理论与三元空间理论

再到20世纪后,都市化取代了工业化①。与其他历史阶段相比,资本主义生产了一个抽象的空间②,统治阶级通过对抽象空间的控制,把空间作为权力的工具而使用,目的是能够产生利润③。新空间凸显了差异性才能产生,前一个阶段的空间会被后一个阶段的空间所取代④。

总之,空间不是空洞的,空间具有社会和历史属性,空间总是蕴含着文化意义,也是社会关系的产物。

四 三元空间的核心概念

列斐伏尔在《空间的生产》中提出的空间概念多达六十种,包括绝对的、抽象的、建筑的、构想的、矛盾的、文化的、差异的、家庭的、破碎的、几何的、全球性的、等级的、历史的、同质的、想象的、新的、物理的、政治的、自然的、中性的、传统的、社会的、透明的、乌托邦的、制度的、女性的等空间。⑤ 列斐伏尔用一种策略将这些众多的、杂乱的空间统一了起来,使他对空间的表述既有主题又有结构。这种策略就是空间三元辩证法⑥。

列斐伏尔在对空间的讨论中,提出的空间三元辩证法包括三个核心概念:空间的表征(Representations of space)、空间的实践(Spatial practice)和表征性空间(Representational spaces)。空间的实践、空间的表征、表征性空间在空间的形式上分别属于感知的(perceive)、构想的(conceived)、生活的(lived)层面⑦。索贾对此认识比较赞同⑧。但这三

---

① 唐旭昌:《大卫·哈维城市空间思想研究》,人民出版社2014年版,第44—45页。
② 包亚明:《现代性与空间的生产》,上海教育出版社2003年版,第49页。
③ Lefebvre, H., *The Production of Space*, trans. D. Nicholson-Smith, Oxford: Blackwell, 1991, p. 314.
④ 包亚明:《现代性与空间的生产》,上海教育出版社2003年版,第56页。
⑤ Soja, E. W., *Thirdspace: Journeys to Los Angeles and other Real-and-imagined Places*, Oxford: Blackwell, 1996, p. 59.
⑥ Soja, E. W., *Thirdspace: Journeys to Los Angeles and other Real-and-imagined Places*, Oxford: Blackwell, 1996, pp. 59–61.
⑦ Lefebvre, H., *The Production of Space*, trans. D. Nicholson-Smith, Oxford: Blackwell, 1991, p. 40.
⑧ Soja, E. W., *Thirdspace: Journeys to Los Angeles and Other Real-and-imagined Places*, Oxford: Blackwell, 1996, p. 65.

个空间的主体是不一样的。

（1）"空间的表征"的含义。首先，空间的表征是一个概念化的空间，是一个构想的空间，是科学家、规划师、城市规划家、官僚和社会工程师的空间。其次，空间的表征是一种话语权形成的空间（Discourses on space）①。索贾也认为，空间的表征是一种话语建构式的空间，它从构想的地理获得观念，并将这些观念投射到经验世界中去②。空间的表征是任何社会中占统治地位的空间（或生产方式）③，因为在抽象空间中，一种统治的、权威的空间编码被形成，一种模式被建造。这种模式不仅是经济权力的表达，也通过意义的废除、编码的处理、建筑形式的诱惑等表征④。所以空间的表征是一种权力工具，统治阶级通过"空间的表征"不断扩大空间的控制权，通过它同质化地控制每个人和每件事⑤。"空间的表征"也与生产关系相联系，与规则相联系，这些关系强加于知识、符号、编码等⑥。它以统一的组织原理，如线性关系组织建筑环境⑦。第三，空间的表征作为一个编码被用在实际中，如用于土地利用的分区⑧。"空间的表征"是抽象的，但是它们在社会和政治的实践中扮演着一部分角色。在客体和人们之间建立的关系是一个逻辑，迟早会被打破⑨。列斐伏尔认为

---

① Rob Shields, "Henri Lefebvre: Introduction", http://www.slidefinder.net/h/henri_lefebvre_introduction_rob_shields/lecture/5419117, 2015年9月27日。

② [美] Edward W. Soja:《第三空间：去往洛杉矶和其他真实和想象地方的旅程》，陆扬等译，上海教育出版社2005年版，第100页。

③ Lefebvre, H., *The Production of Space*, trans. D. Nicholson-Smith, Oxford: Blackwell, 1991, pp. 38–39.

④ Lefebvre, H., *The Production of Space*, trans. D. Nicholson-Smith, Oxford: Blackwell, 1991, pp. 47–48.

⑤ 刘怀玉：《现代性的平庸与神奇：列斐伏尔日常生活批判哲学的文本学解读》，中央编译出版社2006年版，第413页。

⑥ Lefebvre, H., *The Production of Space*, trans. D. Nicholson-Smith, Oxford: Blackwell, 1991, p. 33.

⑦ Lefebvre, H., *The Production of Space*, trans. D. Nicholson-Smith, Oxford: Blackwell, 1991, p. 41.

⑧ Lefebvre, H., *The Production of Space*, trans. D. Nicholson-Smith, Oxford: Blackwell, 1991, p. 45.

⑨ Lefebvre, H., *The Production of Space*, trans. D. Nicholson-Smith, Oxford: Blackwell, 1991, p. 41.

第一章 表征理论、非表征理论与三元空间理论

描述"空间的表征",就是描述空间的用途,空间被利用的方式和风格①。"空间的表征"在空间的生产中有一个持续的角色和一个特殊的影响②。英国社会科学学者艾伦(J. Allen)和英国地理学家普莱葛(M. Pryke)等认为,列斐伏尔的"空间的表征"体现在城市位置规划或者建筑环境的设计方面③。美国俄亥俄州大学地理系地理学者麦卡恩(E. J. McCann)认为,"空间的表征"的抽象空间的意义是由规划者、官员、管理专业人员等定义的,而该意义很可能是不恰当的,与空间中的活动、生产方式、美学不相配的④。尽管规划师等有一个科学的倾向,用一种特殊的方式来观察空间,如建筑师是设计者,规划者是主要起草规划的人,他们从某种高度和远度来看他们的客体、建筑和人们等⑤。澳大利亚悉尼大学地理学者劳拉贝丝(Laura Beth Bugg)认为,空间的表征,指城市规划者、建筑师、官员、其他地方管理专业人员,通过计划、设计构想的空间。这个空间是通过话语权形成的空间,并在建筑环境中表达出来⑥。

"空间的表征"形成同质化的空间。列斐伏尔的"空间的表征"是抽象空间,抽象空间仿照了马克思的抽象劳动的概念,抽象劳动作为抽象的存在,目的是为论述通常的劳动的交换价值。其中,抽象指的是社会的抽象。抽象空间通过不断地塑造自己的空间形象获得了统治地位。抽象空间为了传达一个单一的形象,努力抑制空间的多样性,所以形成了同质化的空间。也就是,"空间的表征"是统一的、一致的、没有区别

---

① Lefebvre, H., *The Production of Space*, trans. D. Nicholson-Smith, Oxford: Blackwell, 1991, pp. 223 – 224.
② Lefebvre, H., *The Production of Space*, trans. D. Nicholson-Smith, Oxford: Blackwell, 1991, p. 42.
③ Allen, J., Pryke, M., "The Production of Service Space", *Environment & Planning D: Society & Space*, Vol. 12, 1994, pp. 453 – 453.
④ McCann, E. J., "Race, Protest, and Public Space: Contextualizing Lefebvre in the US city Antipode", *Antipode*, Vol. 31, No. 2, 1999, pp. 163 – 184.
⑤ Lefebvre, H., *La Révolution Urbaine*, Paris: Gallimard, 1970, p. 241. 转引自 Gregory D., *Geographical imaginations*, Oxford: Blackwell, 1994, p. 404。
⑥ Laura Beth Bugg, "Religion on the Fringe: the Representation of Space and Minority Religious Facilities in the Rural-urban Fringe of Metropolitan Sydney, Australia", *Australian Geographer*, Vol. 43, No. 3, 2012, pp. 273 – 289.

的。"空间的表征"是一定社会关系的表达,是千篇一律的①。所以理解空间的表征,可以通过空间编码来理解。

（2）"表征性空间"的含义。表征性空间,是"居民"和"利用者"的空间。其中,"居民"这个词指的是贫困者、下层社会人民。可以用"underprivileged"取代。"利用者"这个词指的是边缘人员,收入较低的人,可以用"marginal"这个词代替②。索贾认为,这种反抗的空间是自从属的、外围的和边缘化了的处境中产生出来的,是在一切领域中都能找到的"第三世界"③。希尔兹认为,"表征性空间"是应该具有空间的话语的主体的空间（Discourses of space）④。中国有学者也认为,"表征性空间"包含着"边缘人员"的空间⑤。表征性空间表达复杂的象征,有时编码,有时没有,它联系到社会生活的秘密的或背后的一面,也联系到艺术⑥。"表征性空间"是一个生活的空间。当与建筑师、城市规划师、计划者的抽象空间相对比时,利用者的日常生活的空间是一个具体的空间,也就是说,它是主观的空间,而不是生硬的运算来的空间,能够表达居民和利用者的情感和文化。表征性空间,不需要遵守一致性和凝聚力的规则,而充满了想象和象征要素。它们有历史来源⑦,如有童年的源头、有经历的磨难、成就、缺失。生活的空间里有冲突和失败。在这个空间里,私人制度维护自己,总是反对公共制度⑧。列斐伏尔认为,"表

---

① Lefebvre, H., *The Production of Space*, trans. D. Nicholson-Smith, Oxford: Blackwell, 1991, pp. 287-312.

② Lefebvre, H., *The Production of Space*, trans. D. Nicholson-Smith, Oxford: Blackwell, 1991, p. 362.

③ ［美］Edward W. Soja:《第三空间：去往洛杉矶和其他真实和想象地方的旅程》,陆扬等译,上海教育出版社2005年版,第86—87页。

④ Rob Shields, "Henri Lefebvre: Introduction", http://www.slidefinder.net/h/henri_lefebvre_introduction_rob_shields/lecture/5419117, 2015年9月27日。

⑤ 刘怀玉:《现代性的平庸与神奇：列斐伏尔日常生活批判哲学的文本学解读》,中央编译出版社2006年版,第415页。

⑥ Lefebvre, H., *The Production of Space*, trans. D. Nicholson-Smith, Oxford: Blackwell, 1991, p. 33.

⑦ Lefebvre, H., *The Production of Space*, trans. D. Nicholson-Smith, Oxford: Blackwell, 1991, p. 41.

⑧ Lefebvre, H., *The Production of Space*, trans. D. Nicholson-Smith, Oxford: Blackwell, 1991, p. 362.

第一章 表征理论、非表征理论与三元空间理论

征性空间"覆盖物质空间而存在①。南京大学刘怀玉教授认为,"表征性空间"有时是建筑背景、博物馆等一些物质性建筑物②。

"表征性空间"是"空间的真理"（truth of space）,是有活力和动力的空间。表征性空间是活着的,它有情感的核心或中心,如自我、床、卧室、居住、房子；或广场、教堂、墓地等。它包含了生活的情形,从而就意味着时间。因此,它可能有各种方式：可以是定向的、情境的或关系的,因为它本质上是定性的、流体的、有动力的③。列斐伏尔的社会生活的空间和社会再生产,包含了社会空间生产的能动作用和结构的辩证关系④。美国阿巴拉契亚州立大学学者卡普（J. Carp）认为,"表征性空间"包含物质的空间,也包含精神的空间。它包含附有深层意义的空间,从经验的角度来讲,它指目前活着的、呈现出来的空间。"表征性空间"包含集体和个人的表征性空间,它们交织在一起形成社会空间。三元空间中,表征性空间是最难被发现的⑤。

（3）"空间的实践"的含义。列斐伏尔认为,与精神的空间和社会的空间相比,空间的实践具有物理的性质⑥。索贾也认为,空间的实践是物质的、感知的空间,它直接可感,并在一定范围内可进行测量和描绘⑦,以及"它是一种物质的和物质化了的'物理'空间性,根据外部形态即可获得直接的把握",它偏重于客观性和物质性⑧。中国学者包亚明认为,

---

① Lefebvre, H., *The Production of Space*, trans. D. Nicholson-Smith, Oxford：Blackwell, 1991, pp. 39 – 45.

② 刘怀玉：《现代性的平庸与神奇：列斐伏尔日常生活批判哲学的文本学解读》,中央编译出版社 2006 年版,第 415 页。

③ Lefebvre, H., *The Production of Space*, trans. D. Nicholson-Smith, Oxford：Blackwell, 1991, p. 42.

④ Soja, E. W., "Postmodern Geographies：The Reassertion of Space in Critical Social Theory", *Verso*, 1989, p. 145.

⑤ Carp, J., "'Ground-Truthing' Representations of Social Space Using Lefebvre's Conceptual Triad", *Journal of Planning Education and Research*, Vol. 28, No. 2, 2008, pp. 129 – 142.

⑥ Lefebvre, H., *The Production of Space*, trans. D. Nicholson-Smith, Oxford：Blackwell, 1991, pp. 11 – 12.

⑦ ［美］Edward W. Soja：《第三空间：去往洛杉矶和其他真实和想象地方的旅程》,陆扬等译,上海教育出版社 2005 年版,第 85 页。

⑧ ［美］Edward W. Soja：《第三空间：去往洛杉矶和其他真实和想象地方的旅程》,陆扬等译,上海教育出版社 2005 年版,第 95 页。

空间实践、"空间的表征"和"表征性空间"分别对应物质领域、精神领域和社会领域①。中国学者陆扬也认为，列斐伏尔提出的"空间的实践"就是物理的、物质的空间②。劳拉贝丝认为，空间的实践是以经验为主的可以观察得到的空间③。空间实践的主体可以是规划者、设计者等，也可以是居住者和利用者。

列斐伏尔对三元空间认识的案例。空间的表征、空间实践、表征性空间三者的特征及区别如表1-2所示，这三者是不同的，正如列斐伏尔认为，"心"的生活方面（表征性空间）不同于其感知方面（空间实践）和构想方面（空间的表征）。学者卡普对其进行了举例。"感知的心"是一个存在的器官、心跳的感觉、异常的节奏。"构想的心"是一个医学的符号，代表心脏在身体系统里的功能是一个"心"形。"生活的心"，包括这两方面，又超越这两方面，在经验方面，是表征语言"我心里爱你""我有心病"等。列斐伏尔以最小的空间单元——身体（body）为例，说明三个空间分别是什么。

表1-2　　　　　　　　　　三元空间特征对比

三元空间名称	对应的层面	空间主体	内容	导致的空间结果
空间的表征	构想的层面	科学家、规划师、城市规划家、技术官僚和社会工程师	空间的用途、空间被利用的方式和风格	同质化空间、千篇一律
空间实践	感知的层面	一般指居民和利用者，有时也指规划师等	人们的感知	空间连续性
表征性空间	生活的层面	居民（贫困者、下层社会人民）、利用者（边缘人员）	空间被赋予情感和文化	多样化空间

列斐伏尔对这三个概念的态度。列斐伏尔对城市规划所导致的"空

---

① 包亚明：《现代性与空间的生产》，上海教育出版社2003年版，第85页。
② 陆扬：《日常生活审美化批判》，复旦大学出版社2012年版，第7、339、343页。
③ Laura Beth Bugg, "Religion on the Fringe: the Representation of Space and Minority Religious Facilities in the Rural-urban Fringe of Metropolitan Sydney, Australia", *Australian Geographer*, Vol. 43, No. 3, 2012, pp. 273-289.

第一章　表征理论、非表征理论与三元空间理论

间的表征"是一种批判的态度，而对"居民"和"利用者"充满情感的"表征性空间"是一种支持的态度。列斐伏尔基于马克思主义，对空间实践活动的重视促使他认为，城市空间的一个更自由的组织应该在生活经验的基础上形成。索贾也认为，虽然三元空间哪个也没有优先的地位，但是列斐伏尔对表征性空间具有一种偏爱，因为表征性空间具有空间想象，处于战略地位[1]。

五　三元空间辩证法

三元空间相互关联。关于"空间的表征""空间的实践""表征性空间"三者之间的关系，列斐伏尔认为，它们之间是相互关联的，这是逻辑的需要[2][3]。二元论会产生对立、对抗、对比等困境，三元空间使一切活动是生活的、思想的与社会的，即从心理、生理和社会的层面，从构想、感知和生活的层面去理解[4]。三元空间之间是辩证统一的关系，它们结束了二元论的对立和对抗。它们之间的关系不是简单的和稳定的，有时是有意识的，有时是无意识的、未知的[5]。

三元空间之间是一种"回溯式的前进"关系。列斐伏尔认为，三元空间之间的关系取的是一种"回溯式的前进"方法（regressive-progressive），这种方法把目前的现实作为出发点（虽然各个国家的发展现实不平衡，因为生产力的飞跃、新的技术和科学的快速发展改变了一些自然空间，以致威胁到了自然本身。破坏和重建力的效果体现在许多方面，并在全球市场的压力下，以惊人的方式组合。不平衡发展体现在，一些国家仍然在生产的早期阶段，一些国家的工业化和城市化能促使其拥有

---

[1] ［美］Edward W. Soja：《第三空间：去往洛杉矶和其他真实和想象地方的旅程》，陆扬等译，上海教育出版社2005年版，第87页。

[2] Lefebvre, H., *The Production of Space*, trans. D. Nicholson-Smith, Oxford: Blackwell, 1991, p. 40.

[3] 张仲金：《南京1912主题街区发展战略研究》，硕士学位论文，南京理工大学，2012年。

[4] Lefebvre, H., *The Production of Space*, trans. D. Nicholson-Smith, Oxford: Blackwell, 1991, p. 39.

[5] Lefebvre, H., *The Production of Space*, trans. D. Nicholson-Smith, Oxford: Blackwell, 1991, p. 36.

技术和知识），这种方法在马克思的方法论文本里也提到过。这种方法乍一看好像是矛盾的，但细看是非常明智的。通过这种方法，我们能够理解目前状况的起源，以及其前提条件和过程，而胜于我们从研究过去开始，把我们的工作追回到过去，又折回现在①。列斐伏尔还认为，空间是在历史发展的过程中被生产出来的，又随着历史的发展演变而被重新转化②。三元空间之间的关系也被认为是对马克思主义的直线性历史发展过程的否定之否定辩证法的改变③。然而，这种方法主要的困难在于，在论述和研究的过程中，回溯和前进交织在一起。回溯的方式有一个持续的危险，它中断或者隐藏"前进"。其开始情形可能会出现在结尾，结果可能一开始就出现。这些可能会对分离矛盾增加复杂性。面对这个问题，空间的生产能揭示这个过程④。学者戈特迪纳认为，根据列斐伏尔，空间只能被辩证地理解，因为它具有交换价值，是人的劳动的外部化，是生产的社会关系的凝结点⑤。

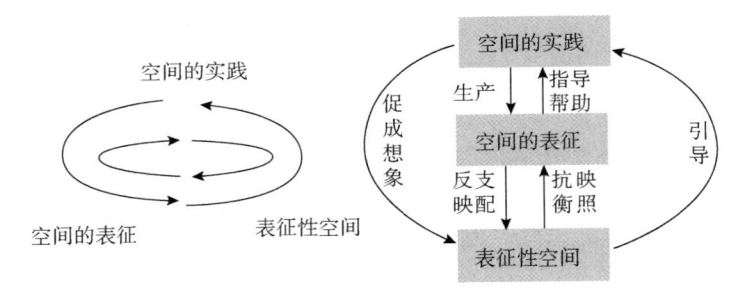

图 1－1　三元空间之间的相互作用

---

① Lefebvre, H., *The Production of Space*, trans. D. Nicholson-Smith, Oxford：Blackwell, 1991, p. 65.
② 陆扬：《日常生活审美化批判》，复旦大学出版社2012年版，第337页。
③ 陆扬：《日常生活审美化批判》，复旦大学出版社2012年版，第348—349页。
④ Lefebvre, H., *The Production of Space*, trans. D. Nicholson-Smith, Oxford：Blackwell, 1991, p. 66.
⑤ Gottdiener, M., *The SocialProduction of Urban Space*, New York：University of Texas Press, 1985, p. 128.

第一章　表征理论、非表征理论与三元空间理论

列斐伏尔认为三元空间之间相互作用，进行着"空间生产"（如图1-1所示）。空间的生产里，空间既是生产者，也是产物。空间在生产中作为结果、原因与理由。列斐伏尔认为，"我们不能把空间的生产看作类似于用手工与机器而进行的某些'物体'或'事物'的生产，而是作为第二自然的基本特征，作为社会多种活动作用于'第一自然'如感性的资料、物质与能量之上的结果"，它是一种特殊意义上的产物[1][2]。列斐伏尔认为，构成生产力的是自然、劳动、劳动的组织或分工、劳动工具（包括技术、知识等）[3]。（社会）空间是（社会）产物，其有几层含义。

第一，"（物质的）自然的空间正在消失"。自然的空间是社会进程的起源和原始模型，是独创性的基础。但是，受到人们的不断影响，自然空间将很快消失。自然现在仅仅被看作是多种社会系统的生产力的原材料。自然空间也在进行着抵抗，但是没有效果。

第二，"每个社会——因此每种生产方式——生产自己的空间"。古老的世界有它特定的成因和表现形式，有特定的空间。每个社会都提供了自己独特的空间，因为它是分析的"对象"。每一个社会，但更准确地说，每个生产方式，随着它的特定的生产关系，生产自己的空间。

第三，"要从关注空间中的事物转向关注实际的空间生产"。时间有自己的轨迹，但是空间一直是现在的空间。生产过程和产物是不可分割的两个方面，同时要理解空间生产的原因和结果、动机和意义。三元空间的互动也是一个空间生产的过程，正如列斐伏尔认为，空间的表征、空间实践、表征性空间三者之间随着时间不断地相互作用的过程就是空间生产的过程[4]。所以理解列斐伏尔的空间生产也可以从其三元空间的相互变化关系来理解。而且，研究列斐伏尔的空间生产，我们不仅要研究空间的历史，而且还要研究表征的历史，以及它们的相互关系，研究表

---

[1] 张一兵主编：《社会批判理论纪事》，中央编译出版社2006年版，第178—180页。
[2] 谢纳：《实践哲学视域中的当代"空间转向"》，《长白学刊》2011年第4期。
[3] Lefebvre, H., *The Production of Space*, trans. D. Nicholson-Smith, Oxford: Blackwell, 1991, p. 69.
[4] Lefebvre, H., *The Production of Space*, trans. D. Nicholson-Smith, Oxford: Blackwell, 1991, pp. 41-42, 116.

征性空间与实践的关系，并与意识形态的关系。历史不仅要考虑空间的成因，特别是，要考虑空间的表征与表征性空间的互连、变形、位移、相互作用，以及它们与特定的社会空间实践环节或生产方式的联系[1]。空间的生产总是根据表征性空间来行动，而"使用者"被动地接受强加给他们的东西，如果建筑师（城市规划师）确实有一个空间的表征，那么要考虑他们从何处获得？当它"运营"时，是服务于谁的利益？是否"居民"拥有表征性空间？[2]

第四，因为每种生产方式有它自己特殊的空间，所以，生产方式从一种转变到另一种必定导致新空间的生产[3]。生产力（自然、劳动力、劳动力的组织、技术和知识）和生产关系在空间的生产中扮演着一部分角色。由于社会生产关系的矛盾，会导致从一种生产方式到另一种生产方式的转变。检查生产方式的转变，就会发现在这些转变中，一个新空间确实产生了[4]。列斐伏尔批判了苏联的城市规划者，在20世纪20年代和20世纪30年代未能生产一个社会空间，因为新的社会关系要求一个新的空间，一个新的空间要求一个新的社会关系[5]。

六 三元空间理论的研究进展

（一）研究的总体情况

国外总体研究情况。列斐伏尔的关于三元空间的巨著于1991年被翻译为英语。截至2008年，有学者对研究列斐伏尔三元空间的英文文献进

---

[1] Lefebvre, H., *The Production of Space*, trans. D. Nicholson-Smith, Oxford: Blackwell, 1991, p. 42.
[2] Lefebvre, H., *The Production of Space*, trans. D. Nicholson-Smith, Oxford: Blackwell, 1991, p. 44.
[3] Lefebvre, H., *The Production of Space*, trans. D. Nicholson-Smith, Oxford: Blackwell, 1991, p. 46.
[4] Lefebvre, H., *The Production of Space*, trans. D. Nicholson-Smith, Oxford: Blackwell, 1991, p. 47.
[5] Lefebvre, H., *The Production of Space*, trans. D. Nicholson-Smith, Oxford: Blackwell, 1991, p. 59.

第一章　表征理论、非表征理论与三元空间理论

行过统计,结果发现文献较少,把列斐伏尔三元空间作为分析工具的仅有 12 篇核心文献[1]。之后,关于列斐伏尔三元空间的研究逐渐增多,国外关于该主题的研究集中在 2006 年后,相关文献超过 100 篇。

国内总体研究情况。国内学者对列斐伏尔的理论研究主要集中于其早中期的"日常生活的批判理论"。如南京大学刘怀玉教授的《现代性的平庸与神奇》对列斐伏尔所关注的"日常生活"进行了介绍,在此书中他也谈到了日常生活的空间化转向[2]。复旦大学中文系陆扬教授的《日常生活审美化批判》对列斐伏尔"日常生活批判理论"和"日常生活审美化"进行了研究[3]。南京大学张一兵、胡大平教授的《西方马克思主义哲学的历史逻辑》、中南财经政法大学吴宁教授的《日常生活批判——列斐伏尔哲学思想研究》都对列斐伏尔的日常生活理论有所研究[4][5]。相对于列斐伏尔的日常生活理论,地理学界对其的空间理论研究较为薄弱未成体系。目前涉及其空间理论研究的著作有上海社会科学院文学研究所包亚明教授的《现代性与空间的生产》《现代性与都市文化理论》《上海酒吧——空间、消费与想象》等[6][7][8]。涉及该空间理论内容的还有台湾王志弘教授的《空间的文化形式与社会理论读本》中的部分内容,以及西南交通大学外国语学院侯斌英的《空间问题与文化批评》等[9][10]。

国内多个学科关于列斐伏尔空间理论研究的典型文献如下。张敏等学者研究了消费空间的三元空间互动,并提出了一个日常生活视角的消

---

[1] Carp, J., "'Ground-Truthing' Representations of Social Space Using Lefebvre's Conceptual Triad", *Journal of Planning Education and Research*, Vol. 28, No. 2, 2008, pp. 129–142.

[2] 刘怀玉:《现代性的平庸与神奇:列斐伏尔日常生活批判哲学的文本学解读》,中央编译出版社 2006 年版,第 412 页。

[3] 陆扬:《日常生活审美化批判》,复旦大学出版社 2012 年版。

[4] 张一兵、胡大平:《西方马克思主义哲学的历史逻辑》,南京大学出版社 2003 年版。

[5] 吴宁:《日常生活批判——列斐伏尔哲学思想研究》,人民出版社 2007 年版,第 347—380 页。

[6] 包亚明:《现代性与空间的生产》,上海教育出版社 2003 年版,第 52 页。

[7] 包亚明:《现代性与都市文化理论》,上海社会科学院出版社 2008 年版。

[8] 包亚明:《上海酒吧:空间,消费与想象》,江苏人民出版社 2001 年版。

[9] 夏铸九、王志弘:《空间的文化形式与社会理论读本》,明文书局 1993 年版,第 89—95 页。

[10] 侯斌英:《空间问题与文化批评》,四川文艺出版社 2010 年版。

文化表征与非表征的理论与实践：北京西四街区文化的综合保护

费空间文化研究路径①。周尚意、吴莉萍等以北京前门—大栅栏商业区景观改造为例，研究了景观表征权力与地方文化演替的关系②。孙九霞等以海南省三亚市的一个穆斯林社区为例，分析了社区空间的生产。他们认为，资本、权力和文化三者是三元空间互动及生产的内在机制③。陈映婕等通过研究山西上安村的口述记忆，认为文化主体赋予外界的自然景观和物理空间以地方性的内部想象、发明与建构，将现实需求映射到外部环境，产生了村落特有的空间的表征④。文学领域的研究主要是解读文学作品中的空间的表征。建筑学方面，有学者界定了空间生产的内涵，并指出城市规划设计中要注意空间的表征和表征性空间保持一致⑤。从国内学者研究列斐伏尔空间理论的时间来看，国内学者是从20世纪90年代初开始，逐渐关注空间的表征和文化表征的。

（二）对三元空间概念及其案例的研究

对列斐伏尔空间理论研究的代表性学者有哈维、索贾和希尔兹等。哈维继承了列斐伏尔的思想，但又在此基础上，对其进行了扩展。哈维于1989年在牛津大学任教时出版了《后现代性的条件——对文化变迁之缘起的探究》（*The Condition of Postmodern*），在该书中，哈维对列斐伏尔的思想进行了一个较为系统的解释，并对后现代的思想和论点进行了唯物主义的批判。他认为后现代实际上来源于资本主义内部的矛盾⑥。哈维延伸了列斐伏尔的思想，他把"空间命令"（command over space）的概

---

① 张敏、熊帼：《基于日常生活的消费空间生产：一个消费空间的文化研究框架》，《人文地理》2013年第2期。
② 周尚意、吴莉萍、苑伟超：《景观表征权力与地方文化演替的关系——以北京前门—大栅栏商业区景观改造为例》，《人文地理》2010年第5期。
③ Sun, J. X., Zhang, S. Q., Ji, M. J., "Revisiting the Impacts of Tourism from the Perspective of Social Space Production: an Ethnological Study of the Muslim Community in Sanya, Hainan Province, China", *Current Issues in Tourism*, Vol. 23, No. 15, 2019, pp. 1845–1863.
④ 陈映婕、张虎生：《村落记忆与空间表征——对山西上安村的文化地理学考察》，《山西师大学报》（社会科学版）2009年第1期。
⑤ 刘欢：《简述空间生产》，《中小企业管理与科技（上旬刊）》2011年第5期。
⑥ "David Harvey", https://en.wikipedia.org/wiki/David_Harvey.

第一章　表征理论、非表征理论与三元空间理论

念同资本的能力结合起来，资本生产或流通的社会关系保证空间中存在命令。通过"通过时间战胜空间"打破了空间壁垒，克服了距离的限制。"减少周转时间"加快了资本的步伐。从而系统地理解了建筑环境中的资本流循环①。哈维在列斐伏尔的基础上，开启了城市空间的政治经济视角研究②。和希尔兹相比，哈维关注列斐伏尔的空间实践概念，不同形式的社会空间之间的关系，提出了空间的现代转换的一些想法③。

索贾认为三元辩证法是列斐伏尔在理解社会空间方面做出的最富有创造性的贡献，他的贡献没有任何一个学者可以比肩④。作为列斐伏尔的学生，索贾于1989年出版的《后现代地理学——重申批判社会理论中的空间》关注了批判社会理论中的空间。在该书中，索贾用列斐伏尔的许多观点来支持自己的论断，他认为，在社会理论和政治实践中，空间具有中心性⑤。而且，索贾在此书出版之前的许多文献中，已经把列斐伏尔的许多空间思想介绍给了讲英语的地理学者，并把列斐伏尔思想中的社会和哲学内容分别放在历史和政治背景中⑥。索贾于1996年出版《第三空间：去往洛杉矶和其他真实和想象地方的旅程》一书。在该书中，他用列斐伏尔的"三元空间辩证法"贯穿整个内容，将之应用于洛杉矶、奥兰治郡、阿姆斯特丹市中心。在该书中，索贾提出了"第三空间"概念。他认为，第三空间具有列斐伏尔的社会空间的含义。它既不同于第一空间的物理空间，也不同于第二空间的精神空间，但又超越两者。他自己认为，列斐伏尔的表征性空间，把想象的和真实的、思维的和物质

---

① Harvey, D., *The Condition of Postmodernity: An Enquiry into the Origins of Cultural Change*, Oxford: Basil Blackwell, 1989.

② 徐杰舜、吕志辉、刘冰清主编：《旅游与景观——旅游高峰论坛2010年卷》，黑龙江人民出版社2011年版，第8页。

③ Harvey, D., "The Urban Process Under Capitalism: a Framework for Analysis", *International Journal of Urban and Regional Research*, Vol. 2, No. 1 – 4, 1978, pp. 101 – 131.

④ [美] Edward W. Soja：《第三空间：去往洛杉矶和其他真实和想象地方的旅程》，陆扬等译，上海教育出版社2005年版，第7、78页。

⑤ [美] 爱德华、索贾：《后现代地理学——重申批判社会理论中的空间》，王文斌译，商务印书馆2004年版。

⑥ Allen, J., Pryke, M., "The Production of Service Space", *Environment & Planning D: Society & Space*, Vol. 12, 1994, pp. 453 – 453.

文化表征与非表征的理论与实践：北京西四街区文化的综合保护

的空间平等地结合起来，表征性空间是"反抗统治秩序的空间"，"它强调了统治、服从和反抗的关系，它具有潜意识的神秘性和有限的可知性，它彻底开放并且充满了想象，因此非常接近于我所指的第三空间"[①②③]。所以，正如一些学者所认为的，索贾认可列斐伏尔的思想，他对列斐伏尔的思想进行了大量的宣传。并且他认为，列斐伏尔对空间的研究绝不仅限于关注"城市"，虽然列斐伏尔认为他对空间和日常生活的研究根植于资本主义发展的城市问题[④]。关于索贾对列斐伏尔空间思想的贡献，艾伦和普莱葛等认为，索贾对列斐伏尔的思想和论断扮演的更多的是一位宣传者、表演者，而不是理解者、追随者。所以索贾对列斐伏尔的思想理解的较少，更无发展[⑤]。中国学者陆扬也认为，"第三空间"更像是列斐伏尔的一个后续产品[⑥]。

希尔兹在其专著《列斐伏尔、爱和斗争：空间辩证法》（*Lefebvre, love, and struggle: Spatial dialectics*）中肯定并高度赞扬了列斐伏尔的贡献，他尤其认为，列斐伏尔发展了马克思主义，他通过自己的空间理论发展了一种政治构想[⑦]。希尔兹在其他的一些作品中，如《列斐伏尔的"空间生产"的英文摘要》中努力宣传列斐伏尔，并呼应列斐伏尔的空间理论，竭力展示列斐伏尔空间概念的文化意义。虽然有学者对希尔兹关注列斐伏尔的空间的思想持有异议[⑧⑨]，但希尔兹对列斐伏尔的呼应和宣

---

① [美] Edward W. Soja：《第三空间：去往洛杉矶和其他真实和想象地方的旅程》，陆扬等译，上海教育出版社2005年版，第78页。
② 任少云：《〈哈利·波特〉的叙事空间研究》，硕士学位论文，山西师范大学，2010年。
③ 牛宏宇：《空间理论视域下的弗吉尼亚·伍尔夫研究》，博士学位论文，天津师范大学，2014年。
④ Soja, E., "The Spatiality of Social Life: Towards a Transformative Retheorisation", in Gregory, D., Urry, J., eds., *Social Relations and Spatial Structures*, London: Macmillftn, 1985, pp. 90–127. 转引自[英] 格利高里、厄里编《社会关系与空间结构》，谢礼圣、吕增奎等译，北京师范大学出版社2011年版，第90—128页。
⑤ 刘亚品：《西方马克思主义地理学之"空间"概念辨析》，《阴山学刊》2014年第4期。
⑥ 陆扬：《日常生活审美化批判》，复旦大学出版社2012年版，第353页。
⑦ Shields, R., *Lefebvre, Love, and Struggle: Spatial Dialectics*, Psychology Press, 1999, pp. 186–187.
⑧ Shields, R., *Places on the Margin: Alternative Geographies of Modernity*, Routledge, 2013.
⑨ Lefebvre, H., *Critique of Everyday Life* (*Vol. 2*), Verso, 2002, p. 40.

第一章 表征理论、非表征理论与三元空间理论

传毋庸置疑。希尔兹在《边缘的地方：现代性可选择的地理学》(*Places on the Margin*: *Alternative Geographies of Modernity*) 中，区别了空间实践概念与其他二元空间的不同，并通过案例研究说明，一些边缘的地方和空间是通过连续的地方和空间神话被重塑的，进而说明了空间实践扮演着一个中心的角色。他分析了加拿大西埃德蒙顿商场中人们的表征性空间对空间的表征的破坏。他还分析了英国布莱顿的空间的表征。总的来说，希尔兹和列斐伏尔思想的联系在于它说明了空间实践如何赋予空间以意义。他竭力展示列斐伏尔空间概念的文化意义。然而，有学者认为，希尔兹除了引用一些地方作为空间神话的对立外，其在作品中没有真正关注列斐伏尔的社会空间的思想。虽然他突出了空间实践，但这些空间实践不是列斐伏尔思想的特定内容。希尔兹的工作只不过是对列斐伏尔的片面的解释，他过度关注于社会意向，而较少关注列斐伏尔的抽象空间、矛盾等[1]。

英国曼彻斯特大学社会科学学院查诺克（G. Charnock）和西班牙加泰罗尼亚－奥贝尔塔大学里韦拉伏马兹（R. Ribera-Fumaz）采用列斐伏尔的"空间的表征"的观点批判分析了西班牙巴塞罗那波里诺地区（Poblenou district）转变为一个创新新区——22@ Barcelona 后的表征问题。他们的目标是分析新区 22@ Barcelon 是否是抽象的、生产的空间的表征，是否是列斐伏尔认为的资本寻求存活的手段。他们认为，新区表征减少了差异，关闭了日常生活的循环。当然，他们仅仅集中于空间的表征是不充分的，但作者认为，列斐伏尔对空间和政治的观点是持久的、有效的、具有批判的潜能。用列斐伏尔的观点作为一个出发点分析如此一个前沿和大尺度的案例，说明了列斐伏尔批判的对象范围超出了 20 世纪 60—70 年代的官僚社会。[2]

英国格拉斯哥斯特拉思克莱德大学的地理学者法伊夫（N. R. Fyfe）

---

[1] Shields, R., *Places on the Margin*: *Alternative Geographies of Modernity*, Routledge, 2013.

[2] Charnock, G., Ribera-Fumaz, R., "A new Space for Knowledge and People? Henri Lefebvre, Representations of Space, and the Production of 22@ Barcelona", *Environment & Planning-Part D*: *Society & Space*, Vol. 29, No. 4, 2011, pp. 613–632.

文化表征与非表征的理论与实践:北京西四街区文化的综合保护

通过格拉斯哥二战后不同主体的城市规划和诗人的丰富诗歌为列斐伏尔的空间的表征、表征性空间、空间实践提供了不同的案例,也为现代城市景观意义的阅读和理解提供框架。法伊夫认为,格拉斯哥规划中,空间的表征就是格拉斯哥的两个不同的规划内容。其中一个规划是由格拉斯哥当地的公司聘请一位著名的规划师设计的。而另一个规划是由苏格兰集中办公室完成的克莱德谷区域规划(CVRP规划),这两个规划的空间的表征是不同的,引起了苏格兰集中办公室和格拉斯哥公司之间的激烈的争论。格拉斯哥公司认为,人口和工业从城市消失会削弱城市的税基、破坏格拉斯哥作为大英帝国第二位城市的位置。他们也担心失去人口将侵蚀工党的选民基础。最后,格拉斯哥公司保留了反对意见,并被赋予监督CVRP规划的进展情况。这表明,战后空间的官僚化。但是,在大规划的框架中,格拉斯哥公司加入了自己的规划,形成格拉斯哥的空间实践。这些空间实践对艺术家和作家也造成影响。他们的诗歌作品作为重要的反映日常生活的方式,表达了居民和利用者的表征性空间。有的作家通过身体经验表征的是悲观的空间,他们认为规划破坏了传统的生活方式,而许多作家表征性空间既不是庆祝,也不是谴责,而是现代化的复杂的感情引发的矛盾。空间的表征、表征性空间之间有对比,同样是空间的表征或者表征性空间,它们之间也有对比。所以作者认为,景观的设计是在特定的经济、社会和政治环境下进行的。阅读景观要用列斐伏尔的三元空间框架。[①]

卡普对三元空间的概念及其相互之间的关系进行了研究,他对三元空间的理解框架如表1-3所示。卡普把三元空间的框架应用于规划中的教学、环境纠纷等几个例子。通过案例,卡普最后得出结论:把三元空间概念运用于具体空间中,能够使人们更综合地意识到地方将要发生什么、怎么发生。运用三元空间法可以揭示人类与地方的关系的共性和差异性,这种方法可以对人类的经验和空间获得更综合的了解,使地方变

---

① Fyfe, N. R., "Contested Visions of a Modern City: Planning and Poetry in Postwar Glasgow", *Environment and Planning A*, Vol. 28, No. 3, 1996, pp. 387–403.

第一章　表征理论、非表征理论与三元空间理论

得更好。[1]

表1-3　　　　　　　　卡普对三元空间概念及案例的理解

	←更具体	更抽象→	
物质的	空间实践	路线、目的地、感知方式、运输方式	
	感知的空间	嗅觉、视觉、听觉、味觉、触觉、移动、参加、分离	
精神的	空间的表征	规划、论述、概念、方法、模型、理论、学科	我的身体/你的身体 ↓　　↑ 我的精神/你的精神 ↓　　↑ 我的直接经验/你的直接经验
	构想的空间	思考、反省、设想、想象、解释、测量、分类的个人或者集体的活动	
社会的	表征性空间	家、墓地、节日、家庭农场、办公室、公共场合、纪念碑、自然、床	
	生活的空间	生活、爱、担心、创建、见证、加入、认识到极限、记住	

注：本表来源于此文献[2]中的表3。

以色列特拉维夫大学学者伊伯格（E. Eizenberg）运用列斐伏尔的三元空间对纽约市的公园进行了空间解构，并研究了公园这种共有体（commons）的概念。他认为，共有体由列斐伏尔所提出的三个相互联系的空间进行再生产。共有体的存在和持续取决于三元空间的相互作用。[3]

英国兰开斯特大学历史学学者伊汉姆（C. Ealham）基于列斐伏尔分析了巴塞罗那拉尔瓦区域历史地理的改变，分析了这个区域历史的表征对这个地区发展的影响。[4] 美国康奈尔大学城市与区域规划方向学者斯利图（B. Sletto）研究了在特立尼达岛纳里瓦沼泽资源冲突中，环境保护组织和政府的作用，由之说明空间表征的重要性，以及空间的表征对空间

---

[1] Carp, J., "Ground-Truthing" Representations of Social Space Using Lefebvre's Conceptual Triad", *Journal of Planning Education and Research*, Vol. 28, No. 2, 2008, pp. 129-142.

[2] Carp, J., "Ground-Truthing" Representations of Social Space Using Lefebvre's Conceptual Triad", *Journal of Planning Education and Research*, Vol. 28, No. 2, 2008, pp. 129-142.

[3] Eizenberg, E., "Actually Existing Commons: Three Moments of Space of Community Gardens in New York City", *Antipode*, Vol. 44, No. 2, 2012, pp. 764-782.

[4] Ealham, C., "An Imagined Geography: Ideology, Urban Space, and Protest in the Creation of Barcelona's 'Chinatown', c. 1835-1936", *International Review of Social History*, Vol. 50, 2005, pp. 373-397.

文化表征与非表征的理论与实践：北京西四街区文化的综合保护

实践的影响。① 英国普利茅斯大学社会学者斯蒂芬（P. Stephen）和罗丝（C. Ross）运用列斐伏尔的三元空间的框架，研究了城市公共空间被挪用而被非法注射药物使用者使用的情况，他认为"表征性空间"在空间实践和"空间的表征"的辩证关系中形成。② 英国阿尔斯特大学文化学者内格尔（J. Nagle）研究了贝尔法斯特公共空间中资本投资和文化表征对抵抗暴力、抵抗空间隔离、加强文化认同的作用。③ 有学者用列斐伏尔的三元辩证法分析了监狱中犯人的健康管理中所涉及的权力、空间结构等问题。④ 有学者研究了城市转型中列斐伏尔的空间的表征。⑤ 有学者用三元辩证法研究了公共空间中的暴力行为。⑥

国内有学者用列斐伏尔的三元空间法分析了上海市一个近郊区嘉定区的农民集中居住区的情况，该农民集中居住区是在工业化和城市化的背景下，农村集体用地被征用而对农民宅基地进行补偿所建设的一个居住区。该学者认为，农民集中居住区复合了这三种类型的空间，其中，空间实践（感知的空间）是指被统一规划出来的居住区的物质环境。空间的表征（构想的空间）是指作为景观和概念的农民居住区，居民对这种空间没有地方感；表征性空间（生活的空间）是指，农民栖息的空间，在该空间中农民加入了自己的生活惯习，如在绿化带中种植茄子、扁豆、大蒜等，还给植物除草、浇灌等。如在房屋阴凉处闲话"家长里短"，还

---

① Sletto, B., "Producing Space (s), Representing Landscapes: Maps and Resource Conflicts in Trinidad", *Cultural Geographies*, Vol. 9, No. 4, 2002, pp. 389–420.

② Stephen, P., Ross, C., "Public Injecting Drug Use and the Social Production of Harmful Practice in High-rise Tower Blocks (London, UK): A Lefebvrian Analysis", *Health & Place*, Vol. 17, No. 3, 2011, pp. 717–726.

③ John Nagle, "Sites of Social Centrality and Segregation: Lefebvre in Belfast, a 'Divided City'", *Antipode*, Vol. 41, No. 2, 2009, pp. 1467–8330.

④ Stoller Nancy, "Space, Place and Movement as Aspects of Health Care in Three Women's Prisons", *Social Science & Medicine*, Vol. 56, 2003, pp. 2263–2275.

⑤ Charnock, G., Ribera-Fumaz, R., "A new Space for Knowledge and People? Henri Lefebvre, Representations of Space, and the Production of 22@ Barcelona", *Environment & Planning D: Society & Space*, Vol. 29, No. 4, 2011, pp. 613–632.

⑥ Mitchell, D., "The end of Public Space? People's Park, Definitions of Public, and Democracy", *Annals of the Association of American Geographers*, Vol. 85, 1995, pp. 108–133.

第一章 表征理论、非表征理论与三元空间理论

如擅自改变统一规划的房屋外观和结构以适应自己的农居生活等,居民对生活的空间具有地方感和归属感,这三个空间的变动受到政策和资本的共同影响。[1] 另有学者利用列斐伏尔的三元空间概念研究了丽江古城的空间生产、空间再生产,提出了丽江古城空间的重构策略,认为丽江古城的空间重构应该将其旅游景观空间分为前台舞台化、过度和后台保护三个空间。但是该研究没有对三元空间的互动进行研究,只是把三元空间分置在三个不同的层面进行了分析。[2]

(三) 对三元空间相互关系的研究

关于三元空间之间的关系研究的代表性文献如下。劳拉贝丝采用列斐伏尔的三元空间框架,尤其是采用其中的"空间的表征"和"表征性空间"的概念,研究了悉尼城市边缘两个乡村地区设立少数民族宗教设施的可行情况。其中一个乡村地区是位于悉尼 CBD 西南 68 千米处的卡姆登(Camden)地区,这里有高出生率的本地居民,低收入家庭所占比例较低,人口主要来自内部移民。2007 年 9 月,悉尼一个学生社团向该地的委员会申请,要将一个伊斯兰教中小学搬迁至此。另一个乡村地区是位于悉尼 CBD 东北 30 千米处的西尔斯市(Hills Shire Council)乡村居民点,这里有工业和商业,最近 20 年也经历内部人口移民所造成的人口大量增长。但是这里讲英语的人少,人们来自中国、印度等。2009 年 3 月,一个古吉拉特语印度教教派人员申请建立一个穆斯林寺庙。然而,在这两个地区,当地规划者规划文件和法令的"空间的表征"和两个社区居民的"表征性空间"叠加在一起,否定了两个宗教设施的建立。作者采用不合宜、缺席、社会无礼貌三种批判性话语进行了分析,这三种话语都是通过规划者规划法令颁布的,当地的政府规划者通过规划、分区、设计发展方案强制对空间进行规范理解,结果

---

[1] 张青:《农民集中居住区——居住形态与日常生活》,陈映芳等编《都市大开发——空间生产的政治社会学》,上海古籍出版社 2009 年版,第 132—180 页。
[2] 明庆忠、段超:《基于空间生产理论的古镇旅游景观空间重构》,《云南师范大学学报》(哲学社会科学版) 2014 年第 1 期。

文化表征与非表征的理论与实践：北京西四街区文化的综合保护

是造成同质化的空间被保持。然而，这些文化和宗教设施是服务于少数移民来的宗教人员的，而不只是服务于当地，因为悉尼少数民族人口是和盎格鲁-澳大利亚社区混合居住在一起的。该文章的主旨是，呼应列斐伏尔的三元空间的理论，说明规划者的"空间的表征"和居民的"表征性空间"结合在一起，保持了同质化的空间①。

美国学者安德森（H. Anderson）解释了列斐伏尔三元空间之间的相关性，之后选择1997年起源于芝加哥民间的一个自行车团体CCM（Chicago's Critical Mass）每月组织骑车人集体骑车2个小时的事件为案例，采用空间三元辩证法的范式，对比了不同年份三元空间之间的联系，最终描述了城市空间通过三者之间的相互作用形成的过程。在人们的"表征性空间"中，芝加哥城市印刷了自行车路线图、发展了骑自行车基础设施、制定了骑车2000计划、2020计划等空间的表征。在该空间的表征模式指导下，芝加哥城市完成了城市的空间实践，人们继续进行着他们的表征性空间，之后城市又不断进行空间的表征和空间实践。最后CCM骑车团促使城市变成了一个有利于骑车的空间。该案例说明芝加哥骑车空间是由于表征性空间促使了空间表征的修改，修改后的空间表征又映射到空间实践中所形成的。安德森理解的三元空间的关系如图1-2所示②。

麦卡恩通过美国肯塔基州列克星敦市一位18岁黑人托尼·沙利文（Tony Sullivan）的死亡事件，引出列斐伏尔的空间三元辩证法，并应用于城市居住区的隔离情况的研究。该研究从列斐伏尔的空间实践的概念出发，认为列克星敦市公共居住空间的日常生活的实践形成了空间的表征，空间表征的形式是保持土地利用模式，将人们与国家权力的联系进行空间排序。空间表征又激起了黑人的反抗，激起了他们思考身份认同的

---

① Laura Beth Bugg, "Religion on the Fringe: the Representation of Space and Minority Religious Facilities in the Rural-urban Fringe of Metropolitan Sydney, Australia", *Australian Geographer*, Vol. 43, No. 3, 2012, pp. 273–289.

② Anderson Hannah, "Chicago's Critical Mass & the Transportation of Everyday Life", http://hannahwinkle.com/ccm/ccm.htm. 2007.

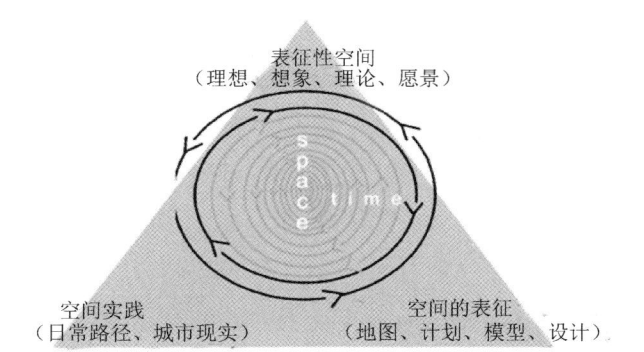

第一章 表征理论、非表征理论与三元空间理论

图1-2 安德森对三元空间关系的理解[①]

问题。这种黑人与白人的斗争属于表征性空间。这三个空间相互联系、相互作用，循环不断地进行着空间的生产。[②]

加拿大有学者利用人文地理学中的社会空间概念，借鉴列斐伏尔的三元空间理论，研究了阿拉伯联合酋长国拉斯阿尔卡伊马市两个咖啡馆的空间生产。他们认为，种族主义和语言政策促使三元空间之间不断地相互作用，且空间实践受到"空间的表征"和"表征性空间"的影响[③]。土耳其有学者用列斐伏尔的三元辩证法分析了土耳其阿菲永卡拉希萨尔的城市广场空间。他们认为，"空间的表征"是社会中最主要的空间类型[④]。中国有学者在收集1949年至2014年68个国家级政策文件的基础上，分析了政策在中国国家森林公园旅游空间生产中的作用[⑤]。艾伦和普莱葛等利用列斐伏尔的三元空间理论对伦敦的一个服务空间进行了空间

[①] 本图引自 Anderson Hannah, "Chicago's Critical Mass & the Transportation of Everyday Life", http://hannahwinkle.com/ccm/ccm.htm.2007。

[②] McCann, E. J., "Race, Protest, and Public Space: Contextualizing Lefebvre in the US city Antipode", *Antipode*, Vol. 31, No. 2, 1999, pp. 163–184.

[③] Cook William Robert Amilan, "A tale of two Cafes: Spatial Production as de Facto Language Policy", *Current Issues in Language Planning*, Vol. 22, No. 5, 2021, pp. 535–552.

[④] Okuyucu, S. E. and Coban, G., Experiencing the Corona Effect in the City Square Through Lefebvre's Spatial Trialectic: the Case of Afyonkarahisar, *Applied Nanoscience*, 2021: Early Access.

[⑤] Luo, Fen, Moyle, et al., "The Role of Institutions in the Production of Space for Tourism: National Forest Parks in China", *Forest Policy & Economics*, Vol. 70, 2016, pp. 47–55.

文化表征与非表征的理论与实践:北京西四街区文化的综合保护

生产的分析,旨在说明了列斐伏尔的三元空间的互动(尤其是空间的表征和表征性空间的相互作用)以及空间的生产如何形成了目前的伦敦城市。①

---

① Allen, J., Pryke, M., "The Production of Service Space", *Environment & Planning D: Society & Space*, Vol. 12, 1994, pp. 453 – 453.
② Allen, J., Pryke, M., "The Production of Service Space", *Environment & Planning D: Society & Space*, Vol. 12, 1994, pp. 453 – 453.

第二章 北京西四北一至八条历史文化街区概貌

第一节 街区的位置与隶属关系演变

一 街区的位置与隶属关系演变

西四北一至八条街区自元朝以来，在北京老城的相对位置及其隶属情况发生了变化。该区于元朝建立，是"北京市第一批历史文化保护区"[1]。它是北京胡同系统保留最为完整的传统居住区之一[2]，也是北京老城二十五片历史文化区中胡同肌理保留最为完善的居住区之一[3]。其在北京老城的相对位置及其隶属关系变化的具体情况如下。

元朝时期，西四北一至八条街区位于元大都的西部偏中南方位，被规划设计而属于五十坊之一的鸣玉坊。与金代时期的自然风光有所不同（金代时期，西四北一至八条街区这块区域，属于金中都的东北郊，还未被大规模地开发成住宅区和人文景观。因为当时，金中都的范围在原宣武区的西部），受到元大都棋盘式道路格局的规划特征影响，西四北一至八条街区由八条相互平行的东西走向的胡同所组成，只是胡同的命名与

---

[1] 《北京市第一批历史文化保护区名单》（北京市人民政府1990年11月23日公布），北京市文物局编《新编文物工作实用手册》，经济管理出版社2012年版，第606页。
[2] 北京规划委员会：《北京旧城二十五片历史文化保护区保护规划》，北京燕山出版社2002年版，第10—15页。
[3] 陈雪亚、朱晓东、廉毅锐：《北京西四北头条至八条历史文化保护区整治与保护规划》，中国建筑学会《中国建筑学会建筑师分会人居环境专业2006年学术年会论文集》，2006年10月。

今日胡同名不同而已。也正由于西四北一至八条街区位于元大都内，所以胡同规划比较规整。有学者认为，北京胡同的空间形态分为三种，第一种空间形态：东西走向胡同，且比较规整。其分布在长安街以北，因为长安街以北是当时元大都的范围。第二种空间形态：南北走向胡同，其分布区域在金中都遗址处。第三种空间形态：弯曲、斜向的胡同，其分布在明朝的外城，前门东大街与前门西大街以南。这主要由于未经过详细规划，又受水系地理环境的影响所致[①]。

明前期，西四北一至八条街区位于城市的西部偏中北方位。因为明朝于洪武四年（1371）将城市的北城墙向南移动大约五里，从元大都的北土城墙位置处（在今元大都北土城遗址公园一线）向南移向今安定门、德胜门一线，于永乐十七年（1419）将城市的南城墙向南移动二里多，从当时元大都的南城墙的位置（约在今长安街一线）移向今前门、崇文门、宣武门一线[②]。

明中期以后，北京城的城址没有太大变化，只是在南部加筑了外城（嘉靖三十二年筑）[③]，整个城市的范围和面积扩大，所以西四北一至八条街区的相对位置为位于城市的西部偏北方位。

明朝时期，西四北一至八条街区仍属于鸣玉坊。清朝，北京城市结构没有太大变化，只是在西郊建立了三山五园，而由于清朝"满汉分居、兵民分置"的政策所导致的居住格局分布，这里属于正红旗管辖范围内。

清朝末年至民国初期，北京开始设区，清政府设立内外城巡警总厅，总厅里又设立分厅，分厅里设立区。内城最终被分为中一、中二、内左一至内左四、内右一至内右四共十个区。这里当时属于内右四区界。1928 年，北京改为北平特别市，警察厅也被改为公安局，内城被合并为内一至内六共六个区，外城被合并外一至外五共五个区。西四北一至八条街区当时属于内四区。[④][⑤]

---

① 王彬：《北京微观地理笔记》，生活·读书·新知三联书店 2007 年版，第 97—99 页。
② 傅华主编：《北京西城文化史》，北京燕山出版社 2007 年版，第 385 页。
③ 傅华主编：《北京西城文化史》，北京燕山出版社 2007 年版，第 388 页。
④ 傅华主编：《北京西城文化史》，北京燕山出版社 2007 年版，第 88 页。
⑤ 李铁生、张恩东主编：《南锣鼓巷史话》，北京出版社 2010 年版，第 8 页。

第二章 北京西四北一至八条历史文化街区概貌

新中国成立后，1950年，内城被合并为五个区，外城被合并为四个区。1952年，将九个区调整为七个区，分别为东单区、西单区、东四区、西四区、前门区、崇文区、宣武区。1958年，将东单区和东四区合并为东城区；西单和西四区合并为西城区；撤销前门区，将其领域划拨给崇文区和宣武区。所以形成北京东城区、西城区、崇文区、宣武区的区划布局。西四北一至八条街区当时属于西城区[1]。2010年，北京市政府合并原东城区与崇文区形成新东城区，合并原西城区与宣武区形成新西城区。行政区划合并后，西四北一至八条街区位于新的西城区管辖范围内[2]。西四北一至八条街区在北京老城的相对位置的变化如图2-1所示。

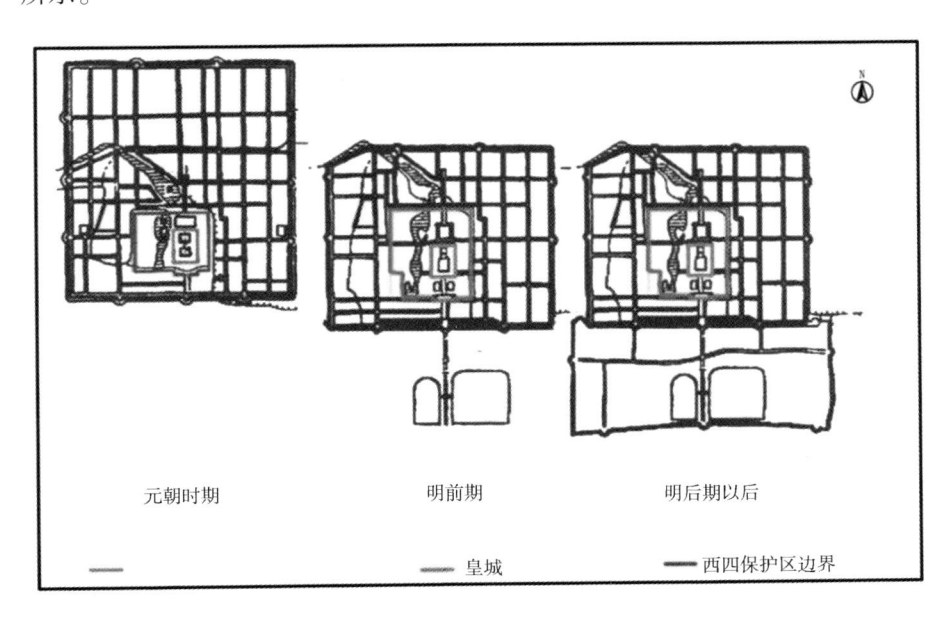

图2-1 西四北一至八条街区在北京老城的相对位置变化

---

[1] 李铁生、张恩东主编：《南锣鼓巷史话》，北京出版社2010年版，第89页。
[2] 《北京行政区划调整：西城宣武合并 东城崇文合并》，http://news.hexun.com/2010-07-01/124126471.html，2010年7月1日。

二 区位及四至范围

西四北一至八条街区位于北京西城区西北部,属于新街口街道办事处管辖。具体管辖又分属三个社区居委会(北头条和北二条属于西四北头条社区,北三条至五条属于西四北三条社区,北六条至八条属于西四北六条社区)。

西四北一至八条街区也位于朝阜文化街的西北侧,朝阜文化街是北京的一条具有传统文化的历史文化保护区,被誉为古都风貌骨架的东西线[1]。该街区也位于西四西北街楼(现为新华书店)的西北侧。该街区也位于明清朝皇城的西北侧(明清皇城西侧大约在今西皇城根大街)。元朝时,这里胡同平均宽9米,街巷平直,房舍严整,有许多大型宅院。到清朝以及民国时,胡同逐渐变窄,越分越密,并出现许多小枝杈。目前,街区内以居住和配套教育用地为主,西四北大街和赵登禹路沿线以商业为主[2]。

西四北一至八条街区保留了元大都原始的居住格局,其重点保护区占地面积29.70公顷[3]。该街区的四至范围为,东至西四北大街,南至西四北头条,西至赵登禹路[4](元代为金水河道,明代称河漕,为排水明沟。清代称为大明濠、北沟沿、西沟沿。民国初期,改沟为盖板路,1921年改为沥青路,后因抗日名将赵登禹住在这里而改名[5]),北至平安里西大街。其范围和在北京老城的区位图如图2-2所示。

---

[1] 温宗勇、龚渤、李伟、臧伟:《西四北头条到北八条历史文化保护区实录》,《北京规划建设》2011年第4期。

[2] 陈宗蕃编著:《燕都丛考》,北京古籍出版社1991年版,第96页。

[3] 北京规划委员会:《北京旧城二十五片历史文化保护区保护规划》,北京燕山出版社2002年版,第95页。

[4] 平永泉:《建国以来北京的旧城改造与历史文化名城保护(续)》,《北京规划建设》1999年第6期。

[5] "北京百科全书 西城卷"编辑委员会编:《北京百科全书 西城卷》,奥林匹克出版社2000年版,第356页。

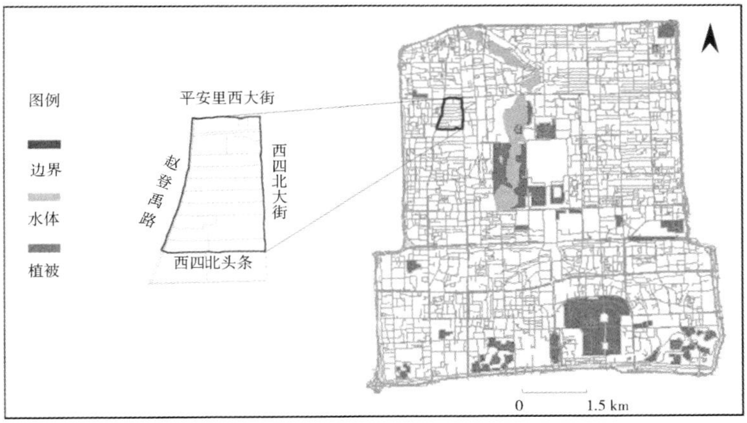

第二章　北京西四北一至八条历史文化街区概貌

图 2-2　西四北一至八条街区四至范围及其在北京老城的区位

第二节　街区的历史文化景观和重要历史事件

一　历史文化景观

北京西四北一至八条街区在元朝，由于其优越区位，是做官或者有钱人的居住地。在明朝，有朱厚照的镇国府、永寿伯朱德私第、广平侯袁瑄宅、泰宁侯陈珪宅、武安侯郑亨宅等。元明时期居住者中有许多是赫赫有名的人物，所以在西四北一至八条街区留下了许多名人故居。明代在西四北一至八条街区居住的名人如表 2-1 所示。清代，西四北一至八条街区是正红旗满洲官兵的居住地，也有许多名人到此居住（如表 2-2 所示）。由于西四北一至八条街区优越的区位，民国时期和新中国成立后，也有不少名人选择到此居住。民国时期到此居住的名人如表 2-3 所示。新中国成立后，在此居住的名人情况：徐盈和彭子冈曾居住在西四北六条34号，陈半丁曾居住在西四北六条7号。

· 71 ·

表 2－1　　　　　　　　明代西四北一至八条街区居住名人

胡同名称	"居住的名人"的记载
西帅府胡同 （西四北二条）	明武宗朱厚照的镇国府："八年三月，改太平仓为镇国府。又欲毁廞口为府厅。工部奏：祖宗稽古建官，府部具有定制。今改仓为府，有乖旧典，况位属乾方，乾天门也。且此地初为永昌寺，再为新石厂，又为太平仓，屡改屡废，推之地理，察之人事，俱未便。上曰：既以此地为天门，宜当通达。前此闭塞，何以不闻？其以实陈！工部再请罪，乃宥之。世宗实录：嘉靖元年五月，改镇国府仍为太平仓，命总督仓场官管理。明朱茂曙两京求旧录：康陵先立镇国府，后乃自封镇国公，府在鸣玉坊。嘉靖初，仍改太平仓，都人至今犹呼西帅府胡同。"
	永寿伯朱德私第："镇国府太平仓，今西四牌楼大街东北有帅府胡同、太平仓胡同，乃其遗址。明成化二十三年，建大永昌寺。正德五年，以寺旧址改为仓，赐名太平仓。六年，以太平仓赐永寿伯朱德为私第。八年，改太平仓为镇国府。嘉靖元年，改镇国府为太平仓，命总督仓场官管理。康陵先立镇国府，乃自封镇国公，府在鸣玉坊。嘉靖初，仍改太平仓矣。都人至今称帅府胡同也。""正德五年六月，户部言：永昌寺旧址改建为仓，未有名。乃赐名太平仓。原六年十一月，以太平仓赐永寿伯朱德为私第（明武宗实录）。"
	广平侯袁瑄宅："成化二十二年冬十月，复建大永昌寺。先是寺建于西市，已有成绪，及国师继晓以星变被谴，寺亦随废。至是，太监梁芳等请更择地建之。乃命工部左侍郎杜谦等，相度地基，得故广平侯袁瑄宅。时瑄家已失侯，瑄妻固请以宅献，而托芳请袭侯。芳言于上而许之，既又市其傍民居数十家，大兴工役，视旧益加广矣（明宪宗实录）。"
泰宁候胡同 （西四北七条）	泰宁侯陈珪宅："陈珪，泰州人。洪武初，从大将军徐达平中原，授龙虎卫百户，改燕山中护卫。从成祖出塞为前锋，进副千户。已从起兵，积功至指挥同知。还佐世子居守。累迁都督佥事，封泰宁侯，禄千二百石。佐世子居守如故。永乐四年，董建北京宫殿，经画有条理，甚见奖重。八年，帝北征，偕驸马都尉袁容辅赵王留守北京。十五年，命铸缮工印给珪，并设官属，兼掌行在后府。十七年四月卒，年八十五。赠靖国公，谥忠襄。"
武安候胡同 （西四北八条）	武安侯郑亨宅："郑亨（？—1434），合肥人，父用。从太祖于和，积功为大兴左卫副千户。请老，亨嗣职。洪武二十五年应募持檄招谕鞑靼，至斡难河。还，迁密云卫指挥佥事。"曾在大同、白沟河、济南、沧州等地战，"入京师，历迁中府左都督，封武安侯，禄千五百石，予世券。赠漳国公，谥忠毅"。

注：本表参照文献①②③④中的相关资料编制。

资料来源：①（清）于敏中等编纂：《日下旧闻考》，北京古籍出版社 1983 年版，第 804—824 页。②（清）吴长元：《宸垣识略》，北京古籍出版社 1983 年版，第 142 页。③（清）张廷玉：《古典名著普及文库　明史》，岳麓书社 1996 年版，第 2195 页。④郑自修总编纂：《郑氏族系大典》第一部，中州古籍出版社 2004 年版，第 448 页。

第二章　北京西四北一至八条历史文化街区概貌

表 2-2　　　　　　　清代西四北一至八条街区居住名人

胡同名称	"居住的名人"的记载	名人简介
驴肉胡同（礼路胡同、西四北头条）	"三等威靖伯第在西四牌楼北驴肉胡同。"①	威靖伯即为车尔布。"案：车尔布封威靖伯"②，"车尔布，满洲镶红旗人：姓完颜氏，一等子叶臣长子也。初任参领。崇德六年，太宗文皇帝亲征明锦州，车尔布随内大臣宗室锡翰等设伏高桥，遇明杏山逃兵，击之；追至塔山，俘斩甚众。擢护军统领。明年七月，部议王、贝勒、大臣围锦州时，徇隐失律罪，车尔布应罚锾；时明总兵祖大寿既以锦州降，上念诸臣攻围日久，劳苦有功，概予宽免。"③又有记载，车尔布官至议政大臣，镶红旗蒙古都统，累进封为一等伯兼拖沙哈番，顺治初年入关，镇压李自成、张献忠农民军，征讨姜瓖叛军，南明鲁王，郑成功。康熙七年三月卒④。
	据《燕都丛考》记载，"其北曰礼路胡同，邓君守瑕之礼塔园在是"⑤。	邓守瑕，即为邓镕，号忍堪，四川成都人。清光绪元年乙亥生。曾东渡日本，毕业于日本明治大学法科，归国后试学部，授内阁中书。民国元年，由四川省选任临时参议院议员。次年，由蒙古地方选任众议院议员。后历任政治会议议员、参政院参政等职。代表作有《荃察余斋诗存》行世。⑥
	《燕都丛考》又载："《鲍庐诗存》有《题邓守瑕礼塔园图诗注》：园为徐尚书会沣故宅。"⑦《中外园林简史》载：礼塔园："园为徐尚书会沣故宅……塔指万松塔"。（《鲍庐诗存》）⑧	徐会沣，为同治年间进士，官兵部尚书。其工楷行书被慈禧所赏识，故宫保存有他的多幅书迹。⑨

---

① （清）吴长元：《宸垣识略》，北京古籍出版社 1983 年版，第 162 页。
② （清）朱一新：《京师坊巷志稿》，北京古籍出版社 1982 年版。
③ 沈云龙：《近代中国史料丛刊三编（5—7）国朝耆献类征选编（一、二、三）》，台湾文海出版社 1996 年版，第 149 页。
④ 黄惠贤：《二十五史人名大辞典》（下册），中州古籍出版社 1997 年版，第 558 页。
⑤ 陈宗蕃编著：《燕都丛考》，北京古籍出版社 1991 年版，第 347 页。
⑥ 王镛：《蜀风集：文守仁先生遗著》，1998 年版，第 98 页。
⑦ 陈宗蕃编著：《燕都丛考》，北京古籍出版社 1991 年版，第 354 页。
⑧ 赵燕、李永进主编：《中外园林简史》，水利水电出版社 2012 年版，第 578 页。
⑨ 乔晓军：《中国美术家人名辞典》补遗一编，三秦出版社 2007 年版，第 413 页。

文化表征与非表征的理论与实践:北京西四街区文化的综合保护

续表

胡同名称	"居住的名人"的记载	名人简介
驴肉胡同（礼路胡同、西四北头条）	和珅于乾隆十五年（1750）出生于驴肉胡同东口，并在此居住至乾隆四十一年（1776），之后，他搬迁至三座桥胡同。① 也有学者认为，和珅在这里长大并发迹。②（但这一说法目前存在争议，作者注）	
西帅府胡同（西四北二条）	"三等襄勤伯第在帅府胡同。"③《藤阴杂记》记载："西城帅府胡同，为西林鄂文端公第。海内名士多出其门。"④《天咫偶闻》记载，"鄂文端公第，在帅府胡同，即明武宗威武大将军府也，今已废。按：文端相业，在本朝要为巨擘。后来惟阿文成、曾文正差堪继武"⑤。该宅位于镇国公明武宗的镇国府的西侧⑥。	"鄂尔泰（1680—1745），字毅庵，西林觉罗氏。满洲镶蓝旗人。世居汪钦。高祖屯泰，国初来归，授佐领。曾祖图них，从征大凌河，战没，授牛录章京世职。祖图彦图，户部郎中。父鄂拜，国子监祭酒。……鄂尔泰尝以土司为'边疆大害'……而改土归流为滇黔之'第一要务'，1726年十月，实授云贵总督，加兵部尚书衔。1748年六月，管理理藩院事务。十二月，兼翰林院掌院学士。……1745年四月，卒，年六十六。……赐银万两治丧。入祀贤良祠，以世宗遗诏，配享太庙。"⑦
武安候胡同（西四北八条）	谦郡王瓦克达府邸："谦郡王府在五王侯胡同。"⑧ "王讳瓦克达，太祖孙礼烈亲王四子。顺治间，授征西大将军，预议政，追谥襄，府在五王侯胡同口。"⑨	"谦郡王是礼亲王代善的第四子瓦克达。天聪元年，瓦克达因与硕托等密谋拥多尔衮为帝，被多尔衮揭发，黜出宗室。后来，瓦克达屡建战功，恢复宗室，于顺治五年（1648）被晋封为多罗郡王。"⑩

---

① 党洁：《和珅在京遗迹》，《北京纪事》2012 年第 4 期。
② 陈博、陈晴编著：《皇城遗韵》，中国社会出版社 2009 年版，第 182 页。
③ （清）吴长元：《宸垣识略》，北京古籍出版社 1983 年版，第 142 页。
④ （清）戴璐（敏夫）：《藤阴杂记》，上海古籍出版社 1985 年版，卷四。
⑤ （清）震钧：《天咫偶闻》，北京古籍出版社 1982 年版，卷一至卷五。
⑥ 陈博、陈晴编著：《皇城遗韵》，中国社会出版社 2009 年版，第 184 页。
⑦ 马子木：《清代大学士传稿（1636—1795）》，山东教育出版社 2013 年版，第 241—246 页。
⑧ （清）吴长元：《宸垣识略》，北京古籍出版社 1983 年版，第 143 页。
⑨ （清）朱一新：《京师坊巷志稿》，北京古籍出版社 1982 年版。
⑩ 党洁：《北京城旧影寻踪》，北京理工大学出版社 2012 年版，第 148 页。

第二章 北京西四北一至八条历史文化街区概貌

表 2-3　　　　　民国时期西四北一至八条街区居住名人

胡同	居住名人	名人或故居简介
报子胡同（西四北三条）	程砚秋先生于1937年至1958年居住在此。故居坐北朝南，为前后两进院落。后院的书房名为"御霜簃书斋"①。	程砚秋，著名京剧演员，四大名旦之一。
	马福祥故居位于北三条11号，目前为西四北幼儿园②。	马福祥（1816—1932），字云亭，回族，甘肃临夏人。1928年投靠蒋介石，先后任国民政府委员、北平政治分会委员等职。③
受壁胡同（西四北四条）	许修直曾居住在受壁胡同22号④。	许修直（1881—1954），江苏无锡人，原名卓然，字西溪。曾任浙江高等审判厅厅长，1927年后，任国民党南京政府上海特别市法制室主任、交通部秘书长、内政部次长等职务。抗战时期曾任伪华北电报电话公司副董事长，1945年3月，担任伪北平市长。⑤
	李涛曾住在西四受壁胡同3号⑥。	李涛（1905—1970），原名李湘舲，湖南人，1926年加入中国共产党。曾积极推动国共团结抗日，1949年后，担任中国人民解放军总参谋部三部部长、政治委员。1955年被授予上将军衔。⑦
石老娘胡同	"石老娘胡同……其后张宗昌居之……"⑧	张宗昌（1882—1932），字效坤，今莱州市沙河镇祝家村人，曾是冯国璋、张作霖的部下，曾担任山东省军务督办兼山东省省长，后逃至日本，1932年回国后，潜居天津租界。同年9月，被仇人刺杀。⑨张宗昌居住期间，大门上曾有国民党党徽的印记。⑩

---

① 崔乃夫主编：《中华人民共和国地名大词典》第5卷，商务印书馆2002年版，第7316页。
② 全国政协文史和学习委员会、北京市政协文史和学习委员会编：《名人故居博览》北京卷，中国文史出版社2011年版，第326页。
③ 尚海等主编：《民国史大辞典》，中国广播电视出版社1991年版，第722页。
④ 解学诗主编：《满铁档案资料汇编》第十一卷《满铁与华北开发社会》，社会科学文献出版社2011年版，第353页。
⑤ 李盛平：《中国近现代人名大辞典》，中国国际广播出版社1989年版，第197页。
⑥ 刘庆方：《开国上将李涛》，解放军文艺出版社2006年版，第417页。
⑦ 王聚英、魏国英：《八路军将领传略》，解放军出版社2006年版，第54页。
⑧ 陈宗蕃编著：《燕都丛考》，北京古籍出版社1991年版，第347页。
⑨ 孙家洲、杜金鹏：《莱州文史要览》，齐鲁书社2013年版，第318页。
⑩ 北京市政协文史资料委员会编：《北京文史资料精选》西城卷，北京出版社2006年版，第175页。

续表

胡同	居住名人	名人或故居简介
石老娘胡同	傅增湘故居（西四北五条7号）	傅增湘（1872—1950），四川人，曾任王士珍内阁教育总长，晚年从事图书收藏和版本目录的研究。著有《双鉴楼善本书目》等①。日伪时期，傅增湘故居西侧是"满洲同乡会"旧址。②
石老娘胡同	宋小濂等	吉林新馆（石老娘胡同8号、22号），该馆是民国八年由宋小濂及吉林籍在京官员多人捐资购置的。1937年后，被伪满洲旅京同乡会强制接收，变为伪满同乡会附属团体。1945年后，变为吉林省旅平同乡会。8号曾有瓦房八十五间半，游廊五十间。22号有瓦房6间。1950年时，曾住同乡26户，非同乡22户。③
太安侯胡同	民国时期在太安侯胡同有个奈曼亲王府④。	虽名王府，但无王府规制，是一宅院。⑤

注：本表参照部分文献的相关内容编制，参照文献已在表中分别用上标标注。

西四北一至八条街区除名人故居外，还有丰富的寺庙、王府、祠堂、会馆、工厂等历史文化景观。

明朝西四北三条曾设有皇家印刷厂，印刷佛经、儒学经典等皇家文件。明万历四十五年（1617），在皇家印刷厂建造了皇家寺庙——护国圣祚隆长寺。据记载，"圣祚隆长寺在西四牌楼报子胡同明汉经厂外厂，万历四十五年敕建。本朝乾隆二十一年修，有御制碑并御书联额"⑥。"正

---

① 北京市政协文史资料委员会编：《北京文史资料精选》西城卷，北京出版社2006年版，第177页。
② 党洁：《北京城旧影寻踪》，北京理工大学出版社2012年版，第146页。
③ 北京市档案馆：《北京会馆档案史料》，北京出版社1997年版，第1128—1130页。
④ 中国人民政治协商会议内蒙古自治区委员会文史资料研究委员会编：《内蒙古辛亥革命史料》，内蒙古人民出版社1961年版，第85页。
⑤ 陈乐人主编：《北京档案史料》，新华出版社2007年版，第291页。
⑥ （清）吴长元：《宸垣识略》，北京古籍出版社1983年版，第143页。

第二章 北京西四北一至八条历史文化街区概貌

红旗官学在北有圣祚隆长寺，明汉经厂，外厂也。"① "明万历四十五年敕建，有碑。碑今无存。乾隆二十一年修。又按：沈进《行国录》称汉经厂外厂圣祚隆长寺，是今之报子胡同，明代亦设经厂于其地，以地安门内有汉经厂，故此曰外厂。"② 原寺坐北朝南，有石山门一间，钟鼓楼各一间，天王殿三间，前殿和东西配殿各三间，后殿和耳房各三间。原有千佛绕毗卢铜像。有"般若观空"和"莲花净界"两匾。③ 在该圣祚隆长寺的南部，据记载，有元朝建立的关帝庙，《乾隆朝京城全图》曾称为双关帝庙。清乾隆二十一年（1756）重修。现遗址尚在，成为大杂院。五王侯胡同有长寿庵（37号），弘治年间重修，光绪三十三年（1907）再修。同年，宝禅寺从宝产胡同迁至这里，采用宝禅寺的名称。胡同里还有庆宁寺（51—55号）。④ 西四北二条至三条之间有护国双关寺庙（西四北大街165号，167号，甲167号），两像合祀，始建年代不知，元泰定乙丑年修，乾隆年间重修。⑤ 庙坐西朝东，现在格局尚保持。⑥

关于祠堂，帅府胡同有跨鹤吕公祠，久即倾颓，重加修葺。⑦ 在臭皮胡同内，曾有一座吴禄祯、蔡锷的祠堂，后被创办为私立石年小学，后与创建于光绪九年（1883）的京师公立第四小学合并，⑧ 民国时被命名为北京师范大学附属小学，1972年更名为西四北四条小学。所以它是京城最古老的学校之一，目前跨越西四北三、四、五条胡同。⑨

另有其他附属设施。在西四北三条东口路南，曾有推动京城摔跤发

---

① （清）朱一新：《京师坊巷志稿》，北京古籍出版社1982年版。
② 陈宗蕃编著：《燕都丛考》，北京古籍出版社1991年版，第355页。
③ 北京市政协文史资料委员会编：《北京文史资料精选》西城卷，北京出版社2006年版，第175页。
④ （清）朱一新：《京师坊巷志稿》，北京古籍出版社1982年版，第178页。
⑤ （清）吴长元：《宸垣识略》，北京古籍出版社1983年版，卷八。
⑥ 苏天钧：《北京考古集成》，北京出版社2000年版，第577页。
⑦ 佚名：《四蛇为祸》，《点石斋画报（1884—1898）》巳集·十期。
⑧ 陈博、陈晴编著：《皇城遗韵》，中国社会出版社2009年版，第186页。
⑨ （清）朱一新：《京师坊巷志稿》，北京古籍出版社1982年版，第175页。

展的善扑营。① 光绪九年（1883），正红旗官学从阜成门内的巡捕厅胡同移到这里的报子胡同。官学是满洲八旗设立的书院，起设于顺治元年（1644）。次年，八旗官学合两旗为一学，共计官学 4 处。② 光绪二十九年（1903），八旗官学改设高等小学堂，正红旗官学改设为八旗第四高等小学堂。③ 又如，西四北头条曾驻扎了房修一公司西城区一队。④ 西四北二条曾设有中国汽车工业进出口公司、汽车仪表厂等。西四北三条曾驻有西城区教育局、西城区劳动局。西四北八条曾设有市造纸包装工业研究所、燕京造纸厂等⑤。"正红旗护军统领署在西四牌楼北臭皮胡同。"⑥《京师坊巷志稿》记载，"驴肉胡同，桥一……帅府胡同，井一，桥一……雹子胡同，雹或作报，今从宛平王志。井一，桥一……臭皮胡同，有王公桥。正红旗护军统领署在北，详衙署。石老娘胡同，桥一。彭文敬公自订年谱：己未移寓阜成门内石老娘胡同。卫儿胡同，卫亦作魏。儿或作衣。井一，桥一。泰安侯胡同，井一。四甲喇堆子前，井一，桥一。五王侯胡同，桥一"⑦。曾在西四北头条至八条胡同口安置的木制或者铁制的防护栅栏；坊门处的木制的、石制的，或者琉璃制的牌楼；过街楼、厕所；照门镜等。⑧ 清光绪二十年（1894），曾在西四十字路口的东北角和西北角建了两座临街转角二层楼房。现存西北角街楼为区级文物保护单位。西四北一至八条街区的历史文化景观如表 2-4 所示。

---

① 刘岳：《北京胡同 66》，中共党史出版社 2009 年版，第 243—247 页。
② 傅华主编：《北京西城文化史》，北京燕山出版社 2007 年版，第 390 页。
③ 傅华主编：《北京西城文化史》，北京燕山出版社 2007 年版，第 397 页。
④ 《西城区地名志》编辑委员会：《北京市西城区地名志》，北京出版社 1992 年版，第 172 页。
⑤ 崔乃夫主编：《中华人民共和国地名大词典》第 1 卷，商务印书馆 1998 年版，第 29 页。
⑥ （清）吴长元：《宸垣识略》，北京古籍出版社 1983 年版，第 142 页。
⑦ （清）朱一新：《京师坊巷志稿》，北京古籍出版社 1982 年版，第 178 页。
⑧ 段柄仁主编：《北京胡同志》，北京出版社 2007 年版，第 41—46 页。

第二章 北京西四北一至八条历史文化街区概貌

表2-4 西四北一至八条街区历史文化景观

胡同	王府、会馆	寺庙	祠堂	单位、工厂等	教育设施	其他
西四北头条				房修一公司西城区一队		
西四北二条			跨鹤吕公祠	中国汽车工业进出口公司、汽车仪表厂	北京市第41中学（原平民中学）	
西四北三条		明清：皇家寺庙——护国圣祚隆长寺（现为3号院），其南部还有护国双关寺庙		明代皇家印刷厂		正红旗官学（后改为八旗第四高等小学堂）、善扑营
西四北四条			曾有吴禄桢、蔡锷的祠堂	西城区教育局、西城区劳动局	西四北四条小学	正红旗护军统领署、王公桥
西四北五条	吉林新馆（原石老娘胡同8号，22号）（现15号）					"满洲同乡会"旧址
西四北六条	内蒙古绥远会馆（现23号）					
西四北七条	棻曼亲王府（27号院）					正黄旗觉罗宗学、北京市立第二社会教育馆
西四北八条	谦郡王府	宝禅寺（原长寿庵）（37号）、庆宁寺（51—55号）		市造纸包装工业研究所、燕京造纸厂（11号）		

注：本表参照文献《北京胡同志》（第375—378页）、《北京考古集成7—9》中的相关资料编制。

二 标志性历史事件

历史事件是地方独特性的重要组成要素之一。[①] 西四北一至八条街区从明代至新中国成立时期，发生过很多的历史事件。如曾在此设立四川督署驻京办事处；在此建立燕京造纸厂；在此设立公益诊疗院免费为大众治病等。其清代至民国时期发生的历史事件一览表如表2－5所示。需要说明的是，本书区域范围虽然没有包括西四牌楼，但由于历史上西四是西四牌楼的代称，所以西四北一至八条街区发生的历史事件把在西四牌楼发生的历史事件也包含了进来。该街区在明代发生的重要历史事件如下。

其一，功臣于谦在西四被杀害。明朝，西四牌楼的这个位置曾是刑场："明之刑场，在西安市场之东，大拐棒胡同南口内，三百余年前在此丧生者，不下万余人。试掘该地土犹带殷红色，深有数尺，盖即刑后沥血入土之故也。"[②] 功臣于谦曾因蒙古族瓦剌部首领"也先"在土木堡（在今河北怀来县沙城镇内）俘虏明英宗、要挟明廷的"土木之变"而组织北京保卫战并最终获得胜利，却因为天顺元年（1457），代宗病重、英宗重夺代宗皇权的"夺门之变"而冠以"谋逆罪"。[③]

其二，袁崇焕将军在此被杀害。明崇祯三年八月（1630），崇祯皇帝中了反间计，蓟辽督师袁崇焕将军在这里被处磔刑。[④]

其三，杨继盛在此被杀害。明嘉靖三十二年（1553），杨继盛死于西四（原西市）。[⑤]

表2－5　清代至民国时期西四北一至八条街区发生的历史事件

年份或者时期	历史事件
道光二年（1822）	同和居在西四牌楼开业[⑥]

[①] 周尚意：《区域三大本性与主体性》，《地理教育》2015年第6期。
[②] 马芷痒著，张恨水审定：《老北京旅行指南》，北京燕山出版社1997年版，第106页。
[③] 傅华主编：《北京西城文化史》，北京燕山出版社2007年版，第387页。
[④] 傅华主编：《北京西城文化史》，北京燕山出版社2007年版，第389页。
[⑤] 马芷痒著，张恨水审定：《老北京旅行指南》，北京燕山出版社1997年版，第106页。
[⑥] 傅华主编：《北京西城文化史》，北京燕山出版社2007年版，第394页。

第二章　北京西四北一至八条历史文化街区概貌

续表

年份或者时期	历史事件
光绪元年（1875）	慈禧太后赐给由刘小泉出资建造的莲花落演出班社名称为"太平歌词"，会社地址设在西四牌楼。①
清朝	"正黄旗觉罗宗毕在西直门内北卫儿胡同"。卫儿胡同原12号（现23号）曾为内蒙古绥远会馆。②③
北洋政府时期	刘存厚曾在西四北头条（当时为礼路胡同）设立四川督署驻京办事处。④
民国时	礼路胡同曾办有一个教会小学为铭贤小学。⑤
民国三年（1914）	河北束鹿县人刘元奇在西四北宝禅寺内开设书肆。书肆开设约九年。⑥
民国九年（1920）	杨浩如创立的第一家私立中医院"养浩庐中医院"迁至西四北石老娘胡同路北。⑦
民国十年（1921）	由北京弘慈广济寺编辑发行的《佛学月刊》创刊，编辑部在西四牌楼。⑧
民国十年（1921）	在帅府胡同成立萃文中学校与萃贞女子中学校。⑨
民国十年（1921）	陈垣曾在现西四北二条58号创建平民中学（现为北京市第41中学），免费接受华北大旱逃至北京的孤儿。
民国十四年（1925）	李大钊到石老娘胡同讲授农民运动。⑩
民国二十一年（1932）	育材日语补习学校成立于西四北大街64号。⑪
民国二十二年（1933）	张学良在五王侯胡同谦郡王瓦克达王府基础上创建了燕京造纸厂，它是当年规模最大，技术最先进的造纸厂。⑫
民国二十三年（1934）	怀仁堂药店在西四北大街开业

---

① 傅华主编：《北京西城文化史》，北京燕山出版社2007年版，第395页。
② 葛继善主编：《内蒙古自治区人民政府驻北京办事处志》，内蒙古人民出版社1999年版，第59页。
③ 白继增：《北京老西城区会馆》，《北京档案史料》2011年第4期。
④ 张国仁、杨莨诚等：《护法运动》，档案出版社1993年版，第1031页。
⑤ 李辉主编：《于光远自述》，大象出版社2005年版，第18页。
⑥ 傅华主编：《北京西城文化史》，北京燕山出版社2007年版，第401页。
⑦ 傅华主编：《北京西城文化史》，北京燕山出版社2007年版，第404页。
⑧ 傅华主编：《北京西城文化史》，北京燕山出版社2007年版，第404页。
⑨ 傅华主编：《北京西城文化史》，北京燕山出版社2007年版，第404页。
⑩ 傅华主编：《北京西城文化史》，北京燕山出版社2007年版，第407页。
⑪ 傅华主编：《北京西城文化史》，北京燕山出版社2007年版，第411页。
⑫ 陈博、陈晴编著：《皇城遗韵》，中国社会出版社2009年版，第190页。

续表

年份或者时期	历史事件
民国二十五年（1936）	第二教育馆在西四南魏胡同3号开办。
1939年日伪时期	北京公益联合会曾在礼路胡同设立公益诊疗院，免费为大众治病。①
民国三十四年（1945）	半月刊《进取》创刊，社址在今西四北头条。②

第三节　街区的历史沿革

一　胡同名称的变迁

西四的名称因明朝在今西四的十字路口（西四北大街、西四南大街、阜成门内大街、西四东大街的交叉路口）的东、南、西、北各建一座牌楼而得名。乾隆时期西四牌楼如图2-3所示。西四牌楼与明清皇城之东的东四牌楼对称，它为三门、四柱、冲天牌楼，柱下有五尺高的汉白玉石柱。③ 当时西四的四座牌楼是四个坊的坊门（坊类似于今天的社区）。而对于坊门的名称，即四个牌楼的名称，《光绪顺天府志》《京师坊巷志稿》的记载与《日下旧闻考》的记载有出入。据《日下旧闻考》记载："宣武门北有单排楼曰瞻云，又北二里许有四牌楼，东曰行义，西曰履仁，南、北曰大市街。"④ 而据前两者记载："西大市街，有坊四：东曰行仁，西曰履义，南北曰大市街，俗称西四牌楼。"⑤⑥ 有学者对此也进行

---

① 吴廷燮总纂：《北京市志稿·民政志》，北京燕山出版社1998年版，第204—205页。
② 傅华主编：《北京西城文化史》，北京燕山出版社2007年版，第417页。
③ 段柄仁主编：《北京胡同志》，北京出版社2007年版，第44页。
④ （清）于敏中等编纂：《日下旧闻考》，北京古籍出版社2001年版，第788页。
⑤ （清）周家楣、缪荃孙等编纂：《光绪顺天府志（一）》，北京古籍出版社2001年版，第373页。
⑥ （清）朱一新：《京师坊巷志稿》，北京古籍出版社1982年版，第139页。

第二章 北京西四北一至八条历史文化街区概貌

过讨论,[①] 最后认为,西四牌楼的名称以《日下旧闻考》记载为正确,四牌楼的名称与东四牌楼名称相同,只是东西牌楼的方向不同而已(东四牌楼中,东牌楼为履仁,西牌楼为行义)。所以当时,西四东侧牌楼上有"行义"二字,西侧牌楼上有"履仁"二字,南北侧牌楼上有"大市街"。1954年,为拓宽道路,四座牌楼被拆除[②]。

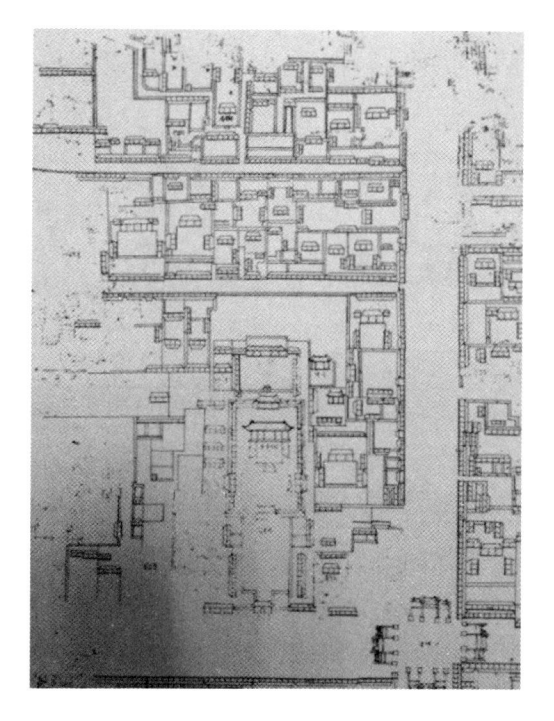

图 2-3 清乾隆时期西四牌楼

注:本图来源于《加摹乾隆京城全图》六排九

西四北一至八条街区胡同的名称经过了明朝、清朝、1911年、1965年四次大的变化,变化情况如表2-6所示。明朝,北京西四北一至八条

---

① 佚名:《对北京西四东四牌楼的额文和老照片的澄清》,http://www.360doc.com/content/14/0713/11/651210_394062078.shtml,2014年7月13日。
② 温宗勇、龚渤、李伟、臧伟:《西四北头条到北八条历史文化保护区实录》,《北京规划建设》2011年第4期。

街区的胡同名称因胡同里的人文景观或人名而得名，清朝，西四北一至八条街区胡同名称变化不大（乾隆时期西四北头条至八条胡同图如图2－4所示）。民国时，胡同名改为谐音名称（民国二十五年西四北一至八条街区图如图2－5所示）。如西四北六条胡同，明代称为燕山前卫胡同，因燕山前卫衙署在此而得名，简称卫胡同。西四北七条，明代因泰宁侯陈珪宅在此而得名泰宁候胡同，到清朝因避宣宗旻宁讳改为泰安侯胡同。[①] 西四北八条胡同，明代因明永乐年间武安侯郑亨宅在此而得名"武安侯胡同"，清代改称"五王侯胡同"，民国时又称改为"武王侯胡同"[②]。而1965年时，西四北一至八条街区胡同名称依据自南而北数字增大的顺序得名。西四北头条至北八条这种按照数字命名的方式削弱了胡同名称的文化，不能反映胡同里曾经的重要人文景观和居住的名人。正如有学者建议，西四北一至八条街区的胡同名称应该按照明清的老地名得名。

表2－6　　　　　　　西四北头条至八条胡同名称变迁情况

明朝	清朝	1911年后	1965年后
驴肉胡同	驴肉胡同	礼路胡同	西四北头条
西帅府胡同	帅府胡同	帅府胡同	西四北二条
箔子胡同	雹子胡同、报子胡同、豹子胡同	报子胡同	西四北三条
熟皮胡同	臭皮胡同	受壁胡同	西四北四条
石老娘胡同	石老娘胡同	石老娘胡同	西四北五条
王瑞老儿胡同、燕山前卫胡同	魏儿胡同、卫儿胡同、卫衣胡同	南魏儿胡同、南卫胡同、南魏胡同	西四北六条
泰宁侯胡同	泰安侯胡同、太安侯胡同、太宁侯胡同	太安侯	西四北七条
武安侯胡同	五王侯胡同	武王侯胡同	西四北八条

注：本表参照文献《燕都丛考》《明清北京城图》《京师坊巷志稿》《北京胡同志》编制。

---

① 张清常：《北京街巷名称史话：社会语言学的再探索》，北京语言文化大学出版社1997年版，第342页。
② 崔乃夫主编：《中华人民共和国地名大词典》第5卷，商务印书馆2002年版，第7316页。

第二章　北京西四北一至八条历史文化街区概貌

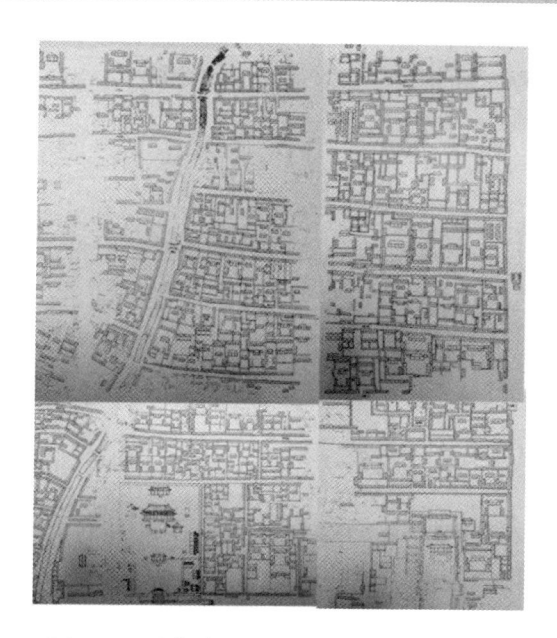

图2-4　清乾隆时期西四北头条至八条胡同

注：本图根据《加摹乾隆京城全图》五排九、十，六排九、十组合，其中西四北三条至八条胡同西来自于五排十，西四北三条至八条胡同东来自于五排九，西四北头条至二条胡同西来自于六排十，西四北头条至二条胡同东来自于六排九[1]。

二　西四北大街的变迁

元朝，西四北大街为重要的商业街。元大都时期，北京城的市场主要分布在四个地方。第一为斜街处（今鼓楼西大街一带）；第二为西四一带，称为羊角市，这里主要是羊市、马市、骡驴市、骆驼市等分布之地。其中现在的西四东大街在元朝时被称为马市街，因为元朝的马市在此设立[2]；第三为东四西南一带；第四为钟楼前十字街和各个门的外围等。[3] 所以元朝流行的一句"西四、东四、鼓楼前"就是元大都时主要的市场

---

[1]　北京市古代建筑研究所、北京市文物事业管理局资料中心编：《加摹乾隆京城全图》，北京燕山出版社1996年版，五排九、十，六排九、十。
[2]　《西城区地名志》编辑委员会：《北京市西城区地名志》，北京出版社1992年版，第94页。
[3]　朱祖希：《营国匠意——古都北京的规划建设及其文化渊源》，中华书局2007年版，第107页。

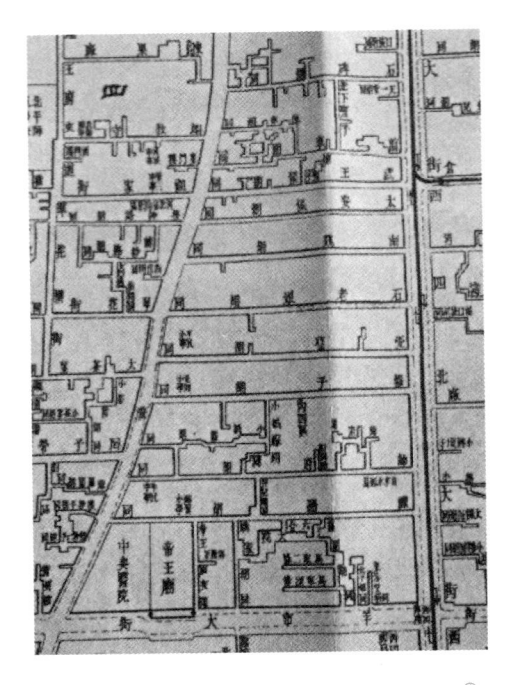

文化表征与非表征的理论与实践：北京西四街区文化的综合保护

图 2-5　1936 年西四北头条至八条胡同[①]

分布区。西四牌楼上当时也曾有"大市街"三个大字。有资料显示，目前的西四北大街在元朝时为大都城内重要的商业街。[②]

明朝时，在现在的西四北一至八条街区范围内，西四北大街也曾为商业街。据明代人书写的《旧京遗事》记载："西市在西安门外四牌坊，凡刑人于市，有锦衣卫、理刑官、刑部主事、监察御史及宛、大两县正官。处决后，大兴县领身投漏泽园，宛平县领首贮库，所谓会官处决也。"[③] 据处决犯人在闹市的惯例，说明西四在明朝是繁荣的商业区[④]。又据记载，明朝时，西四北大街（今名）为大市街的一部分[⑤]。当时，西

---

① 安仙生编绘：《北平市内外城分区地图.1∶10500》，民国二十五年（1936 年）。
② 《西城区地名志》编辑委员会：《北京市西城区地名志》，北京出版社 1992 年版，第 89 页。
③ （明）史玄：《旧京遗事》，北京古籍出版社 1986 年版。
④ 王永斌：《北京的商业街和老字号》，北京燕山出版社 1999 年版，第 93—94 页。
⑤ 曹子西：《北京史志文化备要》，中国文史出版社 2008 年版，第 506 页。

第二章　北京西四北一至八条历史文化街区概貌

四南北大街贯通称为大市街。① 明朝前中期，北京城市的商业主要集中在大明门前的棋盘街，东、西四牌楼，钟鼓楼处。其中，棋盘街是商铺最集中之处。② 而明代后期，西四商业的发达程度超过了鼓楼一带，成为内城最繁华之地。③

清朝，西四北大街沿街仍为繁荣的商业街。清朝，西四北大街被称为西四牌楼大街④、西大市街⑤。西四牌楼西大街为羊市，东大街为马、牛市，道光年间又开设了猪肉市。西四南北大街两旁更是店铺林立，因为其处于南北的交通要道。清末，西四商业区更加繁荣⑥，遍布饭馆酒肆，还有戏园子和歌舞场⑦，可见当时的繁荣程度。

第四节　制度变化对实体要素和空间安置的影响*

一　国家土地所有权和使用权制度变化的影响

（一）元朝至清中期

元朝至明朝，西四北头条至八条的房屋大部分为官产。据记载，官产的房屋产生于蓟城的宫殿建筑，之后，历代王朝的宫殿、衙署、部分房屋等是官产。因西四北头条至八条紧邻皇城，其优越的地理位置促使

---

① 《西城区地名志》编辑委员会：《北京市西城区地名志》，北京出版社1992年版，第89页。
② 王宏凯：《明代北京的商业》，平准学刊编辑委员会《平准学刊》第五辑下册，光明日报出版社1989年版，第575页。
③ 李栋：《西四胡同群里珍藏着文化底蕴》，《社区》2005年第22期。
④ 曹子西：《北京史志文化备要》，中国文史出版社2008年版，第506页。
⑤ 《西城区地名志》编辑委员会：《北京市西城区地名志》，北京出版社1992年版，第89页。
⑥ 张丽君、刘可晶主编：《大城北京：1000帧（上册）》，外文出版社2009年版，第212页。
⑦ 刘新江：《清代北京城市经济空间结构初探》，《城市史研究》2009年。
* 本节的部分内容已发表，参见成志芬《土地产权制度变迁对地方名人故居文化的影响研究——以什刹海历史文化街区名人故居为例》，《现代城市研究》2017年第11期。

文化表征与非表征的理论与实践:北京西四街区文化的综合保护

这里的房屋大部分为官产[1]。

清朝前中期,清政府在北京实行住房双轨制,内城的房屋是国有制,外城的房屋是私有制。清入关后,大量八旗官兵及其家属迁入京城,"燕京乃定鼎之地,何故不建都于此而又欲东移?今大小各官及将士等,移取家属,计日可到"[2]。他们到京后,圈占民宅,清朝政府为了维护自己的统治,将房屋按照级别无偿分配给八旗官兵居住。清政府还通过新盖房或者收买外地官兵在京房屋,分配给旗人。乾隆时期,清政府也分给部分汉族官员房屋:"汉阁臣多有赐第内城者,如张文和赐第护国寺胡同,蒋文肃廷锡赐第李公桥,裘文达曰修赐第石虎胡同,刘文定纶赐第阜成门大街,刘文正统勋赐第东四牌楼,汪文端由敦赐第汪家胡同,梁文定国治赐第拜斗殿,董太保诰赐第新街口,皆一时之荣遇也。"[3] 按照清政府的规定,内城的原住汉民获得少量的费用而迁往外城。[4][5][6]

清早中期"禁止旗民房产相互典卖"的政策很好地维护了内城胡同的格局和院落的格局。首先,对于胡同格局,清朝政府对于胡同两边的住宅有严格的规定,认为不能凸,也不能凹进去,胡同两边是由住宅的后墙连接起来的。该规定利于保护胡同的格局。其次,对于房屋,清政府禁止旗产与民产相互典卖房产(虽然偶尔也有一些旗民交产现象[7]),既保护了官房的国有制,也保持了房屋的格局。对于内城旗房的维修,清政府会借给官银,尤其是对于受到地震、水灾等的房屋,政府给予经费支持维修[8]。乾

---

[1] 北京市地方志编撰委员会编著:《北京志·市政卷·房地产志》,北京出版社2000年版,第106页。
[2] 《清世祖实录选辑》卷5,台北大通书局有限公司等1995年版。
[3] (清)昭梿:《啸亭杂录续录》,上海古籍出版社2012年版,第272页。
[4] 邓亦兵:《清代前期北京房产市场研究》,天津古籍出版社2014年版,第30—54页。
[5] 唐博:《清末民国北京城市住宅房地产研究(1900—1949)》,博士学位论文,中国人民大学,2009年。
[6] 北京市地方志编撰委员会编著:《北京志·市政卷·房地产志》,北京出版社2000年版,第163页。
[7] 唐博:《北京房地产旧事(1912—1949)》,山西教育出版社2015年版,第8—9页。
[8] 邓亦兵:《清代前期北京房产市场研究》,天津古籍出版社2014年版,第92—125页。

第二章 北京西四北一至八条历史文化街区概貌

隆六年（1741），政府对旗房还进行了一次较大规模的维修①。

总之，这个时期，西四北一至八条街区房屋的公有的土地制度导致西四北一至八条街区房屋属于官产，居住者是一些身份和等级高的人，其建造的四合院的实体要素和格局得以很好地保留，很多房屋是独门独户的宅院形式。

（二）清末至社会主义改造时期

清末民初旗民交产合法化，内外城的住宅格局被打破，西四北一至八条街区形成旗民杂居现象，房产大部分为私产。旗民交产自咸丰时期合法化，之后有所变更，至光绪三十三年（1907），完全确定下来②。1911年辛亥革命后，内城旗人住宅迅速地衰落，虽然袁世凯之《清室优待条件》维持了旗人一段时间的生活，但"北京政变"后，旗人的生计不再被纳入政府管理的范围，旗人为了生计，纷纷变卖房产或者出租房屋以供养生计，而迁移到生活成本更低的地方。其中，没有变卖的旗产被民国政府没收。1915年，房屋产权被分为国有（古代遗留的建筑物）、公共团体所有、私有三种。1934年，产权又分为国有（清皇室、北洋政府遗留的公产）、市有（京师警察厅保管产、北平市政府兴建的公产）、公共团体所有、私有四种③。所以，清末民国，清朝内外城的"满汉分居、兵民分置"的居住格局被打破，大批汉民进入内城居住④。

清末的住房户籍管理制度导致外地移民迁入，形成杂居。清末，除外城汉民进入内城居住外，因华北地区发生了严重的自然灾害（包括水灾、汉灾、虫灾、雹灾等⑤），再加上清朝松散的户籍制度，导致部分移

---

① 北京市地方志编撰委员会编著：《北京志·市政卷·房地产志》，北京出版社2000年版，第208页。
② 唐博：《北京房地产旧事（1912—1949）》，山西教育出版社2015年版，第10—11页。
③ 北京市地方志编撰委员会编著：《北京志·市政卷·房地产志》，北京出版社2000年版，第106页。
④ 唐博：《清末民国北京城市住宅房地产研究（1900—1949）》，博士学位论文，中国人民大学，2009年。
⑤ 周秋光、屈小伟、程扬：《晚清六十年间（1851—1911）华北地区的自然灾害》，《湖南师范大学》（社会科学学报）2010年第2期。

文化表征与非表征的理论与实践：北京西四街区文化的综合保护

民迁入北京。九一八事变后东北移民也进入北京①。虽然 20 世纪 20 年代南京国民政府建立，北平机关南迁后，北平人口减少，内城部分房屋租给商人或者有固定收入的公职人员。1945 年，国民政府接收北平，接收人员进入北平，部分地主从农村返回北平，造成北平人口急剧增加②。其中，这几次进入北平的人也有部分选择到西四北一至八条街区居住，造成杂居现象。

卢沟桥事件发生后，一些日本人侵占了西四北头条至八条的房屋。据记载，当时伪财政局将部分房屋放领给日、韩等人，并将之规定为公产③。1937 年七七事变发生后，大批的日本人到北平居住，一些日本人选择到西四北一至八条街区居住④。在对西四北三条胡同的访谈中，一位居民说："我家对面这个房子，日本人住过，现在里面乱七八糟。"这也加剧了西四北一至八条街区杂居现象。直到 1946 年，日、韩等人的公产才被没收⑤。

土地所有权证的发放明确了房屋产权。1935 年，北平市政府公布《北平市土地测量章程》，开始土地登记。1946 年，北平市地政局举办土地总登记。1949 年至 1953 年，北京市人民政府地政局开始城区私有房地总登记、外侨房产登记、城区公有房地总登记，逐户丈量房屋，绘制地籍图，发给产权人土地所有权证，明确了各类房屋的产权归属⑥。

对于承租公产的房屋，北平市地政局于 1946 年进行了土地登记，旧租产者，仍由原承租人租用，新请租者，只有公地位于私产门前或毗邻

---

① 李青淼、韩茂莉：《北京四合院使用格局和空间格局转变探因》，《城市问题》2008 年第 6 期。
② 北京市地方志编撰委员会编著：《北京志·市政卷·房地产志》，北京出版社 2000 年版，第 188 页。
③ 北京市地方志编撰委员会编著：《北京志·市政卷·房地产志》，北京出版社 2000 年版，第 107 页。
④ 北京市档案馆藏"北京特别市工务局编制的北京市简略现状册、各区户口人口密度、北京市之概略、北京市河道湖沼一览表等及建设总署编制的北京都市计划大纲等（1941—1946 年）"，档案号：J017-001-02478。
⑤ 北京市地方志编撰委员会编著：《北京志·市政卷·房地产志》，北京出版社 2000 年版，第 107 页。
⑥ 北京市地方志编撰委员会编著：《北京志·市政卷·房地产志》，北京出版社 2000 年版，第 100 页。

第二章　北京西四北一至八条历史文化街区概貌

私产而面积在二分以下的准予承租①。至1948年，北平市公产房屋约占23.3%②，是远远低于今天的比例的。1951—1956年，北京会馆房产按公产管理③。

　　清末民初，西四北一至八条街区的部分杂居情况可从一些售房租房记载中得以反映，但杂居只是部分院落的现象，大部分院落状况尚好，或者说只是院落居住人口有所增加，还没有变成大杂院。有学者整理了20世纪二三十年代西四北头条至八条部分房屋出租情况（如表2-7）。档案对"北平市房屋租赁纠纷调解申请书"的记载可以反映20世纪40年代西四北头条至八条一些房屋的出租情况（如表2-8）。其中一份档案（J183-002-23111）记载了一位教员在西四北报子胡同二十七号的租房情况：一位教员（康景福）于1946年6月租得房主刘秉锐报子胡同二十七号外院北房两间，原租价每月2.6万元（国币元）。至1948年，其房子的租金已经增至每月140万元（国币元）④。一份档案（J183-002-23104）记载了一位工人李士荣于1946年8月租赁了报子胡同七院南房一间，每月租金为国币1.5万元（国币元），而该房至1948年3月，租金已增至10万元（国币元）。至1948年5月，租金又增至10万元（国币元）和面粉半袋。而由于租客无法承担上涨的"面粉半袋"的租金，李姓房主竟于五月八日率领多人将房屋的山墙拆除，导致租房人露宿，后经北平市警察局内四分局调解，该房于1948年5月的租金为国币50万元⑤。据档案资料，本书也整理了20世纪40年代西四北头条至八条一些房屋的出售情况（如表2-9）。这些记载反映了西四北一至八条街区的

---

①　北京市地方志编撰委员会编著：《北京志·市政卷·房地产志》，北京出版社2000年版，第112页。
②　北京市地方志编撰委员会编著：《北京志·市政卷·房地产志》，北京出版社2000年版，第112、116页。
③　北京市地方志编撰委员会编著：《北京志·市政卷·房地产志》，北京出版社2000年版，第115页。
④　《北平市警察局内四分局关于处理市民房屋纠纷案的文件》，1948年6月1日至1948年7月1日，北京市档案馆藏，档案号：J183-002-23111∶12。
⑤　《北平市警察局内四分局关于调解市民房屋纠纷问题的文件》，1948年1月1日至1948年7月1日，北京市档案馆藏，档案号：J183-002-23104∶12。

部分杂居情况。然而，这个时期，西四北一至八条街区的杂居现象只是部分院落的状况，或者说只是院落居住人口增加，还没有"杂"起来。据统计，直到新中国成立前夕，1948年，北京（北平）有私人住宅约92万间，其中出租房占38%，出租户5.5万户，租客33万户（出租的房子还是集中在少数人的手里）①。而且，清末民初，政府也对街道胡同环境、院落进行一些整饬，这在一定程度上也保持了院落的基本格局。如据记载，政府曾对西四牌楼所在的南北大街进行平整，铺设石渣路、安设路灯、栽种行道树等②。

表2-7　20世纪二三十年代西四北头条至八条部分房屋出租情况

时间	地址	间数	总共月租（元）
1921	绒线胡同	11	55
1923	石老娘胡同16号	14	22
1925	前车胡同14号	23	35
1931	礼路胡同	楼房一所③（用于创办女界寄宿舍及俱乐部）	

注：本表参照此文献④中的相关内容编制。

表2-8　20世纪40年代西四北头条至八条部分房屋出租情况

档案号	档案名称	年份	地址	间数	月租（国币元）
J183-002-23111	北平市警察局内四分局关于处理市民房屋纠纷案的文件	1948	报子胡同27号	2间（外院北房）	140万

---

① 北京市地方志编撰委员会编著：《北京志·市政卷·房地产志》，北京出版社2000年版，第188页。
② 袁熹：《北京近百年生活变迁》，同心出版社2007年版，第185—186页。
③ 丁淑静：《谈平津女青年会近讯》，《申报》1931年7月18日，版次：0014，类别：评论，栏目，本埠新闻。
④ 唐博：《清末民国北京城市住宅房地产研究（1900—1949）》，博士学位论文，中国人民大学，2009年。

第二章 北京西四北一至八条历史文化街区概貌

续表

档案号	档案名称	年份	地址	间数	月租（国币元）
J183-002-23111	北平市警察局内四分局关于处理市民房屋纠纷案的文件	1946	报子胡同27号	2间（外院北房）	2.6万
J183-002-23111	北平市警察局内四分局关于处理市民房屋纠纷案的文件	1947	小绒线胡同1号后门	3	牧羊牌二号粉、66万
J183-002-23104	北平市警察局内四分局关于调解市民房屋纠纷问题的文件	1946	报子胡同7号	1间（南房）	1.5万
J183-002-23104	北平市警察局内四分局关于调解市民房屋纠纷问题的文件	1948年3月	报子胡同7号	1间（南房）	10万
J183-002-23104	北平市警察局内四分局关于调解市民房屋纠纷问题的文件	1948年5月	报子胡同7号	1间（南房）	10万 面粉半袋
		1948年5月	报子胡同7号	1间（南房）	50万
J183-002-23104	北平市警察局内四分局关于调解市民房屋纠纷问题的文件	1947	西四前车胡同20号	3	20万

注：本表根据档案资料整理①②。

总之，清末至社会主义改造期间，房产的逐渐私有，再叠加上外地移民的迁入、外国列强的入侵，使得西四北头条至八条的四合院空间出

---

① 《北平市警察局内四分局关于处理市民房屋纠纷案的文件》，1948年6月1日至1948年7月1日，北京市档案馆藏，档案号：J183-002-23111：12。
② 《北平市警察局内四分局关于调解市民房屋纠纷问题的文件》，1948年1月1日至1948年7月1日，北京市档案馆藏，档案号：J183-002-23104：12。

现了杂居的现象。正如《北平晨报》（1936年9月17日）所记载的，四合院有的被化大为小，有的从一家居住变为几家居住，有的甚至变为"大杂院"①。对于房屋的维修，无论是公产还是私产，采取"谁用谁修"的原则②。但总的来说，大部分四合院的状况还比较好。

表2-9　　20世纪40年代西四北头条至八条部分房屋出售情况

年代	地址	间数	总价
1946	西四武王侯	25	1200万元
1948	武王侯	18	1600元（金圆券）

注：本表参照档案资料整理③。

（三）社会主义改造至1966年

1956年，中共中央发出《关于目前城市私有房地产基本情况及进行社会主义改造的意见》，对私房进行社会主义改造，其目标是加强国家对房屋的控制，逐步改变他们的私人所有制。采取的途径有以下几种。（1）国家经租：国家用类似赎买的办法（在一定时期内给以固定的租金）对房屋进行统一租赁，统一分配使用和修缮维护（1966年，国家经租的房产全部变为公产）。（2）实行公私合营④⑤，即采用类似赎买的方法，付以固定租金，来改变它们的所有制⑥。1956年后被逐渐国有化的工商业用地或者事业单位用地，在法律上可能是国有，但一直由所在单位无偿和无期限使用。在计划经济时期也没有收回。至1958年，城市中90%土地

---

① 王国华：《北京的四合院》，北京文博，http://www.bjww.gov.cn/2004/7-28/3166.html，2004年7月28日。
② 北京市地方志编撰委员会编著：《北京志·市政卷·房地产志》，北京出版社2000年版，第208页。
③ 唐博：《清末民国北京城市住宅房地产研究（1900—1949）》，博士学位论文，中国人民大学，2009年。
④ 吴次芳等：《中国土地制度改革三十年》，科学出版社2009年版，第10—11页。
⑤ 汪利娜：《中国城市土地产权制度研究》，社会科学文献出版社2006年版，第99—100页。
⑥ 中共中央批转中央书记处第二办公室：《关于目前城市私有房产基本情况及进行社会主义改造的意见》，http://tjbiji.blog.sohu.com/186276540.html，2011年11月1日。

第二章 北京西四北一至八条历史文化街区概貌

已归国家所有,北京城区私房改造也基本完成①②。1964年1月,国务院明确国家经租房屋的性质,房主不能收回房屋③④。1964年9月,明确业主实际丧失所有权⑤。这些法律法规的颁布使得个体劳动者和城市居民所拥有的房产权在实际中归国家所有⑥。

具体到北京和西四北一至八条街区,对城镇私有出租房屋进行了社会主义改造。出租房多被改造,并被统一分配使用、统一管理和修缮。1958年规定,对房屋改造的方法按出租房屋间数和建筑面积共同计算。出租房屋大于15自然间,不够225平方米,或大于225平方米,不够15间的都列入改造对象。其中,面积的计算按照是否整个出租计算⑦。

对于寺庙,1951年,北京市人民政府公布《寺庙管理暂行办法》,确定寺庙的房产随寺庙所属单位管理,即分别归市公逆产清管局、市民政局、中央文化部文物局管理。具体来说,由市公逆产清管局管理无僧尼道士居住或自愿交政府接管的寺庙,由市民政局管理有僧尼道士居住的寺庙,由中央文化部文物局管理具有重大历史文化价值的寺庙。1958年,寺庙出租房屋也由国家经租。国家经租房屋后来全部转为公产。落实房产政策后,佛教和道教庙观房产为社会所有⑧。

---

① 北京市地方志编撰委员会编著:《北京志·市政卷·房地产志》,北京出版社2000年版,第118页。
② Zhang, X., "Urban Land Reform in China", *Land Use Policy*, Vol. 14, No. 3, 1997, pp. 187 – 199.
③ 国务院批转国家房产管理局:《关于私有出租房屋社会主义改造问题的报告》,http://www.54 - ok.com/show.asp? id = 262,2010年4月18日。
④ 北京市地方志编撰委员会编著:《北京志·市政卷·房地产志》,北京出版社2000年版,第120页。
⑤ 《最高人民法院关于国家经租房屋的业主实际上丧失所有权的批复》,http://www.54 - ok.com/show.asp? id = 263,2010年4月18日。
⑥ 吴次芳等:《中国土地制度改革三十年》,科学出版社2009年版,第77—78页。
⑦ 《北京市私房改造领导小组对私有出租房屋进行社会主义改造几个具体政策问题的规定》,http://law.fayi.com.cn/256871.html。
⑧ 北京市地方志编撰委员会编著:《北京志·市政卷·房地产志》,北京出版社2000年版,第130—132页。

(四)"文化大革命"至改革开放

1966年至1978年,我国土地实行的是计划分配、行政划拨的无偿、无期限、无流动的使用制度。土地使用者不需要支付地价和地租,也无明确的使用权期限,土地使用权不允许转让,土地资源的配置完全通过行政指令性计划进行①。虽然《宪法》没有明确取消城市土地私有制,城市私人对其住宅及土地仍享有所有权和使用权,但实际上,政府统筹分配一切,城市实行单位福利住房制度②。这个阶段,虽然很多企事业单位被外迁,大批干部下放,大批知青上山下乡,但住房仍然紧张③。北京市只"见缝插针"地建设了一些"干打垒"简易住宅楼④。这期间住房全部纳入计划项目进行生产和福利分配。私人房屋被分配公用。这期间,政府对房屋进行统一分配、统一修缮维护。

西四北一至八条街区私有房屋在"文化大革命"中交公,并被统一分配和管理,只有约五分之一的房子仍为原住民居住,并需要支付租金,其余房屋被单位挤占。1966年9月,市房地产管理局做出关于接管私房的规定,对于居民出租的房屋和多余的房屋一律接管归公,住用过宽的要腾出一部分交公。这期间国家停发租金,私房买卖业务停办⑤。这些交公的房屋中,原为房主自住的房屋所占比例达51%。而交公后,仍为房主自住的房屋约占自住房交公比例的43%。所以交公后,只有交公房屋的20%左右由原住居民继续居住。其余的被挤占或者拆除,其中有的房屋被机关和企事业单位挤占、有的被房管部门拆除或者翻建、有的被使

---

① 李建建、戴双兴:《中国城市土地使用制度改革60年回顾与展望》,《经济研究参考》2009年第63期。
② 李嫣:《我国城镇居民住房制度:历史变迁及改进对策》,《中州学刊》2007年第3期。
③ 北京市地方志编撰委员会编著:《北京志·市政卷·房地产志》,北京出版社2000年版,第39页。
④ 北京市地方志编撰委员会编著:《北京志·综合卷·人民生活卷》,北京出版社2007年版,第315—316页。
⑤ 北京市地方志编撰委员会编著:《北京志·市政卷·房地产志》,北京出版社2000年版,第101、108、120—122页。

第二章　北京西四北一至八条历史文化街区概貌

用单位拆除、有的被单位调拨,有的被征用①。针对单位抢占房子的现象,1966年10月,市房地产管理局的《关于市、区级房屋分配工作的几项规定的请示》被批转,文件认为,被交公房应由房管部门统一管理、统一分配,且单位不得撵职工搬家。1970年至1976年,华侨、高级干部、高级知识分子、高级民主人士、知名人士的房屋被退还②。

这个时期,房屋交公、单位的挤占、住户的搬入、再加上恢复单位人员回京、部分知青返乡导致四合院中人口的大量增长。人口增加,居民住房变得非常紧张,期间,政府鼓励居民对房屋进行"推、接、扩",再加上家庭推广使用液化石油气,为了安全,家家户户都利用防震时留下来的材料搭建"小厨房"。之后,有居民把"小厨房"作为储藏室,有的居民作为住人的小房间等,都导致西四北一至八条街区四合院的格局遭到较大破坏,居住矛盾加剧,院子变得杂乱无章③。这些观点在访谈中得到了证实。"四合院文化,那是解放前大家族的文化,解放后都没有了。解放后福利分房已经让这些文化基本不复存在了,基本上就是分给你哪你就住哪。"对于地震的影响,有居民认为,"地震了之后才逐渐变成现在这个样子的,当时怕震着所以就搭了简易的房子先住着,结果最后就都变成这种了"。"院子后来很多都毁了,会扩出来很多小房子,1976年地震以后加的多,1976年以前盖的不多。""唐山大地震以前,家家都有个火炉子。地震的时候,大家出来避震,就在胡同里搭个小棚子,后来地震完了搬回去的时候就拿这些材料搭了小厨房了,生活就方便一些了。但是院子里就乱了套了,院子窄了,这出门就碰墙了。""原来那四合院都是正规的东西南北房,前边还有个大影壁,地震之后就都没了。"对于知青返乡,有居民认为,"知青他们回来,有的是拖家带口的,有的要生孩子,没地方住啊,人家响应号召去插队去了,回来应该有地方住啊,

---

① 北京市地方志编撰委员会编著:《北京志·市政卷·房地产志》,北京出版社2000年版,第123页。
② 北京市地方志编撰委员会编著:《北京志·市政卷·房地产志》,北京出版社2000年版,第122页。
③ 北京市地方志编撰委员会编著:《北京志·综合卷·人民生活卷》,北京出版社2007年版,第316页。

可是没办法,就这里搭点儿那里搭点儿,杂院就这样起来了"。

(五) 改革开放至 20 世纪 90 年代末

土地所有权和使用权制度的变迁。1978 年改革开放后,我国城市土地的使用权制度逐步改为有偿、有流动和有期限的使用权制度。从 1979 年开始,我国城市土地开始征收土地使用费。1982 年,规定"城市的土地属于国家所有"。而这没有影响 1982 年之前私人和企事业单位占有和使用的土地,对于它们合法占用的土地,这只是一种名义的规定,对于 1982 年之前政府控制的土地,1982 年之后政府通过征收得到的土地,归于政府所有,政府可以对它们进行有偿、有期限的出让①②。1988 年 4 月,全国人大又规定土地的使用权可以转让。从 1988 年 11 月开始,我国城镇土地开始征收土地使用税。对于北京,1985 年 5 月,北京市人民政府颁布了《北京市征收中外合营企业土地使用费暂行规定》,明确了土地有偿使用的征收范围、标准及管理部门。1988 年 12 月,北京市人民政府颁布了《北京市实施〈中华人民共和国城镇土地使用税暂行条例〉办法》,对土地征收使用税。③④⑤

20 世纪 80 年代以来,住房制度所有改革。1980 年 4 月,邓小平提出了我国住房改革的总目标是走商品化的道路。1982 年,我国房改进入政府、单位、个人各承担 1/3 的"三三制"售房试点阶段,1985 年,又进入到提租补贴、以租促售的租金制度改革试点阶段。1988 年,《关于在全国城镇分期分批推行住房制度改革的实施方案》明确我国不再分配住房。1991 年,提出了我国分步提租、出售公房的制度改革。⑥ 1993 年,国务

---

① 张千帆:《城市土地"国家所有"的困惑与消解》,《中国法学》2012 年第 3 期。
② 张占斌、宋志红等主编:《城镇化进程中土地制度改革研究》,河北人民出版社 2013 年版,第 143—151 页。
③ 靳京:《新中国成立 60 年来北京土地使用制度改革与发展》,《北京规划建设》2009 年第 11 期。
④ 刘靖宇:《浅谈我国土地制度的变迁及存在的问题》,《农民致富之友》2011 年第 7 期。
⑤ 胡伟:《兼顾公平与效率的我国土地制度改革研究》,博士学位论文,中国地质大学,2012 年,第 16—17 页。
⑥ 胡大平:《城市与人》,南京大学出版社 2015 年版,第 183—184 页。

第二章　北京西四北一至八条历史文化街区概貌

院实施了我国住房以分配货币化为中心的制度。西四北头条至八条胡同的院落，在这个阶段经历了"滚雪球""见缝插楼""四合院接、推、扩"的方式①②。

"文化大革命"中占用的私人住宅被归还。20世纪80年代，各级政府分步归还了被占用的私人住宅，私人住宅房主重新获得了使用权。具体到北京，1978年，北京市委发布《关于迅速清退机关、企事业单位占用私人房屋问题的通知》，要求市区机关、街道办事处、派出所、房管所、居委会、工厂企业和部队等单位占用私人房屋的，迅速退出；各级领导干部占用私人房屋的，带头腾房；集体福利事业等单位占用的房屋，要分期分批腾出③。1980年9月，中共北京市委发布［1980］140号文件，要求归还"文化大革命"中被收缴的私人住房。其中，首先要解决住房困难房主的问题，然后进行分批落实。其中，又对不同主体占用的房屋腾退进行了规定，对于单位、领导干部、机关部队、个人占用的私人自住房，坚持谁占谁退的原则④。至1980年下半年，被挤占的房屋被腾退约17%⑤。1983年，北京市人民政府落实"文化大革命"中接管的私房政策，按"谁占谁退"的原则归还私房，并颁发所有证。归还私房，要求产权人提供身份证、交房收据或其他有关证件。产权人逝世的，由其亲属继承其遗产，但需先公证。对于房主不要求迁回原房居住的，可申请公房，公房的住房面积不超过原住房面积。一般按人均不超过七平方米掌握。对于原住房已翻建、改建成生产、营业等非居住用房的，由占房单位为其安排公房。对于被拆除改为街道、厕所等的，由区人民政

---

① 梁嘉樑：《北京老城传统居住院落的演变研究》，硕士学位论文，清华大学，2007年，第18—20页。
② 北京卷编辑部：《当代中国城市发展丛书》，当代中国出版社2011年版，第129—152页。
③ 《关于迅速清退机关、企事业单位占用私人房屋问题的通知》，http：//www.110.com/fagui/law_354660.html，2015年12月3日。
④ 《中共北京市委关于处理机关部队挤占私房进一步落实私房政策的通知》，http：//www.110.com/fagui/law_67812.html，2015年12月5日。
⑤ 北京市地方志编撰委员会编著：《北京志·市政卷·房地产志》，北京出版社2000年版，第123页。

府为其安排落实①。1983 年，北京市房地产管理局明确已纳入社会主义改造的私有出租房屋，依照公产进行管理②。同时，1983 年还规定，改造起点以下的出租房，若产权人要自管，可带户发还③。归还房屋，颁发的"房产所有证"在每个院落的情况不一样，如果院落属于一个产权人，在产权证上，属于产权人的房屋用红铅笔勾绘四界。如果产权属于两个或者两个以上产权人，在产权证上，将房主姓名写到房屋的对应位置处。私房"接、推、扩"的部分作价发还给产权人。院落中公房用蓝笔勾绘。1988 年，房管部门对全市房屋进行产权登记④。

（六）20 世纪 90 年代末以后

住房作为商品进入市场。1998 年国务院住房制度改革标志着我国住房市场化的开始，住宅作为一种商品进入市场⑤⑥。2003 年，《中共中央关于完善社会主义市场经济体制若干问题的决定》中对于住房改革出现了"房地产"的字眼，同年《国务院关于促进房地产市场持续健康发展的通知》的出台使得住房正式转型为全面市场化⑦。

西四北头条至八条被划定为历史文化街区，私房进入市场自由买卖。政府对公房的投资集中于院落仿古修缮。政府对胡同的投资主要集中在院落环境整修、胡同安全设施、卫生设施、胡同绿化等方面。这个时期，

---

① 《北京市落实私房政策领导小组关于印发〈关于落实"文化大革命"中接管的私房政策的若干规定的实施细则〉的通知》，http：//wenku. baidu. com/link？url = ajLgumMdrUCWDGkr3PU se-bw4mad - HdjneU64nIMFWujUlImF1EGJwNa4Yycl6o1PpQ7F - TA3BvJ9WVS7YlvKnyXDHmnjVOfFQsMvt4mydYO，2012 年 4 月 22 日。

② 《北京市房地产管理局关于处理有关私房改造遗留问题的通知》，http：//www. 110. com/fagui/law_67680. html，2015 年 12 月 3 日。

③ 北京市地方志编撰委员会编著：《北京志·市政卷·房地产志》，北京出版社 2000 年版，第 125 页。

④ 北京市地方志编撰委员会编著：《北京志·市政卷·房地产志》，北京出版社 2000 年版，第 101—105 页。

⑤ 罗鹏：《论我国城市住房制度的历史变迁（1978—2007 年）》，硕士学位论文，广西师范大学，2008 年。

⑥ 胡大平：《城市与人》，南京大学出版社 2015 年版，第 182—183 页。

⑦ 胡大平：《城市与人》，南京大学出版社 2015 年版，第 182—183 页。

第二章 北京西四北一至八条历史文化街区概貌

政府用于城市建设的投资大幅增加，用于住宅建设的投资也在增加，所以北京住宅建设速度加快，兴建了一批居住区和小区[1]。对于西四北一至八条街区，部分私房房主购买该街区以外的商品房，离开该街区。该街区外的部分居民购买这里的私房，搬入西四北一至八条街区居住。即西四北一至八条街区的私房全面进入商品房市场。对于公房，由于1982年的《北京城市总体规划方案》首次提出北京历史文化名城保护问题，所以政府对老城保护、历史建筑保护方面的投资不断增加，对公房的投资主要集中于院落仿古修缮方面[2]。1999年后，政府对西四北一至八条街区的投资，主要集中在院落环境整修（如低洼院的整修、地面的硬化等）、胡同安全设施、卫生设施、胡同绿化等方面。2006年至2010年，北京市政府对历史文化名城保护工作的投资主要用于老城环境整治、基础设施建设、房屋修缮、"煤改电"工程、文物保护、非物质文化遗产保护等方面。如2006年至2009年共计修缮院落5000余个（包括名人故居）、房屋110余万平方米等[3]。

总的来看，从元朝至今，国家的土地所有权和使用权制度发生了几次变化，这些变化对西四北一至八条街区的实体要素、空间安置产生了影响，影响情况的总结见表2-10所示。

表2-10　西四北一至八条街区房屋所有权和使用权制度变迁及对四合院文化的影响

时期		国家住房制度	房屋产权	房屋利用状况	房屋维修资本	房屋保护状况
元至清代中期	元明	政府分配的为官产，私人购买的为私产	大部分为国家所有	做官或者有钱人	政府和私人投入资金维修	保护较好
	清前中期	北京城住房为双轨制：内城住房为国有，外城为私有；禁止旗民交产	公有制	正红旗人	政府和私人投入资金维修	保护较好

---

[1] 谭烈飞：《解放后北京城市住宅的规划与建设》，《当代中国史研究》2002年第6期。
[2] 北京市建委档案，来自东城区档案馆。
[3] 北京市"十二五"时期历史文化名城保护建设规划，http://www.bjghw.gov.cn/web/bjghw_125.html，2015年11月20日。

续表

时期	国家住房制度	房屋产权	房屋利用状况	房屋维修资本	房屋保护状况
清末至社会主义改造时期	允许旗民交产；住房户籍管理制度松散	大部分为私产	大部分为汉人，少量旗人	私人投入资金维修	杂居、一些院落出现杂院（杂院的初始形成期）
社会主义改造至1966年	对私有出租房产进行社会主义改造	自住房屋为私产，出租房屋实为公有	部分原住民；大部分院落被统一分配和使用	政府和私人几乎不投入资金维修	继续形成杂院
"文化大革命"至改革开放	私房交公；被行政划拨，被无偿、无期限、无流动使用	实际是公有，房屋被统一分配和管理	只有约五分之一由原住民继续居住，其余被单位挤占或者拆除	政府和私人几乎不投入资金维修	杂院的主要形成期
改革开放至20世纪90年代末	"文化大革命"中占用的私人住宅被归还；住房不再被分配；被有偿、有流动和有期限的使用	部分私有，部分公有	私房被房主利用，公房延续前一阶段的利用情况	政府、私人投入较少	大杂院
20世纪90年代以来	住房作为商品进入市场	部分私有，部分公有	本地人和外地人共同居住，有钱人和贫困者共同居住	政府投入少量资金，私人投入极少	大杂院

二 街区保护规划和相关政策制度变化的影响

北京历史文化保护区①规划及北京城市规划的相关制度对北京历史文

---

① "历史文化保护区"是1986年城乡建设环境保护部、文化部《关于请公布第二批国家历史文化名城名单的报告》中出现名词，但自2002年《中华人民共和国文物保护法》提出"历史文化街区"后，"历史文化保护区"逐渐被"历史文化街区"代替。2009年，《北京旧城历史文化街区房屋保护和修缮工作的若干规定》中明确提出：历史文化街区是指政府批准的历史文化保护区。

第二章 北京西四北一至八条历史文化街区概貌

化保护区、北京历史建筑等的保护要求越来越高，保护内容越来越丰富、越来越细，保护范围越来越大。北京于 1990 年公布了北京老城的 25 片历史文化保护区，涉及北京历史文化保护区历史文化保护的相关制度实际可以追溯到更早。1954 年《改建与扩建北京市规划草案要点》、1958 年《北京城市建设总体规划方案》中对北京历史建筑遗存保护采取的态度是部分保留、部分拆除。而 1982 年《北京城市建设总体规划方案》、1983 年《关于对北京市建设总体规划方案的批复》把北京建筑遗迹保护提到一个高度，提出除保护建筑本身，还要保护其环境。《北京城市总体规划（1991 年—2010 年）》提出北京历史文化保护的三个层次，即单体建筑保护、历史文化保护区保护、历史文化名城保护[①]。《北京城市总体规划（2004 年—2020 年）》提出了北京老城整体保护的要求，并提出了保护北京特有的"胡同—四合院"传统的建筑形态，改建或者拆除不符合保护控制要求的建筑物[②]。《北京城市总体规划（2016 年—2035 年）》提出："保护北京特有的胡同—四合院传统建筑形态，老城内不再拆除胡同四合院。"[③]

城市历史文化保护的相关制度的发展变化也对北京西四北一至八条街区的历史建筑、胡同格局等保护提出更高的要求。从 1999 年《北京老城历史文化保护区保护和控制范围规划》，2002 年《北京旧城二十五片历史文化保护区保护规划》《关于加强危改中的"四合院"保护工作的若干意见》《北京历史文化名城保护规划》，2003 年《北京旧城历史文化保护区房屋保护和修缮工作的若干规定（试行）》，2004 年《关于鼓励单位和个人购买北京旧城历史文化保护区四合院等房屋的试行规定》，2005 年《北京历史文化名城保护条例》，2008 年《关于落实 2008 年奥运会前旧城内历史风貌保护区整治工作的指导意见》，一直到 2012 年《北京市

[①] 北京规划委员会：《北京旧城二十五片历史文化保护区保护规划》，北京燕山出版社 2002 年版，第 17—19 页。
[②] 北京市文物局编：《新编文物工作实用手册》，经济管理出版社 2012 年版，第 513—515 页。
[③] 《北京城市总体规划（2016 年—2035 年）》，北京市人民政府，http：//www.beijing.gov.cn/gongkai/guihua/wngh/cqgh/201907/t20190701_100008.html，2018 年 1 月 3 日。

文化表征与非表征的理论与实践：北京西四街区文化的综合保护

"十二五"规划纲要》、2017年《北京城市总体规划》等，对北京西四北一至八条街区历史文化要素的保护、空间的安置等规定得更加严格。如2002年《北京旧城二十五片历史文化保护区保护规划》对北京重点保护区和建设控制区制定了保护原则，规定重点保护区要保护文物建筑、传统四合院等历史遗存和原貌。建设控制区的新建建筑要严格控制其建筑高度、体量、建筑形式和色彩、绿地率等。要保护传统街巷、胡同肌理等。2005年《北京历史文化名城保护条例》把北京老城的传统街巷胡同格局、建筑高度、建筑体量、建筑色彩的保护纳入北京老城的保护内容范围[①]。在实体要素和空间安置方面，北京西四北一至八条街区保护的特色主要有以下方面。

（一）保留有元大都时期"棋盘式"的街巷格局

西四北一至八条街区共有胡同12条：包括西四北头条至八条胡同、小绒线胡同、南兴胡同等。西四北头条至八条胡同是东西向的八条平行排列的胡同，自南向北依次从头条排列至八条。

西四北头条至八条胡同是元代城市规划以及"棋盘"式道路规划留有的遗迹，目前仍保留有元大都时期"棋盘式"的街巷格局。正如有学者认为，元代留下的街巷，目前只有西四北一至八条街区最为规范[②]。西四北一条至八条街区保留有元大都的街巷尺度。元大都城是遵守《周礼·考工记》的"匠人营国，方九里，旁三门，国中九经九纬，经途九轨，左祖右社，前朝后市，市朝一夫"而建设的（但实际的营建范围为"城方六十里，门十一座"[③]）。大都城规划有序，整齐规整。每座城门内开设一条大道，两座城门之间也开设大道（少数除外），街道的宽度又有统一的标准，正如"大都街制，自南以至于北，谓之经；自东向西，谓之纬。大

---

① 北京规划委员会：《北京旧城二十五片历史文化保护区保护规划》，北京燕山出版社2002年版，第10页。
② 傅华主编：《北京西城文化史》，北京燕山出版社2007年版，第86页。
③ （明）宋濂：《元史·地理志》，中华书局1976年版。

第二章 北京西四北一至八条历史文化街区概貌

街二十四步阔，小街十二步阔"①，所以南北、东西道路格局促使城市总体形成"棋盘式"的道路格局②。元大都在南北向的街道之间开设胡同，"三百八十四火巷，二十九弄通"③。西四北头条至八条胡同位于西四北大街、平安大街、阜成门内大街相交的范围内，而这些街道均为元朝时期的"九经九纬"，所以西四北头条至八条胡同仍保留着元代的"棋盘式"格局④。

（二）集中保留许多较完整的四合院建筑

西四北一至八条街区是目前北京老城内较少集中保留许多较完整四合院的地区之一。乃至有学者认为，西四北一至八条街区是北京四合院数量最大、存在时间最长、样式最丰富的地区之一⑤。目前，一些四合院仍保留有元大都时的四合院规制。元大都道路的"棋盘式"格局决定了城市的居住格局，居民的房屋分布在胡同或者小街两侧，元大都全城被划分为50坊，坊间不设坊墙⑥。住宅的规模最大限定为八亩。据元史记载，"诏旧城居民之迁京城者……仍定制以地八亩为一分，其或地过八亩或力不能作室者，皆不得冒据，听民作室"⑦。所以当时西四有许多的大型的四合院，目前这些四合院仍有保留。当然，目前的四合院仍以清末民初的建筑居多（虽然多数四合院目前有不同程度的破损）。

西四北一至八条街区具有一定历史价值的、保护较好的四合院有70多处。其中，有4处市级文物保护单位（如表2-11所示）。1987年北京市人民政府批转市规划局、文物局的《第二批划定120项文物保护单位的保护范围及建设控制地带的四至说明》划定这四处文物保护单位的保

---

① （清）吴长元：《宸垣识略》，北京古籍出版社1983年版，卷五。
② 侯仁之：《元大都城与明清北京城》，《历史地理学的理论与实践》，上海人民出版社1979年版，第165—166页。
③ （清）吴长元：《宸垣识略》，北京古籍出版社1983年版，卷五。
④ 朱祖希：《营国匠意——古都北京的规划建设及其文化渊源》，中华书局2007年版，第103—104页。
⑤ 李栋：《西四胡同群里珍藏着文化底蕴》，《社区》2005年第22期。
⑥ 陆翔：《北京四合院人居环境》，中国建筑工业出版社2013年版，第22页。
⑦ （明）宋濂：《元史》，中华书局1976年版，第263—284页。

护范围均为四合院的院落范围以内[①]。有学者认为，西四北一至八条街区具有历史文化价值的四合院达40多处，在北京的其他历史文化街区是非常少见的[②][③]。《北京旧城历史文化保护区保护和控制范围规划》也提到，西四北一至八条街区具有一定历史价值的四合院和建筑有40处[④]。而这些学者所指出的四合院不尽相同，在实际调查中发现，西四北一至八条街区具有一定历史价值的、保护较好的四合院有70多处，这些保护较好的四合院情况见表2-12所示。而西四北一至八条街区共有院落570多个[⑤]。可见，保护较好的四合院数量占全部院落数量的比例约为13%，这个比例在北京老城历史文化街区中是比较高的。

表2-11　　　　　西四北一至八条街区文物保护单位

类别	地址	级别	公布年份
四合院文保单位	西四北三条11号	市级	1984
	西四北三条19号	市级	1984
	西四北六条23号	市级	1984
名人故居	程砚秋故居：西四北三条39号	市级	1984

表2-12　　　　　西四北一至八条街区保护较好的四合院

胡同	保护较好四合院	共计处数
西四北头条	6，12，27，31号	4
西四北二条	3，5，7，9，11，18，19，25，31，36，45，54，55，59号	14
西四北三条	5，9，11，13，19，23，25，26，27，31，33，39，59号	13
西四北四条	5，7，14，20，23，26，28，33，35，45，49，53号	12
西四北五条	1，7，11，13，15，16，27，56，58号	9

---

① 北京市文物局编：《新编文物工作实用手册》，经济管理出版社2012年版，第651—652页。
② 陈博、陈晴编著：《皇城遗韵》，中国社会出版社2009年版，第182页。
③ 北京市文物局编：《新编文物工作实用手册》，经济管理出版社2012年版，第540页。
④ 《北京旧城历史文化保护区保护和控制范围规划》（北京市人民政府　京政发［1999］24号），北京市文物局编《新编文物工作实用手册》，经济管理出版社2012年版，第540页。
⑤ 北京规划委员会：《北京旧城二十五片历史文化保护区保护规划》，北京燕山出版社2002年版，第96页。

第二章 北京西四北一至八条历史文化街区概貌

续表

胡同	保护较好四合院	共计处数
西四北六条	5，7，9，10，17，19，21，23，27，31，35，37号	12
西四北七条	7，29，33，37，49，53，61号	7
西四北八条	5，58号	2

第三章　西四街区的表征文化*

北京西四北一至八条街区的文化表征系统由表征能指和表征所指所组成。本书对其表征能指的分析采用实地观察、访谈、文献分析等方法，对其表征所指的分析采用文献分析和访谈方法。正如霍尔认为，各种符号或者形象本身并不携带意义，它们是通过一系列的文本和媒介而被赋予意义[1]。意义也是"差异"的产物，是关系的产物，正如，"黑"颜色的意义只有在与"白"颜色的关系的对立中才能产生[2]。北京西四北头条至八条胡同四合院经历了元朝、明朝、清朝、民国、1949年后的一个发展变迁过程。目前存留的表征能指都是历史进程中政府及其居民在四合院建筑上不断累积的表征能指。这些表征能指主要体现在院落的布局及规模、建筑形式、装饰三方面。这些方面所反映的表征所指文化是不同的。如在反映礼俗文化方面，梁柱式的建筑形式反映的是老百姓的居住建筑空间，斗拱式的建筑形式反映的是王府的建筑空间。在布局方面，一品、三品官员厅堂曾是各七间，居民则是三间或低于三间，而绝非是九五间数的。在装饰方面，琉璃瓦、龙凤图案、贴金等能指反映的是皇家的装饰，而灰瓦、平脊、一般图案的能指反映的是百姓的建筑装饰。和玺彩画或者旋子彩画是勋戚或者官员的表征能指，而苏式彩画是普遍

---

* 本章的部分内容及图片已发表，参见成志芬《历史文化街区表征与非表征之间的关联——以北京历史文化街区文化意义变化分析为例》，《人文地理》2021年第2期。

[1] ［英］斯图尔特·霍尔编：《表征：文化表征与意指实践》，徐亮、陆兴华译，商务印书馆2005年版，第234—235页。

[2] ［英］斯图尔特·霍尔编：《表征：文化表征与意指实践》，徐亮、陆兴华译，商务印书馆2005年版，第236页。

第三章　西四街区的表征文化

居民所表征的能指等。级别高的官员大门的形式及其颜色与普通居民的大门形式及其颜色的能指不同等①。概括来说，这些表征的所指意义包括传统的礼俗文化、传统的吉祥寓意文化及励志文化、伦理教化文化等。本章将按照图 3-1 所示的分析框架进行分析。

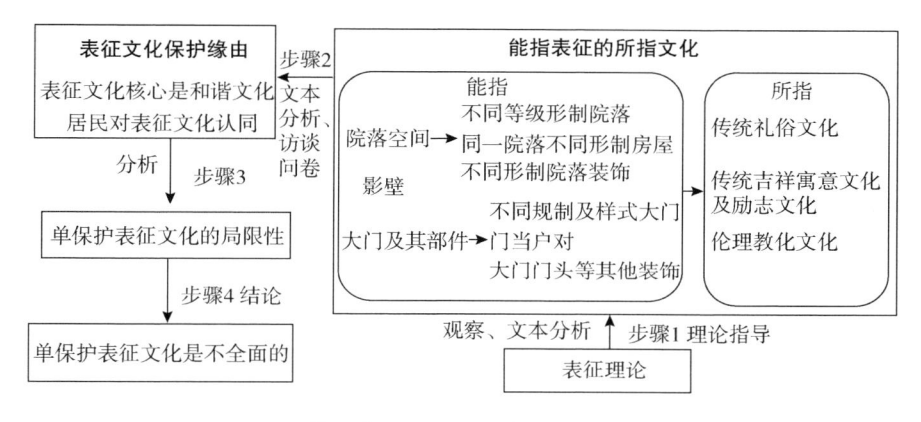

图 3-1　第三章"西四街区表征文化"分析框架

第一节　能指表征的所指文化

一　表征的传统礼俗文化

（一）院落空间表征

1. 不同等级形制院落的表征

北京西四北一至八条街区的四合院建于元朝，其后，其经历了明、清、民国、中华人民共和国几个时期的发展。但北京西四北一至八条街区四合院形制的表征一直延续了明朝和清朝的规定。所以北京西四北一至八条街区四合院的表征主体是传统社会的政府和居住者。这主要从以

---

① 尼跃红：《北京胡同四合院类型学研究》，中国建筑工业出版社 2009 年版，第 170—171 页。

文化表征与非表征的理论与实践:北京西四街区文化的综合保护

下几方面考虑。首先,现存大部分四合院仍保留有院落传统的建筑形制,只是民国时期及 20 世纪七八十年代在院子里出现了私搭乱建的现象。其次,元明清时期,当时官方对不同等级人员四合院的形制都进行了规定,而且这些规定一直延续了下来。所以官方曾是表征的主体。第三,元明清时期,西四北一至八条街区是一个高等级的居住区。如元大都时是富贵显赫之家[①],明朝,大宅如明武宗朱厚照的镇国府[②]、永寿伯朱德私第[③]、广平侯袁瑄宅、泰宁侯陈珪宅[④]、武安侯郑亨宅[⑤]等。清朝,大宅如三等威靖伯第、邓守瑕之礼塔园[⑥]、徐会沣故宅[⑦]、三等襄勤伯第、和珅宅[⑧]、谦郡王瓦克达府邸等。高等级居住区的院落大部分是由官方建造和装饰的。

  元明清时期对不同等级人员院落单体建筑有一定的规制。根据《唐会要》的记载,官方为了巩固其统治,从唐代开始,就明确规定了不同爵位、品级人员的院落与大门的形制,这项制度延续到清朝。普通老百姓的房屋规模也有差别[⑨]。《唐会要》对王公以下各级官员及平民百姓的房屋的规模做了明确的规定:"王公已下,舍屋不得施重栱藻井。三品已上堂舍,不得过五间九架。厅厦两头门屋,不得过五间五架。五品已上堂舍,不得过五间七架。厅厦两头门屋,不得过三间两架。仍通作乌头大门。勋官各依本品。六品七品已下堂舍,不得过三间五架。门屋不得过一间两架……其士庶公私第宅……又庶人所造堂舍。不得过三间四架。门屋一间两架……"并明确,违反此规

---

① Lin Ximeng, "The Housing Land Management in Dongcheng District in Beijing", *The Housing Bureau of Land Management in Dongcheng District in Beijing*, 1998.
② (清) 于敏中等编纂:《日下旧闻考》,北京古籍出版社 2001 年版,卷五十二。
③ (清) 吴长元:《宸垣识略》,北京古籍出版社 1983 年版,第 142 页。
④ (清) 张廷玉:《古典名著普及文库·明史》,岳麓书社 1996 年版,第 2195 页。
⑤ 郑自修总编纂:《郑氏族系大典》(第 1 部),中州古籍出版社 2004 年版,第 448 页。
⑥ 陈宗蕃编著:《燕都丛考》,北京古籍出版社 1991 年版,第 347 页。
⑦ 赵燕、李永进主编:《中外园林简史》,水利水电出版社 2012 年版,第 578 页。
⑧ 党洁:《和珅在京遗迹》,《北京纪事》2012 年第 4 期。
⑨ 袁行霈:《中华文明之光》(下卷),北京大学出版社 2004 年版,第 749 页。

第三章 西四街区的表征文化

定者，罚款，如不交罚款，则采取法律手段①。宋朝规定百姓的房屋可以建造五架②。明朝，政府对公侯、官员、百姓居住的四合院有不同的等级规定和要求（具体见表3-1）。其他还如："官员营造房屋，不许歇山转角，重檐重栱及绘藻井。惟楼居重檐不禁。……品官房舍，门窗、户牖不得用丹漆。功臣宅舍之后，留空地十丈，左右皆五丈。不许挪移军民居址，更不许于宅前后左右多占地，构亭馆。开池塘，以资游眺……"等③。明洪武三十五年，明朝政府又重新明确了规定："一品、三品厅堂各七间，六品至九品厅堂梁栋只用粉青饰之。"百姓房屋，"不过三间，五架，不许用斗栱，饰彩色，不许造九五间数，房屋虽至一二十所，随其物力，但不许过三间"④。清朝政府对四合院的院落形制的规定比明朝政府的规定还要细，清代，四合院的建筑手法和形制达到了一个高峰，成为北方住宅的代表⑤。清朝政府对皇亲国戚及各级别官员的房屋间数、房基高度、大门的形制、装饰样式等都有严格的规定（见表3-2）⑥。清代文献中记述了清政府对各级王府和官员的房屋规模："公侯以下至三品官，房屋基高二尺，门柱饰黝垩，中梁饰金，旁绘五采杂花。惟二品以上房脊得立望兽。公门铁钉，纵横皆七，侯以下递减之五。四品以下及士民房屋，基高一尺，其门柱、中梁旁绘采花，与三品以上官同"⑦⑧。又据载，"内城则院落宽阔，屋宇高宏。门或三间，或一间，巍峨华焕。二门以内，必有听事。听事后又有三门，始至上房。听事上房之巨者，至如殿宇。大房东西必有套房，名曰耳房。

---

① （宋）王溥：《唐会要》卷三一《舆服上》，中华书局1955年版，第574—575页。
② （元）脱脱等：《宋史》卷一五四《志第一百七·舆服六》，中华书局1977年版，第3659—3600页。
③ 马渭源：《大明帝国洪武帝卷》，东南大学出版社2014年版，第509页。
④ 马渭源：《大明帝国洪武帝卷》，东南大学出版社2014年版，第509页。
⑤ 北京市地方志编撰委员会编著：《北京志·市政卷·房地产志》，北京出版社2000年版，第31—32页。
⑥ 陈义风：《当代北京四合院史话》，当代北京出版社2008年版，第4页。
⑦ 陈乐人主编：《北京档案史料》，新华出版社2007年版，第286—287页。
⑧ 《清会典事例》第10册，卷八五八到卷九九七《工部·盛京工部·理藩院》，中华书局影印1991年版。

左右有东西厢,必三间,亦有耳房,名曰盝顶。或有从二门以内,即回廊相接,直至上房,其式全仿府邸为之。内城诸宅,多明代勋戚之旧。而本朝世家大族,又互相仿效,所以屋宇日华"①。

表3-1　　明朝对不同身份人员居住四合院建筑形制的规定

级别	时间	房屋形制
公侯	洪武二十六年定制	前厅七间、两厦,九架。中堂七间九架。后堂七间七架。门屋三间五架,家庙三间五架。廊、庑、庖、库从屋,不得过五间七架
一至二品官员	洪武二十六年定制	厅堂五间,九架
	洪武三十五年定制	一品厅堂七间
三至五品官员	洪武二十六年定制	厅堂五间,七架
	洪武三十五年定制	三品厅堂七间
六至九品官员	洪武二十六年定制	厅堂三间,七架
庶民	洪武二十六年定制	庐舍不过三间,五架,不许用斗拱
	洪武三十五年定制	不过三间,五架,不许用斗拱,不许造九五间数,房屋虽至一二十所,随其物力,但不许三间

注:本表参照洪武二十六年、三十五年定制填写。②③④

表3-2　　清朝对不同身份人员居住四合院建筑形制的规定

	级别	台基	房屋形制	
皇太极崇德年间	亲王府	高一丈	正房一座	厢房两座
	郡王府	高八尺	一座,用绿瓦	两座,用平常筒瓦,朱漆
皇太极崇德年间	贝勒府	高六尺	一座	两座
	贝子		平地上建造	平地上建造
顺治五年	多罗贝勒	台基上造房五座		
	镇国公、辅国公	屋台高二尺		
顺治九年	公侯以下官民	台阶高一尺		

---

① (清)震钧:《天咫偶闻》卷十,北京古籍出版社1982年版。
② 马渭源:《大明帝国洪武帝卷》,东南大学出版社2014年版,第509页。
③ (清)张廷玉:《明史》卷六八《志第四四》。
④ 段柄仁:《北京四合院志》,北京出版社2015年版,第20页。

第三章 西四街区的表征文化

续表

	级别	台基	房屋形制
光绪年间	亲王府		正殿七间，翼楼各九间，后殿五间，后寝七间，后楼七间，共屋五重
	亲王世子府		正殿五间，翼楼各五间，后殿三间，后寝五间，后楼五间，共屋五重
	贝勒府		堂屋五重，各广五间
	贝子府		堂屋四重，各广五间
	公侯以下至三品官		房屋基高二尺
	四品以下及士民房屋		基高一尺

注：本表参照文献①②③相关资料编制。

院落纵向组合的平面的不同形制和院落横向组合的不同平面形制表征不同的礼俗文化。传统社会对不同等级的四合院的建筑的规定导致四合院出现了纵向和横向的不同的平面形制。④ 在纵向上，出现了一进院落、二进院落、三进院落、四进院落、五进院落的平面形制，由于受到北京胡同间宽度的限制，纵向组合的最大进深为五进。不同进深的院落平面形制表征不同的礼俗文化。三进院落以上的四合院即为等级较高的四合院，为清朝的一品、二品以上级别官员的住宅。因院落的纵向进深受到胡同宽度的影响，四合院便向横向进行扩展以扩大规模，所以又形成了一组并列、二组并列、多组并列、带花园的四合院等平面形制，这些横向组合的不同平面形制的四合院所表征的礼俗文化不同，其横向并列的组数越多，表征居住人员的等级越高。⑤

---

① 鄂尔泰等：《八旗通志》，东北师范大学出版社1985年版，第429—432页。
② 陈乐人主编：《北京档案史料》，新华出版社2007年版，第286—287页。
③ 《清会典事例》第10册，卷八五八到卷九九七《工部·盛京工部·理藩院》，中华书局影印1991年版。
④ 段柄仁：《北京四合院志》，北京出版社2015年版，第25页。
⑤ 赵倩、公伟、於飞：《北京四合院六讲》，中国水利水电出版社2012年版，第38—40页。

2. 同一院落不同形制房屋的表征

北京西四北一至八条街区四合院等级规制的差异不仅表现在不同的院落之间，同一院落中，房屋的规制也有所不同。四合院房屋的空间布局可以概括为"正房为尊，两厢次之，倒座为宾，杂屋为附"。以坐北朝南的标准三进四合院为例，院落不同房屋的规制及其表征如表 3-3 所示（四合院的厨房一般设在东厢房的最南侧房间。而厕所一般设在倒座房的最西边）。院落的这种布局也与北京的自然环境有关系。北京属于温带大陆性季风气候，正房冬暖夏凉，倒座房冬冷夏热，正如俗语"有钱不住东南房，冬不暖来夏不凉"。四合院房屋的空间布局表征了中国传统的礼俗文化，既强化了儒家的等级制度，又维系了和谐宜居的院落秩序和文化。如有学者记述，四合院空间格局有里外院、堂屋、东耳房、下房等，有不同的形制，不同身份的人住在不同形制的房屋中①。

3. 不同形制院落装饰的表征

北京西四北一至八条街区现存四合院的院落装饰的表征主体主要是政府和当时的居住者，然而，居住者的表征内容也受到传统等级制度限制。所以不同形制院落装饰的表征能指形式反映了传统的礼俗文化的所指。表征主体是政府和居住者的缘由与上面院落形制的叙述一致。传统社会的政府对院落装饰的规定，如《唐会要》规定，唐朝以后，"非常参官，不得造轴心舍。及施悬鱼对凤瓦兽通袱乳梁装饰。……又庶人所造堂舍……仍不得辄施装饰"②③。如宋朝规定，"凡民庶家，不得施重栱藻井及五色文采为饰，仍不得四铺飞檐"④，明朝有规定，"明初禁官民房屋不许雕刻古帝后、圣贤人物及日月、龙凤、狻猊、麒麟、犀象之行"等⑤。建筑装饰自上而下分为五个档次（见表 3-4）。清朝延续明朝的规定，又对官民房屋的装饰的规定放宽了一些。公侯的大门可以装饰为红色，

---

① 丁伟：《中国十年情爱报告》（上册），中国文联出版公司 1998 年版，第 18—19 页。
② 汪梦林：《谈中国古代建筑构造等级制》，《山西建筑》2013 年第 13 期。
③ （宋）王溥：《唐会要》卷三一《舆服上》，中华书局 1955 年版，第 574—575 页。
④ （元）脱脱等：《宋史》卷一五四《志第一百七·舆服六》，中华书局 1977 年版，第 3659—3700 页。
⑤ 陆小赛：《礼俗意义下中国古代建筑木雕的装饰审美》，《装饰》2006 年第 9 期。

第三章 西四街区的表征文化

表3-3 北京西四北一至八条街区同一院落不同房屋的规制及其表征

	面阔	屋架	檐廊	朝向	建筑等级（体量）	用途	居住者
正房	五间，三间（普通百姓）	七檩前后廊，五檩前廊或者六檩前廊（普通百姓）	一般设有前后檐廊	坐北朝南	建筑等级最高，体量最大	堂屋为家人起居之用，接待亲戚或者祭祀祖先。两侧暗间为卧室或书房	家里的长辈，东侧为尊，西侧为卑，正房东侧一般为祖父母，西侧为父母
东厢房	一般为三间	一般五檩前廊式，有的为五檩硬山式	一般设前檐廊	坐西朝东	仅次于正房	居住	家里的晚辈，大儿子
西厢房	一般为三间	一般五檩前廊式	一般设前檐廊	坐东朝西	次于正房、东厢房	居住	家里的晚辈，二儿子、三儿子
耳房	一般为一间，少数为二间	一般五檩	无檐廊	坐北朝南	次于正房，可和厢房的山墙共同设置角院	辅助用房或者储藏室，有时也作为卧室或书房	无后罩房的院落，家里的女儿住早房
后罩房	超大型院落为六间，一般院落为四间，三间半	一般五檩硬山式	不设檐廊	坐北朝南	虽采光较好，但等级低于正房、厢房，可设二层楼	住房或者杂物	未婚女子或者女仆
倒座房	大型院落为两间，一般院落为一间或者无门房		无檐廊	坐南朝北	级别最低，低于正房、厢房，大门	接待外客或者居住	男用人
门房		与倒座房相同	无檐廊	坐南朝北	与倒座房相同	私塾	

· 115 ·

普通百姓的门装饰为黑色等（见表3-5）①。居住者在这些规定范围内，自主装饰和表征自己的四合院。如西四北六条23号第二进院正房隔扇裙板上被表征有《三国演义》《西游记》等古典小说的人物形象（如图3-2所示），第三进院落裙板上被表征松鼠葡萄花篮盆景图案。虽然表征因居住者的民族文化和审美观念不同而稍有不同（如明清时期不同）。但总体来说，传统社会的政府和居住者的院落装饰表征了传统的礼俗文化。

表3-4　　　　　明朝对不同身份人员居住四合院装饰的规定

级别	时间	屋脊	屋顶	梁、栋、斗拱、檐桷等
公侯	洪武二十六年定制	花样瓦兽	黑板瓦盖	梁、栋、斗拱、檐桷彩绘饰。门窗、枋柱金漆饰。
一至二品官员	洪武二十六年定制	屋脊用瓦兽	黑板瓦盖	梁、栋、斗拱、檐桷青碧绘饰。门窗、户牖不得用丹漆。
三至五品官员	洪武二十六年定制	屋脊用瓦兽		梁、栋、檐桷青碧绘饰。门窗、户牖不得用丹漆。
六至九品官员	洪武二十六年定制			梁、栋饰以土黄，梁柱间不许用斗拱彩绘。门窗、户牖不得用丹漆。
	洪武三十五年定制			厅堂梁栋只用粉青饰之
庶民	洪武二十六年定制			房舍不得饰彩色
	洪武三十五年定制			房舍不得饰彩色

注：本表参照洪武二十六年、洪武三十五年定制填写②③。

表3-5　　　　　清朝对不同身份人员居住四合院装饰的规定

时间	级别	房脊、门柱等	梁、栋等
顺治五年	和硕亲王	绘金彩五爪龙，纯色红青柱，不许雕龙兽，殿楼门用绿脊绿瓦	
	多罗贝勒	绘金彩各色花卉	
	镇国公、辅国公	绘金彩细花卉	
	官员	禁止官员的房屋柱子的颜色为朱色	
	普通民众		禁止民间房屋为金贴梁

---

① 刘岳：《北京胡同66》，中共党史出版社2009年版。
② （清）张廷玉：《明史》卷六八《志第四十四》，中华书局1974年版。
③ 段柄仁：《北京四合院志》，北京出版社2015年版，第20页。

第三章 西四街区的表征文化

续表

时间	级别	房脊、门柱等	梁、栋等
顺治九年	一品、二品官	正房立望兽	中梁贴金
	公侯以下官民	柱用素油	住房中梁贴金,梁、栋可以绘制五彩杂花。
光绪年间	亲王府	正门殿寝均绿琉璃瓦,脊安吻兽	
	亲王世子府		梁栋绘金彩花卉、四爪云蟒
	贝勒府		梁栋贴金,彩画花草
	贝子府	脊用望兽	
	公侯以下至三品官	门柱饰黝垩,惟二品以上房脊得立望兽	中梁饰金,旁绘五采杂花
	四品以下及士民房屋	门柱旁绘采花,与三品以上官同	中梁旁绘采花

注：本表参照文献资料①②中的相关资料编制。

图 3-2　西四北六条 23 号院落正房隔扇裙板上的图案

彩画等级表征了传统的礼俗文化。彩画是四合院里应用非常多的装

---

① 陈义风:《当代北京四合院史话》,当代北京出版社 2008 年版,第 4 页。
② (清)鄂尔泰等:《八旗通志》,东北师范大学出版社 1985 年版,第 429—432 页。

饰形式，起初彩画的使用是为了保护四合院里的木构件，为防止其受潮及防止受虫害等。后来，人们开始关注彩画装饰的审美意义，上层阶级的介入，使得彩画也成为代表传统礼俗文化的装饰。不同等级的彩画所表征的建筑等级是不同的（如表 3-6 所示）。其中，百姓居住的四合院中的苏式彩画（清晚期以后的作品）依据画法的不同，又分为五个等级。而苏式彩画的绘画格局又分为包袱苏式彩画（大木构架中央绘制包袱图案，两端绘制箍头彩画）、枋心苏式彩画（中间 1/3 为枋心，两边各 1/3 为找头）、海墁苏式彩画（无包袱或枋心，全开放构图）三种[1][2]。西四北一至八条街区部分院落的彩画如图 3-3 和图 3-4 所示。

表 3-6　　　　　　不同等级彩画所表征的建筑等级

不同等级的彩画	题材	绘画形式等级	所用建筑等级
和玺彩画	金龙、龙凤、龙草	中间为枋心，左右两段对称	宫廷建筑
旋子彩画	以龙或者锦为题材	中间为枋心，左右两段对称	王府大院、官宦之家
苏式彩画	题材非常丰富：历史人物故事、风景画、花鸟画等	大木满作彩画：单体建筑的檩、垫、枋等大木构件上满绘彩画	一般老百姓的四合院
		大木作箍头包袱彩画：单体建筑的檩、垫、枋等大木构件中部满绘包袱图案	
		大木作箍头彩画：无包袱，仅在单体建筑的檩、垫、枋等大木构件两端绘制活箍头，副箍头	
		椽柁头作彩画或涂彩：在椽柁头不作彩画内内容，仅涂刷有别于油饰的颜色。一般刷大青色	
		所有构件不作彩画	

注：本表参照文献[3]中的相关资料编制。

---

[1] 王珊珊：《北京东城区清代现存王府建筑研究》，硕士学位论文，北京建筑大学，2013 年。
[2] 尼跃红：《北京胡同四合院类型学研究》，中国建筑工业出版社 2009 年版，第 158—160 页。
[3] 段柄仁：《北京四合院志》，北京出版社 2015 年版，第 80—81 页。

第三章 西四街区的表征文化

西四北二条29号包袱苏式彩画，内容为喜鹊登梅

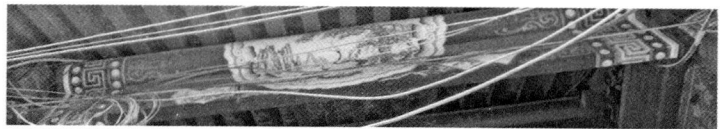

西四北二条55号包袱苏式彩画，内容为松鹤延年

西四北头条31号包袱苏式彩画 　　西四北六条21号包袱苏式彩画

图3-3　西四北一至八条街区部分四合院的包袱苏式彩画

西四北八条5号箍头彩画 　　西四北头条6号大门彩画

西四北头条25号大门彩画 　　西四北二条54号走马板彩画

图3-4　西四北一至八条街区部分四合院的其他样式彩画

（二）大门及其部件的表征

大门及其部件是院落的重要组成部分，《阳宅十书》和《阳宅正宗》中都指出了门是宅院的空间序列的始端，对一个院落起着关键作用，并

蕴含深厚的文化[1]。

1. 不同规制及样式大门的表征

北京西四现存四合院的大门及其部件，有许多仍是传统社会时期的遗存。不同朝代，政府对四合院的大门及其部件的形制是有严格的等级制度规定的，居民在此制度范围内，又加入了一些表征形式和内容，所以其表征主体也是传统社会的政府和居民。

大门作为四合院重点表征的部位之一，不同朝代对不同身份和等级的院落主人的大门样式和体量的规定是不同的（即使明清对大门及其部件的规定是一脉相承的，这些不同样式和形制的大门的能指所表征的所指是不一样的）。这些规制如宋朝规定，百姓的大门只能一间两厦[2]。明洪武二十六年定制，"公侯……门三间，五架，用金漆及兽面锡环。……一品、二品……门三间，五架，绿油。兽面锡环。三品至五品……门三间，三架，黑油，锡环。六品至九品……门一间，三架，黑门，铁环。"[3][4]（见表3－7）。清朝，不仅《钦定大清会典事例》中对清代十二等级的皇室封爵（亲王、郡王、贝勒、贝子、镇国公、辅国公等）府邸的建制有着明确的等级规定[5]，清朝对官员及普通民众的房屋承袭了明制，如顺治九年，政府对不同等级人员大门的台基高度进行了规定（见表3－8），如顺治十八年规定普通官员和民居的建制不同，如"公侯以下三品以上房屋，台阶高二尺。四品官以下至士民房屋，台阶高一尺"等[6]。

表3－7　　　　明朝对不同身份人员居住四合院建筑大门的规定

居民等级	门间数	装饰
公侯	门三间，五架	金漆，兽面锡环

---

[1] 左满常、白宪臣：《河南民居》，中国建筑工业出版社2007年版，第33页。
[2] （元）脱脱等：《宋史》卷一五四《志第一七〇·舆服六》，中华书局1977年版，第3659—3700页。
[3] 尹婧：《中国传统门的形态及其装饰艺术研究》，硕士学位论文，北京林业大学，2011年。
[4] 马渭源：《大明帝国洪武帝卷》，东南大学出版社2014年版，第509页。
[5] 刘洋：《北京西城历史文化概要》，北京燕山出版社2010年版，第100页。
[6] 何宝通：《中国古代建筑及历史演变》，北京大学出版社2010年版，第29页。

第三章　西四街区的表征文化

续表

居民等级	门间数	装饰
一品、二品	门三间，五架	绿油，兽面锡环
三品至五品	门三间，三架	黑油，锡环
六品至九品	门一间，三架	黑油，铁环

注：本表参照洪武二十六年、三十五年定制填写[1][2][3]。

表 3-8　清朝对不同身份人员居住四合院建筑大门的规定

级别	顺治九年		顺治十八年	光绪年间			
	门饰	台高	台高	门的规模	门钉	装饰	台高
亲王府	门柱丹镬，装饰五彩金云龙纹，禁止雕刻龙首			正门五间，启门三	门钉纵九横七		基高三尺
亲王世子府				正门五间，启门三	门钉减亲王七分之二		
贝勒府	门柱红青油漆			正门一重，启门一			
贝子府、镇国、辅国公				正门一重			
公侯	门用黑饰	公侯以下官员台阶高一尺		公门铁钉，纵横皆七，侯以下递减之五		门柱饰黝垩，中梁绘金，旁绘五采杂花。惟二品以上房脊得立望兽	基高二尺
一品至三品	门用黑饰	公侯以下官员台阶高一尺	台阶高二尺	公门铁钉，纵横皆七，侯以下递减之五		门柱饰黝垩，中梁绘金，旁绘五采杂花。惟二品以上房脊得立望兽	基高二尺

---

[1]　（清）张廷玉：《明史》卷六十八《志第四十四》，中华书局1974年版。
[2]　段柄仁：《北京四合院志》，北京出版社2015年版，第20页。
[3]　郑自修总编纂：《郑氏族系大典》（第1部），中州古籍出版社2004年版，第448页。

文化表征与非表征的理论与实践:北京西四街区文化的综合保护

续表

	顺治九年	顺治十八年		光绪年间	
四品至五品	门用黑饰	公侯以下官员台阶高一尺	四品以下官员台阶高一尺		门柱、中梁旁绘采花,与三品以上官同	基高一尺
六品至九品	门用黑饰	公侯以下官员台阶高一尺	台阶高一尺		门柱、中梁旁绘采花,与三品以上官同	基高一尺
士民	门用黑饰	公侯以下官员台阶高一尺	台阶高一尺		门柱、中梁旁绘采花,与三品以上官同	基高一尺

注:本表参照文献[1][2]中的相关资料编制。

明清对四合院大门形式的规定导致北京四合院共出现了五种形式的屋宇式大门:王府大门、广亮大门、金柱大门、蛮子门、如意门。清朝前中期,对胡同两侧的房子有严格的规定,尤其是北京内城。到清末民初,随着清朝房产交易市场的宽松以及租房市场的活跃,出现了墙垣式大门的随墙门。随着外来文化的入侵,又兴起了西洋式大门。

大门的表征的能指特征不同,其表征的所指文化也不同。北京四合院屋宇式大门是大户人家居住的住宅[3]。其中广亮大门是屋宇式大门里除王府大门之外的最高等级的大门。其表征的能指特征为:大门一般开在中柱的位置,造成门内和门外的空间一样大。前檐柱下有雕刻精美的雀替。梁坊上一般有彩绘。在前檐柱和中柱之间有雕刻的廊心墙。大门象眼处有砖雕。大门的后檐柱之间有倒挂楣子,在倒挂楣子和门框之间有花牙子雀替(也叫花牙子),花牙子上也有精美的木雕。大门墀头[4](包括戗檐[5]、

---

[1] 《清会典事例》第10册,卷八五八到卷九九七《工部·盛京工部·理藩院》,中华书局影印1991年版。

[2] (清)鄂尔泰等:《八旗通志》,东北师范大学出版社1985年版,第429—432页。

[3] 陈义风:《当代北京四合院史话》,当代北京出版社2008年版,第7页。

[4] 墀头,指凸出在檐柱之外,位于门头两侧的山墙端头,俗称墙腿子。

[5] 戗檐,指墀头的上部,之下是冰盘檐和垫花。

第三章 西四街区的表征文化

冰盘檐、垫花、博缝头①）位置的戗檐部分有精美的砖雕。大门前还有数量不等的踏跺。广亮大门表征的所指是：其为一品、二品级别官员或勋戚的住宅②。金柱大门是次于广亮大门的大门形制。其表征的能指特征为：大门外移，开在金柱的位置，造成门内的空间大于门外的空间。少量的大门前檐柱之间也有雀替，少量的大门在前檐部分绘有彩画。在檐柱和金柱间有廊心墙。大门象眼处有砖雕。大门的后檐柱之间有倒挂楣子及花牙子。大门的墀头的戗檐处有精美砖雕。大门前还有数量不等的踏跺。金柱大门表征的所指是传统社会较高品级的官员的住宅③。蛮子门是次于金柱大门等级的大门形制，其表征的能指特征为，大门继续向前移动，开在檐柱的位置，造成门内空间远大于门外空间。门的位置基本和倒座房的后墙齐平。蛮子门两边一般还有走马门，门的上方一般有走马板，其上雕刻有大型"福"字或者彩绘图案。大门墀头的戗檐处有砖雕。大门后檐柱之间有倒挂楣子和花牙子。如意门是低于蛮子门形制的大门，其表征的所指特征为商人或者一般富人的住宅。大门位于檐柱的位置，门内空间远大于门外空间，门的位置和倒座房的后墙齐平。门直接接砖墙，其标志为有精美的墀头砖雕，有精美的门楣砖雕（包含望柱、栏板、冰盘檐、挂落板、象鼻枭④）。部分如意门的后檐柱也有倒挂楣子和花牙子等。如意门的表征的所指为非官员居住之地，而是家境殷实的百姓的住房。不同形制大门表征的能指和所指见表3-9⑤⑥⑦。西四北一至八条街区部分四合院广亮大门如图3-5所示，金柱大门如图3-6所示，蛮子门如图3-7所示，如意门如图3-8所示，西洋门如图3-9所示。

---

① 博缝头，指紧贴戗檐的外侧面。
② 段柄仁：《北京四合院志》，北京出版社2015年版，第29页。
③ 段柄仁：《北京四合院志》，北京出版社2015年版，第31页。
④ 象鼻枭，在门洞的上方与墙相交的两角有"象鼻枭"，也称"如意头"，如意头上有精美的雕刻。
⑤ 段柄仁：《北京四合院志》，北京出版社2015年版，第28—33页。
⑥ 淡欣：《京华遗韵》，上海古籍出版社2004年版，第1—20页。
⑦ 陈义风：《当代北京四合院史话》，当代北京出版社2008年版，第6—9页。

表 3-9　西四北一至八条街区不同形制大门表征的能指和所指

大门类型	大门形制	大门表征的能指特征				大门表征的所指特征
		大门所开位置	门内外空间	大门其他标志性特征	门扇油饰	
屋宇式大门	广亮大门	大门开在中柱位置	门内空间和门外空间一样大	前檐柱下有雀替、梁坊上有彩绘、有廊芯墙（檐柱和中柱之间）	红色	一品、二品级别官员或勋戚
	金柱大门	大门开在金柱位置	门内空间较大于门外空间	廊芯墙（檐柱和金柱间）	红色	传统社会较高品级的官员的住宅
	蛮子门	大门开在檐柱位置	门内空间更大于门外空间，门和倒座房后墙齐平	有走马门、走马板上有"福"字或者彩绘	红色	商人或者一般富人居住
	如意门	大门开在檐柱位置	门内空间更大于门外空间，门和山墙齐平	门直接接砖墙，有如意头，墀头砖雕有垫花，有精美的门楣雕刻（包含望柱、栏板、冰盘檐、挂落板、象鼻枭等）	黑色	非官员居住，家境殷实的百姓
墙垣式大门	随墙门	门直接接院墙		挂落板、头层檐、砖椽头	黑色	普通老百姓，无钱无势的老百姓
	西洋式	门直接接院墙		拱心石（拱券正中间一个上大下小的梯形石，以将拱券挤紧）		

注：本表参照文献①②③中的相关资料编制。

---

① 段柄仁：《北京四合院志》，北京出版社 2015 年版，第 28—33 页。
② 淡欣：《京华遗韵》，上海古籍出版社 2004 年版，第 1—20 页。
③ 陈义风：《当代北京四合院史话》，当代北京出版社 2008 年版，第 6—9 页。

第三章 西四街区的表征文化

西四北五条7号 　　　　　西四北头条6号

西四北三条11号 　　　　西四北五条13号

图3-5　西四北一至八条街区部分四合院广亮大门

2. "门当户对"的表征

不同形状、体量、装饰的"门当"和"户对"的表征的能指反映居住主体的不同的权力和财富的所指。"门当"和"户对"是四合院大门的极其重要的构件。其中，"门当"也称为门墩、门鼓、门台、门座等，是门枕石在门外侧的石头部分，用来平衡承门轴的门枕石，以及门扇门板的重量，还用来把门扇垫高以防止其受潮，故成对出现于四合院门前。按其形状，可分为类似圆鼓的圆鼓形的抱鼓石和类似头巾样的长方形的

· 125 ·

西四北三条27号　　西四北二条55号　　西四北五条27号

图3-6　西四北一至八条街区部分四合院金柱大门

西四北头条25号　　西四北七条3号　　西四北七条61号

图3-7　西四北一至八条街区部分四合院蛮子门

鼓子。"户对"又称为"门簪",用来固定门的连楹(连楹为固定门的上轴)。"门当"和"户对"的体量不同,其反映的主人的权力和财富也不同。对于"门当",首先,圆鼓形"门当"多用在广亮大门、金柱大门和蛮子门的门前,反映主人为有权的做官之人或者富有的经商之人。方鼓形"门当"一般放在如意门、随墙门的门前,反映主人为普通老百姓。其次,圆鼓形门墩的体量一般大于方鼓形门墩。即使同为圆鼓形的门墩,其在不同的权力的主人门前的体量也不同,如广亮大门前的圆鼓形门墩比蛮子门前的圆鼓形门墩要大。第三,装饰的精细程度反映的所指有所不同。圆鼓形门墩一般有鼓钉装饰,顶部的兽吻或者狮子的雕刻样式更灵活,可以是蹲着的、卧着的或者是趴着的。而方鼓形门墩没有鼓钉装

第三章 西四街区的表征文化

西四北三条19号　　　西四北四条7号　　　西四北二条29号

西四北三条39号　　　西四北七条7号　　　西四北三条5号

图3-8　西四北一至八条街区部分四合院如意门

西四北三条23号　　　西四北三条26号

图3-9　西四北一至八条街区部分四合院西洋门

饰，顶部一般是卧狮造型。对于"户对"，首先，其有不同的数量（一般成对出现），而不同的数量反映居住主体不同权力和财富。如设置两个户对的一般为如意门或者随墙门，反映四合院居住的主体不是官员，而是无权无势的普通百姓，设置四个户对的一般为广亮大门或者金柱大门，反映院落居住主体是官员。其次，不同的装饰表征能指体现居住主体的权力或者富有程度不同。官员的"户对"一般雕刻有花卉或者文字，花卉为牡丹、荷花、菊花、梅花等，象征一年四季的吉祥。文字为吉祥如意、富贵平安等。而普通老百姓的"户对"一般为素面或者文字①②。北京西四北头条至八条部分四合院的"门当户对"的表征的能指如表 3-10 所示。北京西四北一至八条街区部分广亮大门、金柱大门与蛮子门、如意门的门墩图分别如图 3-10、图 3-11、图 3-12 所示。北京西四北一至八条街区部分院落大门的"户对"如图 3-13 所示。

表 3-10　西四北一至八条街区部分四合院"门当户对"的表征能指

大门形制	地址	门当（门墩）		户对（门簪）		
		形状	表征的能指形式	形状	数量（枚）	表征的能指形式
广亮大门	西四北头条 6 号			梅花形	4	吉祥如意字样
	西四北头条 31 号	圆鼓形	鼓身正面为花卉图案	梅花形	4	吉祥如意字样
	西四北二条 25 号			梅花形	4	吉祥如意字样
	西四北三条 11 号	圆鼓形	已无法辨认	梅花形	4	花卉
	西四北四条 33 号	圆鼓形		梅花形	4	
	西四北五条 7 号	圆鼓形	素面	梅花形	4	吉祥如意字样
	西四北五条 13 号	圆鼓形	无法辨认	圆形	4	吉祥如意字样
	西四北六条 6 号	方鼓形	无法辨认	梅花形	4	吉祥如意字样
	西四北六条 7 号	圆鼓形		梅花形	4	
	西四北六条 23 号	圆鼓形	素面	梅花形	4	素面
	西四北七条 33、35 号	圆鼓形		梅花形	4	雕刻花卉图案
	西四北八条 5 号	圆鼓形	鼓面正身为花卉	梅花形	4	

---

① 段柄仁：《北京四合院志》，北京出版社 2015 年版，第 61—62 页。
② 赵倩、公伟、於飞：《北京四合院六讲》，中国水利水电出版社 2012 年版，第 104—108 页。

第三章 西四街区的表征文化

续表

大门形制	地址	门当（门墩）		户对（门簪）		
		形状	表征的能指形式	形状	数量（枚）	表征的能指形式
金柱大门	西四北二条19号	方鼓形	鼓面正身似为鹤鹿同春，侧身不清晰	梅花形	2	吉祥字样
	西四北二条54号	方鼓形	鼓面正身为梅花图案，侧身不清晰	梅花形	2	平安字样
	西四北二条55号	圆鼓形	鼓身正面似为花卉，图案模糊不清	无		
	西四北三条27号	圆鼓形	鼓身正面雕刻五世同居图案，顶部雕刻圆雕鳟狮	梅花形	4	吉祥如意字样
	西四北四条26号	方鼓形	鼓身为花瓶和花卉	梅花形	2	素面
	西四北四条35号	圆鼓形		梅花形	4	荣华富贵字样
	西四北五条27号	方鼓形	雕刻难以辨认	梅花形	4	
蛮子门	西四北头条22号	圆鼓形	鼓身正面为花卉，护体图案模糊不清	梅花形	4	吉祥如意字样
	西四北头条25号	圆鼓形	鼓身为花卉，鼓身顶部为圆雕卧狮	无		
	西四北头条26号	方鼓形		梅花形	2	平安字样
	西四北七条37号	无	无	梅花形	4	素面
	西四北七条61号	方鼓形	鼓身正面似为萱草图案，侧面为海棠花	梅花形	2	素面
如意门	西四北二条11号	方鼓形	鼓身正面模糊不清，侧面为海棠花	无		
	西四北二条27号	无		梅花形	2	素面
	西四北二条29号	方鼓形	只有包袱角	梅花形	2	平安字样
	西四北二条33号	无	无	梅花形	2	吉祥字样
	西四北二条45号	方鼓形	鼓身正面为萱草图案，侧面不清晰	梅花形	2	吉祥字样
	西四北二条50号	圆鼓形	素面	六边形		素面
	西四北三条5号	方鼓形	雕刻花卉图案	圆形	2	吉祥字样
	西四北三条19号	方鼓形	鼓身为花卉，鼓身顶部为趴狮	梅花形	2	如意字样
	西四北三条31号	方鼓形		六角形	2	

续表

大门形制	地址	门当（门墩）		户对（门簪）		
		形状	表征的能指形式	形状	数量（枚）	表征的能指形式
如意门	西四北三条39号	方鼓形	鼓身正面雕刻博古宝瓶	梅花形	2	如意字样
	西四北四条7号	方鼓形	鼓身正面松鹤延年，顶部石狮子	六角形	2	素面
	西四北四条45号			梅花形	2	素面
	西四北五条16号	方鼓形	鼓身正面为花卉	梅花形	2	素面
	西四北六条39号	方鼓形	鼓面正身为暗八仙图案，雕刻花篮，里面有神花异果。暗指八仙蓝采和，广通神明			
	西四北七条7号	方鼓形	鼓身正面花卉	梅花形	2	福寿字样
	西四北八条33号	方鼓形	鼓身正面雕刻戟磬（吉庆）图案，下面雕刻灵芝草，寓意吉庆如意			
随墙门	西四北二条15、17号	无	无	无	无	
窄大门	西四北头条26号	无		梅花形	2	平安字样
	小绒线胡同28号	方鼓形		无		

图3-10 西四北一至八条街区部分四合院广亮大门门墩

（从左至右：西四北八条5号、西四北三条11号、西四北五条7号）

第三章 西四街区的表征文化

图 3-11　西四北一至八条街区部分四合院金柱大门和蛮子门门墩

图 3-12　西四北一至八条街区部分四合院如意门门墩

西四北七条7号　　　　　　　西四北三条27号

西四北头条6号　　　　　　　西四北三条19号

西四北七条33—35号

西四北三条11号　　　　　　西四北三条39号

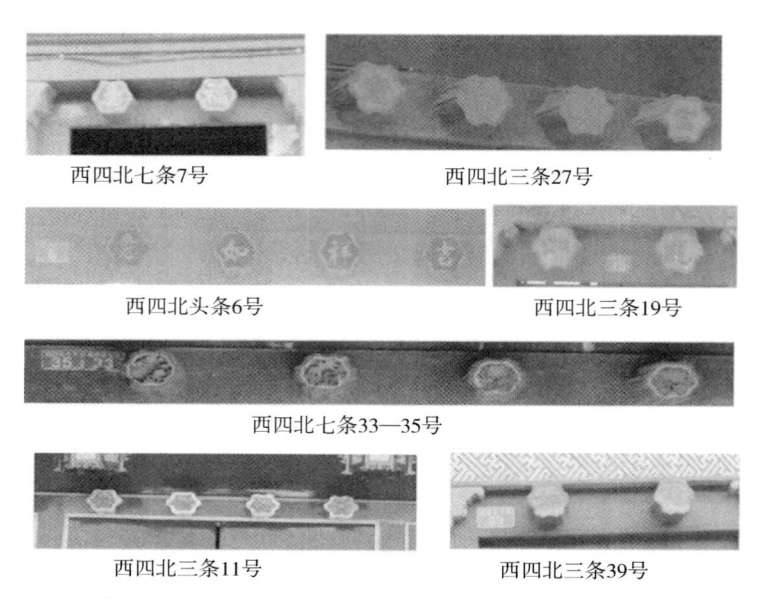

图 3-13　西四北一至八条街区部分四合院"户对"

3. 大门门头等其他装饰的表征

四合院大门门头装饰的表征的能指形式不同。西四北头条至八条四合院的大门除具有不同的样式、不同的规制、不同的"门当户对"外，其还具有不同的门头表征能指形式。这些不同的表征能指形式首先体现在不同规制的四合院的大门上，如体现在不同形制的大门的墀头的戗檐处、大门象眼处、倒挂楣子、花牙子、彩画处等。北京西四北一至八条街区部分广亮大门的大门象眼雕刻图案如图 3-14 所示、雀替如图 3-15 所示。而等级低的大门在大门象眼处无雕刻、无雀替等。西四北三条 27 号金柱大门花牙子如图 3-16 所示，等级低的大门没有花牙子。北京西四北头条至八条四合院不同形制大门的装饰表征能指见表 3-11。其次，同一规制的四合院的大门也有不同的装饰表征能指形式。典型的就是如意门在墀头、门楣处具有不同的装饰表征能指形式。北京西四北头条至八条四合院部分如意门的门头装饰表征能指如表 3-12 所示及图 3-17 所示。西四北二条 29 号如意头（如意头，是如意门上一对标志性的部件，

第三章 西四街区的表征文化

它位于如意门门扇上方的两角，这两角是从墙上挑出来的两个腿子，用来支撑门的过梁。它向前伸展，但又优雅地回转，类似如意状，故又名"如意头"[①]）表征能指（圆雕花篮）如图3-18所示。

西四北二条55号花卉　　　　西四北三条27号锦文
图案大门象眼　　　　　　　图案大门象眼

图3-14　西四北一至八条街区部分四合院广亮大门象眼的雕刻图案

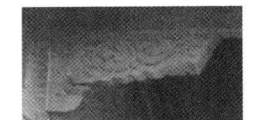

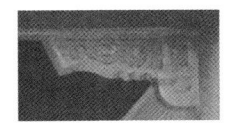

西四北五条7号　　西四北六条23号　　西四北八条5号
大门的雀替　　　　大门的雀替　　　　大门的雀替

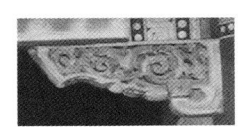

西四北头条31号　　西四北四条35号　　西四北四条33号
大门的雀替　　　　大门的雀替　　　　大门的雀替

图3-15　西四北一至八条街区部分四合院广亮大门雀替

图3-16　西四北三条27号四合院大门花牙子

---

① 淡欣：《京华遗韵》，上海古籍出版社2004年版，第1—20页。

表3-11　西四北一至八条四合院不同形制大门的装饰表征能指

大门形制	地址	建筑时代	墀头砖雕	脊饰	大门象眼	倒挂楣子、花牙子	彩绘	踏跺	其他
广亮大门	西四北三条11号院落	民国		清水脊、脊饰草砖	大门象眼装饰万不断图案	后檐柱间步装饰步倒挂楣子			廊心墙装饰万不断图案
	西四北六条23号院落	民国	钗檐处为葡萄砖雕，博缝头有花卉砖雕	清水脊、脊饰草砖	大门象眼装饰万不断图案	后檐柱间步装饰步倒挂楣子、花牙子		原为垂带踏跺，现改为如意踏跺5级	门外有上马石一对
	西四北头条31号	民国	无	清水脊、脊饰草砖			檐下绘画式彩画	如意踏跺4级	前檐柱间有雀替一对
	西四北三条25号	清代至民国建筑	钗檐处花卉砖雕	清水脊、脊饰草砖				踏跺2级	
	西四北四条33号	民国	钗檐原有喜上眉梢图案砖雕，现已不存	披水排山脊			无	无	前檐柱间有雀替一对
	西四北五条7号	民国	钗檐狮子绣球图案	清水脊、脊饰草砖	大门象眼处有八方交四方图案砖雕	无	无	垂带踏跺5级	前檐柱间有雀替一对
	西四北五条13号	清中期	无	原为清水脊	无		无彩画	无	
	西四北六条6号			清水脊、脊饰草砖			檐下饰三伴绘苏式彩画		
	西四北六条7号	清晚期		清水脊、脊饰草砖		无			
	西四北七条33、35号	清晚期	无	清水脊、脊饰草砖		后檐柱间步装饰步倒挂楣子			

第三章 西四街区的表征文化

续表

大门形制	地址	建筑时代	墀头砖雕	脊饰	大门象眼	倒挂楣子、花牙子	彩绘	踏跺	其他
	西四北二条19号	清代至民国	饿檐、博缝头有花卉砖雕	清水脊、脊饰草砖			前檐绘苏式彩画	踏跺5级	
	西四北二条54号	民国	无	清水脊、脊饰草砖	无	前檐装饰灯笼锦楹心倒挂楣子，后檐柱间装饰步锦楹心倒挂楣子及花牙子	走马板绘有风景彩画	如意踏跺6级	
	西四北二条55号	清代至民国	无雕刻	披水排山脊	大门象眼处有花卉砖雕	无	前檐绘包袱苏式彩画，内容为松鹤延年	如意踏跺5级	廊心墙为素面
金柱大门	西四北三条27号	清晚期	饿檐有花卉砖雕	清水脊、脊饰草砖	大门象眼处有锦文图案砖雕	后檐柱间"工"字形楹心倒挂楣子、花牙子	无	如意踏跺3级	廊心墙为素面
	西四北四条26号	民国	无	清水脊、脊饰草砖	无	后檐柱间楹心装饰步锦倒挂楣子	无	如意踏跺3级	前檐柱间有雀替一对，金柱大门作如意门形式装修，门楣栏板绘素面海棠池
	西四北四条35号	清晚期	原有砖雕，现已不存	披水排山脊		无	无		前檐柱间有雀替一对

续表

大门形制	地址	建筑时代	墀头砖雕	脊饰	大门象眼	倒挂楣子、花牙子	彩绘	踏跺	其他
金柱大门	西四北五条27号	民国	无	清水脊、脊饰草砖	无	后檐柱间装饰步步锦窗心倒挂楣子	无	如意踏跺3级	
	西四北头条22号	民国	戗檐为月季花雕	清水脊、脊饰草砖					
蛮子门	西四北头条26号	民国				后檐柱间装饰步步锦窗心			
	西四北七条37号	民国	无	清水脊、脊饰草砖	无	后檐柱间菱形倒锒窗心倒挂楣子、花牙子	无		
	西四北二条11号	民国	无	清水脊、脊饰草砖	无		无	如意踏跺3级	
	西四北二条27号	清代至民国	无	清水脊、脊饰草砖	无	无	无	无	
如意门	西四北二条29号	清代至民国	戗檐、博缝头有花卉砖雕	清水脊、脊饰草砖	无	后檐柱间有菱形倒挂楣子	前檐柱有包袱苏式彩画，内容为喜鹊登梅	无	有圆雕花篮如意头
	西四北二条33号	清代至民国	无	清水脊、脊饰草砖	无	无	无	无	门头花瓦装修

第三章 西四街区的表征文化

续表

大门形制	地址	建筑时代	墀头砖雕	脊饰	大门象眼	倒挂楣子、花牙子	彩绘	踏跺	其他
	西四北二条45号	清代至民国	已损坏		无	后檐柱之间装饰卧蚕步步锦楹心倒挂楣子及花牙子	无	如意踏跺3级	门头有花瓦
	西四北二条50号	清代至民国				后檐柱之间装饰步步锦楹心倒挂楣子			
	西四北三条5号	民国	钗檐上原有砖雕,现已不存	清水脊,草砖	无	后檐柱之间装饰步步锦楹心倒挂楣子	无	如意踏跺3级	
	西四北三条31号	民国		清水脊,草砖		后檐柱之间装饰步步锦楹心倒挂楣子		无	
	西四北四条45号	清晚期	无	清水脊,草砖		无		无	
	西四北五条16号	清末		清水脊,草砖		后檐柱之间装饰步步锦楹心倒挂楣子			
如意门	西四北六条9号	清晚期	博缝头砖雕牡丹图案	过垄脊	大门	后檐柱之间装饰步步锦楹心倒挂楣子、花牙子			

· 137 ·

续表

大门形制	地址	建筑时代	墀头砖雕	脊饰	大门象眼	倒挂楣子、花牙子	彩绘	踏跺	其他
随墙门	西四北六条35号	民国		过垄脊					
西洋门	西四北三条23号	民国	简单门头						门洞宽大，有坡道，方便车辆进出，可能是当年商住两用宅院的大门

第三章 西四街区的表征文化

表 3–12　西四北一至八条街区四合院部分如意门的门头装饰表征能指

级别	地址	建筑时代	表征的能指		
			墀头	如意头	门楣
市级文保单位	西四北三条19号	民国	戗檐、博缝头雕刻花卉图案	花纹	门楣是四柱三板，四个望柱上雕刻竹子图案，三个栏板上雕刻牡丹图案
市级文保单位	西四北三条39号（程砚秋故居）	民国	戗檐雕刻梅花图案（残损）		门楣挂落板为万不断图案
一般院落	西四北二条11号	民国	无雕刻	无	海棠池素面栏板
一般院落	西四北二条27号	清代至民国	无雕刻	无	无装饰
一般院落	西四北二条29号	清代至民国	戗檐、博缝头有花卉砖雕	雕刻花卉	挂落板有7幅花卉砖雕，如竹、月季、梅花、萱草、西番莲花等
一般院落	西四北二条45号	清代至民国	全损坏	无	栏板为花瓦
一般院落	西四北二条50号	清代至民国		花纹	栏板为花瓦
一般院落	西四北三条5号	民国	戗檐原有砖雕，现已不存	花纹	门楣素面，栏板花瓦
一般院落	西四北三条9号	民国	戗檐原有砖雕；砖雕立体雕刻，图中有梅花、灵芝和鹿。现已不存	无	栏板花瓦
一般院落	西四北三条31号	民国	无		门楣花瓦
一般院落	西四北四条45号	清后期	无		门楣花瓦
一般院落	西四北五条16号	清末	无		门楣花瓦
一般院落	西四北六条9号	清后期	博缝头有牡丹砖雕		门楣卷草纹砖雕、栏板被抹灰遮盖

西四北三条19号

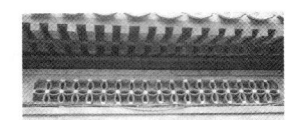

西四北三条9号

西四北三条39号

西四北二条11号

西四北二条29号

图3-17 西四北一至八条街区部分四合院如意门门头装饰表征能指图

图3-18 西四北二条29号四合院如意头表征能指图
(圆雕花篮)

第三章 西四街区的表征文化

（三）影壁的表征

影壁是院落空间的重要组成构件，它的作用是用来分割空间以及作为屏障遮挡外部的视线。从影壁坐落的位置来看，影壁可分为门内影壁和门外影壁。而门内影壁和门外影壁所表征的传统的礼俗文化是不同的。一般来说，门外影壁是王公府的住宅、广亮大门住宅才设置有的[1]，所以门外影壁表征的所指是清代的皇亲国戚或者高品级官员房屋的一个构件。正如老舍先生《四世同堂》里写的："三号门外，在老槐树下面有一座影壁，粉刷得黑是黑，白是白，中间油好了二尺见方的大红福字。祁家门外，就没有影壁，全胡同里的人家都没有影壁。"[2] 可见，普通老百姓院落门外是没有影壁的。

根据影壁的空间样式，影壁分为撇山影壁、八字影壁、一字影壁和座山影壁几种，一字影壁又有门内和门外之分。首先，撇山影壁、八字影壁、门外一字影壁表征的是清代王公府大门、广亮大门的住宅，所以是王公府、高品级官员的住宅。而门内一字影壁、座山影壁表征的是普通老百姓的住宅。门内一字影壁和座山影壁中，一字影壁表征的居住主体的身份等级比座山影壁的居住主体的身份等级高。因为设置一字影壁说明居民前院空间较大，而且其区别于座山影壁，一般设置须弥座，更为高级。其次，撇山影壁、八字影壁、门外一字影壁的雕刻样式比门内一字影壁、座山影壁更为精细和豪华。等级高的影壁一般在影壁中心先雕刻中心团花，其外用边框修饰，最外面在四个岔口处还有装饰。而普通百姓的座山影壁只在壁心部分稍有装饰[3]。北京西四北头条至八条部分四合院的影壁样式及装饰如表 3–13、图 3–19 所示。

---

[1] 段柄仁：《北京四合院志》，北京出版社 2015 年版，第 36 页。
[2] 老舍：《四世同堂》，北京十月文艺出版社 1995 年版，第 18 页。
[3] 高巍：《四合院》，学苑出版社 2004 年版，第 62—63 页。

表 3-13　　西四北一至八条街区部分四合院的影壁样式及装饰

地址	影壁位置	影壁样式	影壁装饰
西四北六条 23 号院	门外	一字影壁一座	硬山筒瓦顶
西四北二条 54 号院	门内	座山影壁一座	有花瓦，原有砖雕，软心做法
西四北三条 5 号院	门内	一字影壁一座	
西四北三条 27 号院	门内	一字影壁一座	素面软影壁心
西四北四条 33 号院	门内	一字影壁一座	冰盘檐装饰藩草连珠纹
西四北四条 35 号院	门内	座山影壁一座	
西四北五条 7 号院	门内	一字影壁一座	
西四北六条 7 号院	门内	一字影壁一座	硬山筒瓦顶，素面软影壁心
西四北六条 35 号院	门内	座山影壁一座	
西四北七条 37 号院	门内	座山影壁一座	素面影壁心
西四北七条 61 号院	门内	座山影壁一座	壁心雕刻"鸿禧"二字

西四北七条61号座山影壁

西四北五条7号门内一字影壁

西四北三条27号门内一字影壁

西四北二条54号座山影壁

西四北七条37号座山影壁

西四北六条23号门外一字影壁

图 3-19　西四北一至八条街区部分四合院影壁

第三章 西四街区的表征文化

二 表征的传统吉祥寓意文化及励志文化

北京西四北头条至八条四合院居住主体表征的文化除传统的礼俗文化外，还包括传统的吉祥寓意文化及励志文化等。这些吉祥寓意文化和励志文化的表征能指被表征在院落的木雕、砖雕、石雕等雕刻上。此外，还表征在彩画，以及大门、影壁等的装饰内容上。表征的位置在大门的墀头、门楣、屋檐、瓦当等处；在房屋的檐口、门窗、廊心墙等位置。这些传统的吉祥寓意文化及励志文化的表征的能指及其对应的所指如表3-14所示。表征的能指形式有寓意美好的花草植物，如海棠、牡丹、石榴、桃花、万年青、松竹等。有吉祥的动物图案，如根据《禽经》来表达君臣之道的凤凰，根据《易经》来表达父子之道的仙鹤，根据《诗经》表达兄弟之道的鹡鸰，根据《诗经》表达朋友之道的黄莺，另有表达夫妻之道的鸳鸯[1]。图案还有其他动物，如蝙蝠、喜鹊、鱼等。有博古类的器物，如花瓶、如意、花篮等。有文字类的内容，如十字、福字、寿字、万字等（西四北六条23号的廊心墙雕刻"万"字图案，如图3-20所示），云的形状[2]，还有植物、动物、器皿的组合图案等。这些能指形式利用谐音、会意、象形等方式来表达其所指的意义[3]。如影壁的壁心一般是表征居住主体所期盼的吉祥如意的意义，通过莲花牡丹、荷叶莲花、钩子莲等表征富贵，也有通过雕刻吉祥文字，如"吉祥""福禄""鸿禧"等表征吉祥寓意[4]。"门当"和"户对"在其实用的建筑功能基础上，通过丰富的能指题材表征吉祥如意的文化。如五世（狮）同堂表征的所指是子孙满堂，而松鹤延年表征的所指是长寿等。北京西四北一至八条街区部分四合院不同戗檐所雕刻的图案如图3-21所示。部分四合院大门不同的博缝头图案如图3-22所示。部分四合院瓦当的雕刻图案如图3-23所示。部分四合院的脊饰和蝎子尾装饰如图3-24所示。部分

---

[1] 赵福莲：《"十里红妆"初探》，社会科学文献出版社2013年版，第163页。
[2] 赵倩、公伟、於飞：《北京四合院六讲》，中国水利水电出版社2012年版，第38—40页。
[3] 尼跃红：《北京胡同四合院类型学研究》，中国建筑工业出版社2009年版，第170—171页。
[4] 赵倩、公伟、於飞：《北京四合院六讲》，中国水利水电出版社2012年版，第95—96页。

四合院的倒挂楣子装饰如图3-25所示。

表3-14　　四合院雕刻、绘画等装饰表征的能指和所指

表征的能指形式			表征的所指文化意义	
植物图案		松	长寿	表征传统的吉祥寓意文化
		竹	清正傲骨	
		梅	清高	
		兰	"花中君子"，清雅、高尚	
		菊	"花中隐者"，清雅淡远	
		牡丹	荣华富贵	
		灵芝	吉祥如意	
		芍药	富贵	
		荷花	"出淤泥而不染，濯清涟而不妖"，高洁	
		萱草	子孙兴旺	
		海棠	富贵、兄弟和睦	
		石榴	团圆、团结、喜庆、长寿、辟邪趋吉、子孙万代等	
		葫芦	与"福禄"谐音，寓意富贵、长寿吉祥、多子多福	
动物图案		蝙蝠	与"福"谐音，寓意福	
		狮子	象征主人的武官身份	
		仙鹤	长寿	
		松鼠	多子	
组合图案	利用谐音组合	柿子、万字、如意	万事如意	
		蝙蝠、铜钱	福在眼前	
		莲花和鱼	连年有余	
		柿子、花瓶和鹌鹑	事事平安	
		如意和宝瓶	平安如意	
		花瓶和月季	四季平安	
		松树和仙鹤	松鹤延年	
		五个狮子	五世同堂	

第三章 西四街区的表征文化

续表

表征的能指形式			表征的所指文化意义	
组合图案	利用谐音组合	狮子绣球	喜庆欢乐	表征传统的吉祥寓意文化
		五个葫芦	五福临门	
		灵芝、水仙、竹子、寿桃	灵仙祝寿	
		喜鹊和梅花的"喜鹊登梅"	喜上眉梢	
		松树、仙鹤、梅花鹿	鹤鹿同春	
		五只蝙蝠、寿	五福捧寿	
		蝙蝠、寿桃、绳结	福寿绵长	
		戟磬乐器组合	吉庆	
	通过会意组合	牡丹、海棠	富贵满堂	
		牡丹、白头翁	富贵白头	
		蝙蝠、石榴	多子多福	
		葫芦和藤蔓	子孙万代	
		鸳鸯荷花	夫妻和睦	
		白玉兰和牡丹	玉堂富贵，富裕富贵	
		松鼠葡萄	"鼠"喻"子"，葡萄多子，所以寓意多子丰收	
		麒麟卧松	瑞气长存	
	利用象形图案组合	藩草图案（花草卷曲伸展，也称草龙）：竹叶纹、兰花纹、栀子花纹等；锦文图案：万不断、如意纹、云纹、连环纹、方环纹、回纹、龟背纹、冰裂纹、丁字锦、福字、寿字等	连续不断，福寿吉祥	
	通过神话传说（如明八仙和暗八仙）组合	葫芦、芭蕉扇、渔鼓、花篮、莲花、宝剑、笛、阴阳板	隐喻八位仙人，葫芦暗指铁拐李，芭蕉扇暗指汉钟离，花篮暗指蓝采和，渔鼓暗指张果老，莲花暗指何仙姑，宝剑暗指吕洞宾，横笛暗指韩湘子，阴阳板暗指曹国舅	

续表

表征的能指形式		表征的所指文化意义	
植物、动物、器皿等组合	松、竹、梅	"岁寒三友",文人的清高气节	表征励志文化
	大狮子、幼狮子	太师少师,代代高官	
	桂圆、荔枝、核桃	连中三元	
	莲花挂大斗	连升三级(斗与升同形)	
	以古时的宝鼎、酒具、砚台、笔筒、书案、宝瓶、博古架、画轴、青铜器皿等组成	"博古图案",寓意儒雅脱俗(多为文人所用)	

注：本表参照文献《北京四合院志》《北京胡同四合院类型学研究》《北京四合院六讲》等绘制。

图 3-20 西四北六条 23 号四合院廊心墙雕刻的"万"字图案

西四北五条7号（狮子抛绣球图案） 西四北八条5号（圆雕狮子） 西四北六条23号（葡萄） 西四北三条39号（梅花图案（有破损）） 西四北七条7号（牡丹）

西四北六条23号（葫芦） 西四北三条27号 西四北六条21号 西四北二条12号 西四北二条29号

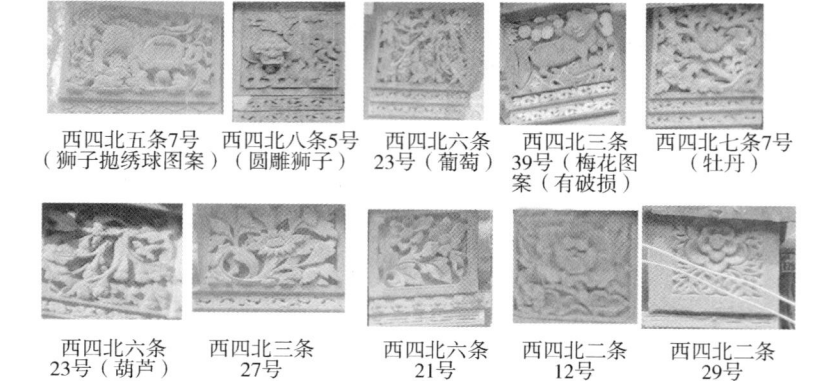

图 3-21 西四北一至八条街区部分四合院不同戗檐的雕刻图案

第三章 西四街区的表征文化

西四北三条19号 　　西四北六条23号 　　西四北二条29号

图3-22　西四北一至八条街区四合院大门不同的博缝头图案

西四北四条35号
双喜和花卉

西四北四条33号
福禄寿字样

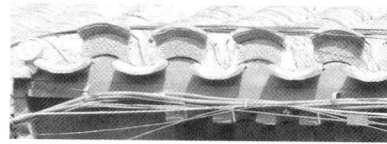

西四北七条33—35号
盘长图案瓦当

西四北三条9号
双喜和盘长

图3-23　西四北一至八条街区不同四合院瓦当的雕刻图案

西四北三条19号 　　西四北三条5号

图3-24　西四北一至八条街区不同四合院的脊饰和蝎子尾装饰

西四北二条54号后檐柱
步步锦棂心倒挂楣子

西四北二条29号后檐柱
菱形倒挂楣子

西四北二条54号前檐柱
灯笼锦棂心倒挂楣子

西四北三条27号后檐柱
"工"字形倒挂楣子

西四北三条5号后檐柱步
步锦棂心倒挂楣子

西四北五条27号后檐柱
步步锦棂心倒挂楣子

图 3-25 西四北一至八条街区不同四合院的倒挂楣子

三 表征的伦理教化文化

北京西四北头条至八条胡同四合院中，传统社会居民表征的能指形式和所指意义比较丰富，除表征传统的礼俗文化、传统吉祥寓意文化及励志文化外，还表征伦理教化文化。从其表征的位置来看，一般存在于门联、隔扇的裙板、象眼等处。从表征的能指题材来看，有历史人物故事、伦理名言等。从表征的能指形式来看，有彩画、木雕等。北京西四北头条至八条四合院居民伦理教化文化的表征如表 3-15 所示。

表 3-15　　　　　　　　院落居民伦理教化文化的表征

表征能指的形式	表征能指内容	表征所指意义
彩画、木雕等	二十四孝图	孝
	孟母三迁	孝
	木兰从军	孝
	岳母刺字	忠
	桃园三结义	义、仁
	梁山聚义	义、忠

注：本表参照文献《北京四合院志》《北京胡同四合院类型学研究》《北京四合院六讲》等绘制。

第三章 西四街区的表征文化

门联（门对子）是传统社会居民表征伦理教化文化的一种特殊的能指形式。门联一般雕刻于如意门和窄大门的门心板上。它是居民表征的文化，表达了居民的道德理想，或者表达了居民伦理教化的理想。如对福寿欢庆的祈盼，对重建孝悌忠信、文明礼仪的愿望，表达了他们敬祖启后、尊老爱幼、修身齐家等传统。门联一般采用平雕手法、运用楷书、隶书等正书字体，雕刻于门心板上的对联（一般左为上联，右为下联）[1][2]。这些对联题材和内容非常丰富，但不同于短暂的迎春的春联，一般归类为居民的道德理想和伦理教化理想。如门联"仁孝本诸性，仁义根于心"表达了居民崇尚儒家伦理的思想。但不同时期，居民表达的内容也有所不同，如传统社会的门联有"物华天宝，人杰地灵"，"文化大革命"时期有"四海翻腾云水怒，五洲震荡风雷激"等。毛主席语录也被刻在门联上[3]。有学者记述，前几年，北京西四北头条至八条四合院大门上，曾有不少的门联[4]，但后来很多都消失了，目前保留的较少（全北京城目前仅存的门联不足二百）[5]。如西四北二条17、19号四合院门板上保留有门联"大地流金、长空溢彩"。北京西四北头条至八条部分四合院大门上的门联如表3-16所示，现存部分门联如图3-26所示。

表3-16　　　　　西四北一至八条街区四合院大门门联

地址	门联	是否存留
西四北头条8号院	万物生辉，阳春佈德	是
西四北头条12号院	忠心贯家国，恕道希圣贤	是
西四北头条15号院	忠厚传家久，诗书继世长	是
西四北头条28号院	有德可高寿，无愁能延年	否
西四北头条27号院	德成言乃立，义在利斯长	否
西四北头条23号院	九州承泰，四季常春	否

---

[1] 段柄仁：《北京四合院志》，北京出版社2015年版，第67—68页。
[2] 王彬、徐秀珊：《北京老宅门》，团结出版社2002年版，第170页。
[3] 王彬、徐秀珊：《北京老宅门》，团结出版社2002年版，第170页。
[4] 朱彝尊：《曝书亭集》，商务印书馆1946年版，第234—242页。
[5] 丁超：《"住"在北京：北京居住文化》，东方出版社2007年版，第100页。

续表

地址	门联	是否存留
西四北二条 17、19 号院	大地流金，长空溢彩	是
西四北二条 41 号院	修生如执玉，积德胜遗金	否
西四北二条 7 号院	平生怀直道，大地扬仁风	否
西四北二条 4 号院	养浩然正气，极风云壮观	否
西四北二条 6 号院	居敬而行简，修己在安人	否
西四北二条 20 号院	恪勤在朝夕，俯仰愧古今	否

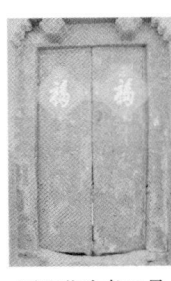

西四北二条54号　西四北头条8号　西四北头条12号　西四北头条15号

图 3-26　西四北一至八条街区部分四合院留存的门联

第二节　表征文化保护的缘由

一　表征文化的核心是和谐文化

中国自古就是一个注重和谐的国家，在古书中，与"和"有关的字眼频频出现。如《资治通鉴》卷六五中的"如其克谐，天下可定也"等①。虽然，传统社会的"和谐"思想有其历史的局限性，体现了一定的阶级性，是为统治的稳定，而与当今所说的"和谐"之意有所差别，但其追求谦让、敬老等优秀道德品质，追求社会稳定、安居乐业，与当下的爱国、创

---

① （宋）司马光：《资治通鉴》卷六十五，王学典编译，中国纺织出版社 2008 年版。

第三章　西四街区的表征文化

新等精神是一致的①。如有学者认为，传统等级秩序的"礼"剔除其尊卑贵贱，也深刻包含着目前社会主义和谐社会建设所必需的崇礼尚谦精神②。中国传统社会上层和下层表征的传统礼俗文化、吉祥寓意文化及励志文化、伦理教化文化，其核心都是和谐文化。

中国"礼俗"文化的核心是人与人之间的"和谐"。在传统社会，受儒家思想的深刻影响，礼俗文化是一种和谐文化。孔子之"君子和而不同，小人同而不和"认为，"不同"和"和"是"和谐"的两个重要因素，有等级和差别的不同才能"和"③。所以北京西四北一至八条街区四合院在院落形制、大门形制、院落装饰等方面表现的不同等级，实则也是一种和谐文化的体现。荀子之"礼者，贵贱有等、长幼有差、贫富轻重皆有称者也"认为，贵贱等级、贫富等级是一种"礼"④。"礼"是一种等级秩序，也是一种社会分工，使得社会安定和谐⑤。孔子之"礼之用，和为贵，先王之道斯为美"，礼的作用就是为能建立和谐的关系⑥。这"礼"也是人与人之间关系的一种秩序，这种秩序消除了等级和不同之间的对立和差异，构建和谐⑦。这说明北京西四北一至八条街区四合院在院落形制、大门形制、院落装饰等方面的礼俗和差异也是一种和谐文化。

北京西四北一至八条街区所表征的吉祥寓意文化及励志文化，其核心是人与自然之间的和谐文化。北京西四北一至八条街区能指的形式多是植物、动物、植物和动物的组合等，这体现了人们对大自然的重视以及人与自然之间的和谐。北京西四北一至八条街区四合院中轴对称、左

---

① 李方祥：《中国共产党的传统文化观研究》，中共党史出版社 2008 年版，第 324—325 页。
② 尹长云：《和谐与回归　儒家和谐思想及其当代价值研究》，中南大学出版社 2008 年版，第 85 页。
③ 张晓东、顾玉平：《社会和谐论：当代中国新社会治理理念的理性省思》，江苏人民出版社 2008 年版，第 15 页。
④ 安继民：《荀子》，中州古籍出版社 2006 年版，第 136 页。
⑤ 周德义：《和谐论》，湖南人民出版社 2012 年版，第 51 页。
⑥ 张晓东、顾玉平：《社会和谐论：当代中国新社会治理理念的理性省思》，江苏人民出版社 2008 年版，第 15 页。
⑦ 尹长云：《和谐与回归　儒家和谐思想及其当代价值研究》，中南大学出版社 2008 年版，第 145 页。

右平衡，表达了中正平和、人地和谐的态度①。孟子之"仁民爱物"认为，人是大自然的一部分，人与自然是和谐发展的②。

中国优秀传统文化中的忠、孝、敬、义等伦理教化文化的核心也是一种和谐文化。有学者认为，儒家主张的忠、孝、敬、义等文化是为了"和"，天下归仁，人们不"犯上作乱"，体现了一种和谐。儒家认为忠、信、义等也是维护社会秩序的准则，是一种和谐文化③。

二 居民对表征文化的认同

（一）访谈情况

为了了解目前北京西四北一至八条街区居民对表征文化的认同情况，居民对院落和谐文化的保护状况、居民的非表征活动等，以及为了分析本书中的其他问题，本书于2015年6月至2015年10月，对西四北一至八条街区不同居住年限的70位居民进行了深度访谈，每次访谈时间都在半小时以上，访谈对象基本情况如表3-17所示。

表3-17　　　　西四北一至八条街区重点访谈对象基本情况

编号	性别	称呼	年龄	居住胡同	身份信息	访谈时间
F1	男	朱DY	73	西四北五条	长期居住者	2015.6
F2	女	祁QM	70	西四北五条	长期居住者	2015.6
F3	女	李DF	85	西四北五条	长期居住者	2015.6
F4	女	王ZZ	64	西四北五条	老居民	2015.6
F5	男	张DG	64	西四北五条	长期居住者	2015.6
F6	女	王JD	64	西四北五条	长期居住者	2015.6
F7	男	陈PG	60	西四北四条	老居民	2015.6
F8	女	刘MJ	61	西四北三条	较老居民	2015.6
F9	男	王JT	63	西四北三条	较老居民	2015.6

---

① 苏天钧：《北京考古集成》，北京出版社2000年版，第577页。
② 周德义：《和谐论》，湖南人民出版社2012年版，第49页。
③ 周德义：《和谐论》，湖南人民出版社2012年版，第145—151页。

第三章 西四街区的表征文化

续表

编号	性别	称呼	年龄	居住胡同	身份信息	访谈时间
F10	女	李 BM	57	西四北二条	长期居住者	2015.9
F11	女	杨 XL	30	西四北三条	全新居民	2015.9
F12	男	王 BY	82	西四北三条	老居民	2015.9
F13	男	王 YD	85	西四北三条	长期居住者	2015.9
F14	男	周 QH	45	西四北四条	新居民	2015.9
F15	男	李 JZ	51	西四北四条	长期居住者	2015.9
F16	女	张 YR	75	西四北四条	长期居住者	2015.9
F17	女	任 JD	40	西四北五条	老居民	2015.9
F18	女	张 NS	43	西四北二条	较老居民	2015.9
F19	女	王 MN	35	西四北五条	较老居民	2015.9
F20	男	朱 RC	50	西四北五条	较老居民	2015.9
F21	女	杜 J	70	西四北五条	长期居住者	2015.9
F22	男	李 G	30	西四北六条	较老居民	2015.9
F23	男	温 SJ	45	西四北六条	新居民	2015.9
F24	女	王 DY	60	西四北六条	较老居民	2015.9
F25	女	李 D	30	西四北六条	新居民	2015.9
F26	女	刘 J	55	西四北二条	全新居民	2015.9
F27	男	李 G	63	西四北二条	老居民	2015.10
F28	女	杨 NS	69	西四北头条	长期居住者	2015.10
F29	男	王 SK	62	西四北五条	老居民	2015.10
F30	男	李 SS	75	西四北头条	长期居住者	2015.10
F31	男	李 Y	70	西四北八条	长期居住者	2015.10
F32	男	王 D	35	西四北八条	新居民	2015.10
F33	女	杨 SK	63	南兴胡同	长期居住者	2015.10
F34	女	张 AY	84	南兴胡同	长期居住者	2015.10
F35	男	白 SS	64	南兴胡同	长期居住者	2015.10
F36	男	李 DY	67	南兴胡同	长期居住者	2015.10
F37	男	王 G	63	西四北八条	长期居住者	2015.10
F38	男	郭 NT	60	西四北八条	长期居住者	2015.10

续表

编号	性别	称呼	年龄	居住胡同	身份信息	访谈时间
F39	女	杨JG	65	西四北八条	长期居住者	2015.10
F40	男	张BD	66	西四北八条	长期居住者	2015.10
F41	男	李SD	70	西四北八条	长期居住者	2015.10
F42	男	闫ZJ	37	西四北八条	新居民	2015.10
F43	女	杨DM	68	南兴胡同	长期居住者	2015.10
F44	女	张AY	82	南兴胡同	长期居住者	2015.10
F45	男	白SS	61	南兴胡同	长期居住者	2015.10
F46	男	李DY	69	南兴胡同	长期居住者	2015.10
F47	男	王G	67	西四北八条	长期居住者	2015.10
F48	男	郭B	56	西四北八条	长期居住者	2015.10
F49	女	张J	62	西四北八条	长期居住者	2015.10
F50	男	张DG	65	西四北八条	长期居住者	2015.10
F51	女	毛NQ	75	西四北六条	长期居住者	2015.10
F52	女	周DJ	60	西四北六条	长期居住者	2015.10
F53	女	石DJ	58	西四北六条	老居民	2015.10
F54	女	陈P	58	西四北六条	老居民	2015.10
F55	男	王Y	83	西四北六条	长期居住者	2015.10
F56	男	汤DY	67	赵登禹路	长期居住者	2015.10
F57	女	梁DJ	65	赵登禹路	长期居住者	2015.10
F58	女	周J	66	赵登禹路	长期居住者	2015.10
F59	女	杨J	64	赵登禹路	长期居住者	2015.10
F60	男	王DY	70	西四北五条	长期居住者	2015.10
F61	男	和DG	61	西四北四条	长期居住者	2015.10
F62	男	李Q	50	西四北大街	较老居民	2015.10
F63	男	朱X	38	西四北三条	较老居民	2015.10
F64	男	颖DY	73	西四北三条	长期居住者	2015.10
F65	男	李W	61	西四北三条	长期居住者	2015.10
F66	女	王Q	59	西四北三条	长期居住者	2015.10
F67	男	杨WZ	73	西四北三条	长期居住者	2015.10
F68	男	李Y	58	西四北三条	长期居住者	2015.10

第三章 西四街区的表征文化

续表

编号	性别	称呼	年龄	居住胡同	身份信息	访谈时间
F69	女	王Z	64	西四北头条	长期居住者	2015.10
F70	男	马XS	58	西四北三条	长期居住者	2015.10

（注：居住时间大于等于50年的为长期居住者；居住时间大于等于30年，小于50年的为老居民；居住时间大于等于15年，小于30年的为较老居民；居住时间大于等于5年，小于15年的为新居民；居住时间小于5年的为全新居民）。

（二）问卷调查情况

为了调查居民对表征文化的了解及认同情况、居民对和谐文化的保护状况、影响院落和谐文化保护的因素等问题，本书设计了调查问卷（问卷见附录1），并于2015年3月至6月对西四北一至八条街区的居民进行了调查，共发放问卷115份，有效问卷（指如实回答被调查者的想法，回答内容清晰，且回答问卷的主要题目的问卷[1]）104份，有效回收率90.43%。

本次调查采用分层配额随机抽样的方法。抽样调查是在非全面调查中运用概率统计理论指导的抽样调查方法，比起全面调查，它可以节省时间、人力和物力，且可以通过总体中部分个体的调查数值推算总体的指标数值。从大的方面来说，抽样方法包括非随机抽样和随机抽样两种方法，前者又包括方便抽样、配额抽样、判断抽样。而这些抽样方法不能保证每个个体被给予均等的进入样本的机会。[2] 随机抽样包含简单随机抽样、分层抽样、系统抽样、多阶抽样等方法。实际调查中，往往会将这些方法组合使用，任何一种都可以和另一种同时存在。但是任何一种抽样设计都应该有一个配套的数据处理方法，抽样与估值组成一个方案[3]。本书采取的是一种分层配额随机抽样。首先，根据居住地址，分为

---

[1] 辽宁省哲学社会科学成果奖评审委员会：《辽宁省哲学社会科学获奖成果汇编2003—2004年度》，辽宁人民出版社2007年版，第448页。

[2] ［美］杰克·莱文、詹姆斯·艾伦·福克斯：《社会研究中的基础统计学》，王卫东译，中国人民大学出版社2008年版，第167—171页。

[3] 孙山泽：《抽样调查》，北京大学出版社2004年版，第9—10页。

西四北头条至八条八个层,根据每个层院落的数量,分配每条胡同的样本数。其次,在每条胡同里,配额男女比例相同、本地与外地人比例相同。最后,在这些条件下,进行随机抽样,每个院落收到一份问卷。

本次调查,问卷的第一部分是对居民个人基本属性的调查,包括居住地址、年龄、性别、职业、月收入等。第二部分是对院落居住文化的了解认同及和谐情况的调查。第三部分是对和谐文化保护的影响因素的调查。本次调查问卷的特征如表3-18所示。

表3-18　　　　　　西西北一至八条街区调查问卷特征

方法	步骤	有效/总受访者,有效回收率	调查时间
分层配额随机抽样方法(这种方法可节省时间、人力和物力,且可通过部分个体的调查值推算总体的指标值,也可以给予每个个体均等的进入样本的机会)	(1)根据每条胡同四合院的数量及该区域576个院落,将115份样本按比例分配至每条胡同 (2)在每条胡同里,配额男女比例相同、本地与外地人比例相同。 (3)在这些条件下,进行随机抽样。每个院落收到一份问卷。	104/115,90.43%	2015年3—6月

(三) 居民对表征文化的了解和认同

一些学者认为地方认同是内生的,是通过表征文化产生的。如地理学者诺伯格-舒尔茨(C. Norberg-Schul)认为,"地方"概念的主要意义是其内部性,地方认同是内部的[1]。地理学者林登(D. Lyndon)也认为,地方最本质的特征是其内部性的创造,地方认同是内部的[2]。加拿大人文主义地理学家雷尔夫(E. Relph)认为,地方的内部性是我者对一个地方的生活经验,是地方的一部分。他将人们对地方的认同分为七个层次:存在的外在经历,客观的外在经历,偶然的外在经历,间接体验的内在经历,行为的内在经历,移情的内在经历,存在的内在

---

[1] Norberg-Schulz, C., *Existence, Space & Architecture*, New York: Praeger, 1971, p. 25.
[2] Lyndon, D., et al., "Towards Making Place", *Landscape*, Vol. 12, No. 3, 1962, pp. 31–41.

第三章　西四街区的表征文化

经历[①]。有学者认为，地方认同基于地方意义，地方意义可以调节日常生活的压力[②]。有学者认为，地方认同通过影响人们对地方、对他人、对自己的意义和重要性，影响一个人的连贯感和健康；地方认同影响人们的社区感；地方认同是地方感的一个子集，它影响人们和地方的关系。

从访谈情况看，西四北一至八条街区大部分的居民对表征文化是认同的。具体来说，居民对四合院表征文化的了解和认同情况与居民的年龄、居住年限、房屋的产权有关。居民的年龄越大、居住年限越长、房屋的产权为私有的居民，对西四北一至八条街区四合院表征文化的了解和认同程度越高。如年龄较大的几位长期居住者认为，"把杂院恢复到原来的四合院的样子就好了，改成以前标准的四合院（F51）。""大杂院是历史造成的。要改就改成以前的四合院。（F60）""把院子里杂的都给拆了，按照原来的样子恢复（F55）。""腾退，改成以前那种四合院（F61）"。而居民的年龄越小、居民年限越短、产权不为自己所有的居民对表征文化的了解和认同程度越低。如有居民（F10）对四合院的表征文化不了解，认为，传统四合院没有必要保留，居住不舒适且有安全风险。有居民（F11、F23）对表征文化不了解，所以谈不上认同。有居民（F24）对表征文化比较了解，但是认同度低，认为绝大部分四合院人口密度太大，生活质量太低，没有必要保留。

调查问卷统计的结果与访谈结果相吻合。具体来说，不同产权形式的房屋的居民对表征文化的了解情况不同（如图3-27所示），从图可以看出，住宅为私产的居民对表征文化大都完全了解。租房管局的房子的居民，对表征文化"比较了解"所占比例最大。租集体产权的房子的居民对四合院表征文化的了解程度所占比例最大的为"一般"。而向原来租户再租房的居民对表征文化的了解中，"完全不了解"所占比例最大。而居民对表征文化了解的来源，经访谈，主要有口传和文字资料两种方式。

[①] Relph, E., *Place and Placeles Sness*, London: Pion, 1976, pp. 49–55.

[②] Korpela, K. M., "Place-identity as a Product of Environmental Self-regulation", *Journal of Environmental Psychology*, Vol. 9, No. 3, 1989, pp. 241–256.

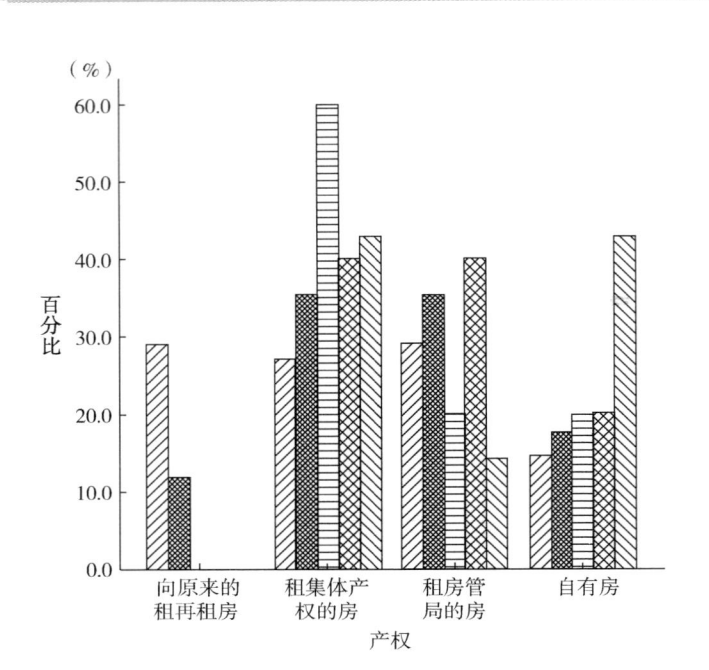

图 3-27 房屋为不同产权形式的居民对表征文化的了解情况

第三节 单保护表征文化的局限性

表征文化的核心是和谐文化。大部分居民对表征文化也比较了解及认同，表征文化应该受到保护，以往的研究也多集中于某一方面的表征文化的保护方面。然而，表征文化也有其局限性。局限性主要体现在以下几方面。

第一，表征文化不能全部体现出街区的地方性和独特性。

表征文化是由于人们的建构所形成的一种认知的框架，它是在北京多数历史文化街区都适用的一种框架，只能体现北京与其他地方的差别，而体现不出西四街区与北京其他历史文化街区的差别，所以其体现街区地方性（"地方性"指一个地方的个性，它会加强人们的地方认同，而地方性的丧失意味着一个地方变得无地方性，从而会弱化人们的地方认同，

第三章　西四街区的表征文化

并使各个地方看起来相像①）和独特性的力量有限。在经济全球化的背景下，历史文化街区的保护既需要保护区域文化的共性，更需要保护地方文化的个性，这样才能防止千篇一律，千城一面，而促进文化多样性的保护。而表征文化大部分是被建构的，是人们根据文字资料记载，根据社会环境里的规矩和制度建构的。虽然西四街区的部分表征能指能够体现该街区的代表性，如西四北六条23号第二进院正房隔扇裙板上的装饰在其他的历史文化街区是少见的，西四北五条7号戗檐上雕刻的狮子绣球图案在别的历史文化街区也是少见的，这些表征能指在一定程度上体现西四街区的典型性。但从西四街区整体三方面的表征文化来说，体现不出其地方性和独特性，因为其表征文化与北京其他历史文化街区建构的表征文化大同小异。因此，只有长期居住在此的居民根据日常身体实践所创造的非表征文化才更能构成该街区的地方性和独特性。

第二，表征文化忽视了居民对地方的情感。表征在人们经验之前就存在，忽视了人们对地方的具体经验，不能使人们对地方产生情感。而地方感对人们具有积极的意义。居民对地方的情感影响人与地方的关系、人与他人的关系、人对自己的意义和重要性，从而影响一个人的连贯感和健康。人与地方相互作用是人们社会化过程的一部分②，甚至，美国福特汉姆大学文化社会学者麦卡锡（E. D. McCarthy）认为，地方意义比其他的人们社会化的要素更有效，因为它们更稳定。③ 雷尔夫在其专著《地方和无地方性》（*Place and Placelessness*）中将人们对地方的感情（地方认同）分为七个层次，对地方情感最高的两个层次是移情的内在经历和存在的内在经历层次。在这两个层次中，人对地方有强烈的地方感，这种地方感是主动的、充满意义的，以至于人会主动讴歌地方之美④。

第三，表征文化缺乏创新与活力，经分析，西四街区的表征文化大

---

① Relph, E., *Place and Place lessness*, London: Pion, 1976, pp. 1 – 55.
② Korpela, K. M., "Place-identity as a Product of Environmental Self-regulation", *Journal of Environmental Psychology*, Vol. 9, No. 3, 1989, pp. 241 – 256.
③ McCarthy, E. D., "Toward a Sociology of the Physical World: George Herbert Mead on Physical Objects", *George Herbert Mead. Critical Assessments*, No. 4, 1984, pp. 215 – 229.
④ Relph, E., *Place and Placelessness*, London: Pion, 1976, pp. 2 – 45.

文化表征与非表征的理论与实践:北京西四街区文化的综合保护

部分来自文字资料的记载,并大部分被附着在建筑上,这些表征文化具有易于被记载、被传播的优点,但也缺乏创新与活力,因为表征它们的符号是静止的。而不像非表征文化,被承载在活生生的人身上,可以被创新,也更具有活力。而社会主义文化的大发展、大繁荣,不仅需要保护相对固定的优秀传统文化,还需要进行文化的创新。所以在这点上,表征文化有局限性。

总之,经过分析发现,西四街区表征文化的局限性,概括来说,太偏重于建构文化,偏重于文字资料,偏重于建筑及空间的共性,而其对居民的身体实践的研究、情感的研究、情境的研究、具体文化的研究、地方个性的研究等有所忽视。有学者认为,表征理论还存在如下缺点:第一,表征理论从建构的角度理解事物,建构先于实践,意义在经验之前就存在;第二,表征理论建构的认知模型不重视研究对象本身,不重视个体文化的特殊性,不重视地方性;第三,表征理论限定在一个理论框架中,太容易退步;第四,表征理论忽视了物质环境,忽视了实践[1][2]。所以,表征文化只能成为北京历史文化街区传统居住文化保护的部分内容。历史文化街区单单保护表征文化是不全面的。

---

[1] Revill, G., "Cultural Geographies in Practice Performing French Folk Music: Dance, Authenticity and Nonrepresentational Theory", *Cultural Geographies*, Vol. 11, No. 2, 2004, pp. 199–209.

[2] Helbrecht, I., "Bare Geographies in Knowledge Societies-creative Cities as Text and Piece of Art: two Eyes, one Vision", *Built Environment*, Vol. 30, No. 3, 2004, pp. 194–203.

第四章 西四街区的非表征文化[*]

北京历史文化街区除保护表征文化外，还应该保护非表征文化。本章将按照图4-1所示的分析框架分析西四街区的非表征文化。

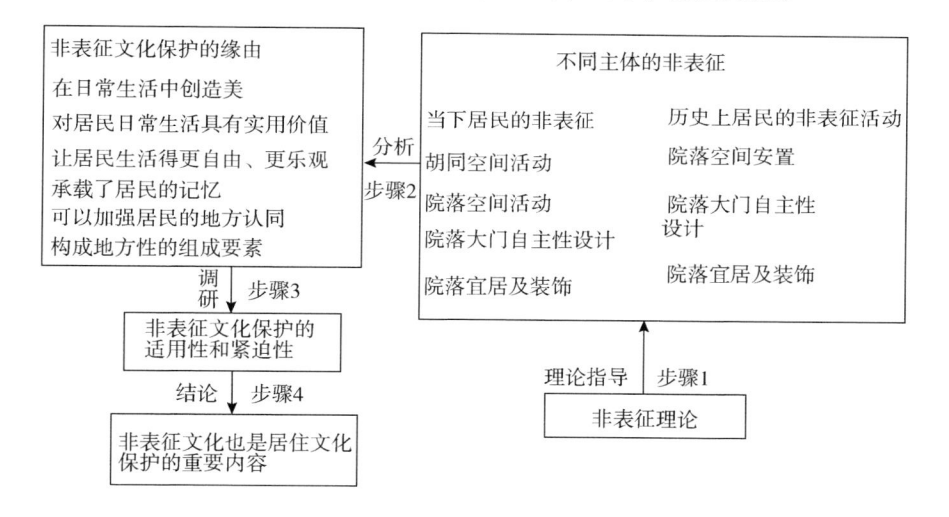

图4-1 第四章"西四街区的非表征文化"分析框架

第一节 当下居民的非表征活动

北京西四北一至八条街区中现住居民根据日常生活的身体实践创造

---

[*] 本章的部分内容及图片已发表，参见成志芬《历史文化街区表征与非表征之间的关联——以北京历史文化街区文化意义变化分析为例》，《人文地理》2021年第2期。

文化表征与非表征的理论与实践：北京西四街区文化的综合保护

了一些非表征活动，下面从胡同空间活动、院落空间活动、院落大门自主性设计、院落宜居及装饰方面列举几个案例。

一 胡同空间活动

居民在胡同里的文化休闲活动是居民根据身体实践进行的一项非表征活动。非表征理论强调从时空路径来实践意义，而不是外部强加意义[①]。日常生活是情感丰富的表达[②]。目前，北京西四北一至八条街区没有规划起来的文娱设施，虽然《北京西四北一至八条街区整治与保护规划》中，规划"利用街头空地，安排户外体育、娱乐设施。对现有历史建筑进行功能置换，安排社区活动场所"，大部分居民对此非常赞同，但这项规划未被官方实施。目前，这些设施也并没有规划建设起来。而胡同里，经考察，并经访谈发现，没有建成的文娱空间，如有居民认为，"这里没有文娱设施，没有建起来。有文娱设施好啊，但没有（F28）"，有居民认为，"原来胡同里有下棋的，但现在汽车太多，没人下了（F09）"。所以部分居民根据身体实践，在胡同里空间宽敞的地方，或者大树底下，自行选择一个地方聊天。这项活动是居民的非表征活动，第一个原因：这项活动是居民自己根据身体实践的一项创造活动，没有固定的内容和方式，有时聊天，有时下棋等。从与年龄较大的长期居住者的访谈中了解到，在其记忆中，居民在胡同聊天、下棋等娱乐活动是1949年前后的事情："以前胡同里曾有专门的交流聊天空间，现在也没有了，以前家里没空调，大家吃完饭，泼盆水，很凉快干净，大家就去一起聊天。有固定的地点，一个胡同几家凑一个点，现在路过这个地点还能想起以前的事，但现在没这空间和景象了（F01）。"目前一些居民利用自家附近的房前空地、自己摆设座椅、建立了聊天等休闲空间。如图4-2所示，一些居民选择在倒座房的墙外，一棵繁茂的大树下，摆设椅子，进行聊天（如图4-3）。其中一

---

① Thrift, N., "Steps to an Ecology of Place", in Allen, J., Massey, D. & Sarre, P., eds., *Human Geography Today*, Cambridge: Polity Press, 1999, pp. 295 - 322.

② Rubidge, S., "Nomadic Diagrams: Choreographic Topologies", *Choreographic Practices*, Vol. 1, No. 1, 2011, pp. 43 - 56.

第四章 西四街区的非表征文化

位居民认为,"大树下凉快,在这聊天(F48)"。第二个原因:居民聊天交流,在目前邻里关系不是特别和谐的氛围下,可以促使人与人之间产生信任,促使居民之间建立融洽的邻里关系,从而促使居民对西四地区产生认同,也即该聊天等休闲空间产生一个情感性的空间,这对于胡同文化的建设也非常重要。第三个原因:这项活动间接地对胡同的安全、院落的安全起到积极的作用。

图4-2 居民选择自己院落附近空地作为聊天和休闲空间

图4-3 居民选择大树下、后墙外作为聊天空间

文化表征与非表征的理论与实践：北京西四街区文化的综合保护

居民在固定的时间、胡同里固定的位置聊天这项非表征活动是一种"地方芭蕾"现象。"地方芭蕾"是由美国地理学家西蒙（D. Seamon）基于现象学而提出的概念。西蒙首先提出了"身体芭蕾"的概念。身体芭蕾是一组能够维持特殊任务的人们的综合行为，是人类技能的一部分。它们总体组成了特殊个人的生活。人类的行为是惊人的、有节奏的，通常不要求人们对其付出注意力，却能按照惯常、依据惯性正常进行。身体芭蕾是顺利的、流畅的和有节奏的，是综合的、相互协调的。他还提出"时空惯常"（time-space routine）的概念，它指人的一组习惯性的身体行为随着时间进行扩展。人每天的活动按照该惯常进行①。如每天在固定的时间、固定的地方，做固定的事情。每天7点半起床，上厕所，8点出门，在街上看报纸，吃早餐，9点到办公室等，每天下午6点到9点在厨房等。时空惯常是人们日常生活必不可少的组成部分，它可以让人们把注意力集中于更重要的事情和需要上。另一方面，时空惯常也不容易被打破。在此基础上，西蒙把"身体芭蕾"（body ballet）和"时空惯常"结合在一起，提出了"地方芭蕾"（place ballet）的概念。他认为，由于人们在一个地方的持续的、定期的活动，"地方芭蕾"能使人们产生强烈的地方感。"地方芭蕾"是把"身体芭蕾"和"时空惯常"固定在某个地方（区位）。②

居民的这种文化休闲活动（即地方芭蕾）把人们、地方、时间结合在一起，使得人们之间产生重复的交流和沟通，使人们之间产生友好和亲密感，使人们对这个地方产生归属感。人们在相同的时间、相同的空间聚集在一起，他们认出彼此，经常参与谈话，这些日常的、理所当然的人际活动，使得这些地方包含了一种地方感，这种地方感每个人都在创造并维持。地方芭蕾中的"地方"正如雷尔夫所说的，是"存在内部

---

① 成志芬、周尚意、张宝秀：《"乡愁"研究的文化地理学视角》，《北京联合大学学报》（人文社会科学版）2015年第4期。

② Seamon, D., "Body-subject, Time-space Routines, and Place-ballets", in Buttimer, Anne, and David Seamon, eds. *The Human Experience of Space and Place*, London: Croom Helm, 1980, pp. 148–159.

第四章　西四街区的非表征文化

性"(existential insidedness)的地方[①],充满意义,通过人们时空习惯模式的相遇,地方的活力被越来越多地进入该空间的人分享。地方芭蕾使得人与人面对面,产生合作和信任。人们之间的熟悉是自然规律的结果,地方芭蕾能使人舒适地互动,使地方产生惊喜和新奇[②]。地方芭蕾与人的自我连贯性相关,人们更易依恋这些连贯的地方,地方芭蕾是地方依恋的重要原因[③]。人和地方互为基础,地方促使事情发生,需要人作为中介[④]。当一个人作为地方的"我者"时,意识不到地方的价值,而当他离开其地方时,意识到了该地方的价值[⑤][⑥]。地方芭蕾的场所能够使人们产生归属感。这种活动是居民每天在固定的时间、固定的地点进行聊天,而这种"时空惯常"和居民的"身体惯常"的结合,即是一种典型的非表征。因"地方芭蕾"的地方具有吸引力(attraction)、多样性(diversity)、舒适性(comfortableness)、邀请(invitation)、特色(distinctiveness)、眷恋/附属(attachment)的特性,所以,该项活动使西四北一至八条街区具有吸引个人进行惯常活动的魅力,具有活动类型的多样性,使人们感觉身体和心理双方面的舒适性、含有某种地标性景观的特色、具有邀请陌生人加入的吸引力、让参与者对此产生热爱和依恋[⑦]。加拿大地理学家大卫·莱(David Ley)也认为,地方的意义是为主体而存在,随着主体的

[①] Relph, E., *Place and Placelesness*, London: Pion, 1976, p. 55.

[②] Seamon, D., "Body-subject, Time-space Routines, and Place-ballets", in Buttimer, Anne, and David Seamon, eds. *The Human Experience of Space and Place*, London: Croom Helm, 1980, pp. 159 – 165.

[③] 古丽扎伯克力、辛自强、李丹:《地方依恋研究进展:概念、理论与方法》,《首都师范大学学报》(社会科学版)2011年第5期。

[④] Paul C. Adams, Steven D. Hoelscher, Karen E. Till, *Textures of Place: Exploring Humanist Geographies*, Regents of the University of Minnesota, 2001, p. 232.

[⑤] 成志芬、周尚意、张宝秀:《"乡愁"研究的文化地理学视角》,《北京联合大学学报》(人文社会科学版)2015年第4期。

[⑥] Williams, D. R., Susan, I. Stewart, "Sense of Place: An Elusive Concept that is Finding a Home in Ecosystem Management", *Journal of Forestry*, Vol. 96, No. 5, 1998, pp. 18 – 23.

[⑦] Seamon, D., *A Geography of the Lifeworld: Movement, Rest and Encounter*, Croom Helm, 1979. 转引自李悦《皖南古村落地方芭蕾与地方意义研究——以宏村、西递为例》,硕士学位论文,北京林业大学,2014年。

文化表征与非表征的理论与实践：北京西四街区文化的综合保护

目的不同而变化。①②③ 所以这项非表征活动也使得西四北一至八条街区具有活力。

二　院落空间活动

这里列举居民在院落公共空间的不成文约定。如今，西四街区部分院落有卫生间这一公共空间，部分院落没有。而历史时期，西四街区四合院是有卫生间的。如有文学家记述，民国时期受壁胡同的一个四合院，"我到西屋后夹道厕所中"，说明当时四合院是有单独厕所的，有的厕所位于西厢房之西的夹道中④。访谈中有居民认为，"小时候院里有厕所，现在没有了（F48）"。而目前，大部分四合院是没有卫生间的，只在胡同里设立一个公共卫生间。多数居民呼吁设置卫生间空间，如多数居民反映，院内最好有单独的卫生间。如果条件允许，希望每家每户都有自己的卫生间，如果条件不太好，希望每个院落有一个卫生间。如有居民认为，"原地拆建，弄个卫生间。尤其是给年龄大的人，晚上九点、十点还上公共厕所呢，有一站地那么远。冬天下大雪那么远，摔了谁管呢（F43）"。有居民认为，"南北房应该两家住，东西厢房当厨房、厕所，原来每个院子都有厨房和卫生间，现在去公共厕所都得排队（F50）"。有居民认为，"满足基本的生活条件，有厕所、下水好（F53）"。"我住60年了，厕所是一老大难问题（F45）。"

如今，在有卫生间的四合院内，一些居民根据身体实践、根据情境对卫生间这一公共空间达成一些不成文的约定。其表现在，第一，居民根据情境，形成了打扫院落厕所的民间约定，那就是轮流翻牌打扫厕所。这项约定是民间自创的，它很好地解决了居民共用厕所时因卫生问题引

---

① 成志芬、周尚意、张宝秀：《"乡愁"研究的文化地理学视角》，《北京联合大学学报》（人文社会科学版）2015年第4期。
② 成志芬、张宝秀：《地方学与地域文化研究的"地方"和"地方性"视角》，奇朝鲁主编《论地方学建设与发展——中国地方学建设与发展研讨会集》，内蒙古人民出版社2013年版，第6页。
③ ［美］理查德·皮特：《现代地理学思想》，周尚意等译，商务印书馆2007年版，第128—220页。
④ 王永斌：《北京的商业街和老字号》，北京燕山出版社1999年版，第202页。

第四章　西四街区的非表征文化

起的言语甚至身体的冲突,这一约定得到了大家的一致认可。第二,一些居民自己设置了卫生间空间,如西四北六条9号院内的居民自己建造了卫生间空间。西四北六条17号院落的居民共同策划安置了新式的卫生间空间(如图4-4)。第三,一些居民在卫生间门的位置等处利用文字提醒居民维护卫生间环境。如西四北四条25号的居民在院落卫生间的门上写上了"注意卫生"的提醒字样(如图4-4)。以上这些约定都没有固定的内容和格式,各个院落都不同,也没有被记载下来。但按照约定的做法使居民身心愉悦,可见,非表征理论注重身体的物质性①。

西四北六条9号

西四北六条17号

西四北四条25号

图4-4　西四北一至八条街区居民关于卫生间空间的非表征

三　院落大门自主性设计

目前北京西四北一至八条街区居民在历史上居民对门扇表征和非表

---

① Helbrecht, I., "Bare Geographies in Knowledge Societies—creative Cities as Text and Piece of art: two Eyes, one Vision", *Built Environment*, Vol. 30, No. 3, 2004, pp. 194-203.

文化表征与非表征的理论与实践：北京西四街区文化的综合保护

征活动的基础上，根据身体的实践，发展了新的非表征活动，在其外加装铁栅栏或者加装防盗门。居民的这种非表征活动体现了一种创新。首先，这种非表征活动实现了现住居民对历史上居民表征和非表征文化的保护。在门扇外加装铁栅栏或者防盗门，并没有破坏原来的大门、大门部件及其装饰的表征，如大门形制、门头雕刻、门头彩画、门墩、户对、门联、大门象眼等。这种非表征活动也没有破坏历史上居民的非表征活动，如门钹、门包叶等。所以在门扇外加装铁栅栏或者防盗门保护了传统四合院的表征文化和非表征文化，为优秀传统文化的延续和传承提供了基础。而不像部分四合院把门扇整体换为铁门，破坏了历史上居民的门联表征文化和门钹、门包叶的非表征文化，如在北京西四北一至八条街区，部分四合院大门被换为铁门，包括西四北八条 22 号、西四北三条 13 号、西四北八条 42 号等（如图 4-5 所示）。其次，居民的这种非表征活动实现了居民居住安全的目的，是现住居民在新的社会环境下的一种创新活动。居民实现居住安全的方法有很多种，如上面所说的把门扇全部改为铁门、防盗门等，而现住居民在不破坏历史上居民表征和非表征文化的条件下，这种活动不失为一种创新。这些铁栅栏或防盗门的样式都不一样，但都起到防盗的作用，使四合院居民在实践中人身安全和隐私有了保障，使居民在外出时心里更加放心。这正如有学者认为，非表征强调日常生活中的实践流[1]。最后，打开防盗门，方便游客的参观，方便游客了解北京四合院的优秀传统文化。大门的铁栅栏只起到防盗的作用，而其关闭与否是不影响居民参观、了解和学习四合院大门的优秀传统文化的。如果游客需要进入院内参观，那么只需要让居民把其打开即可。所以，综上几点，在大门外加装铁栅栏或者加装防盗门是现住居民根据身体实践的一种具有创新意义的非表征活动。北京西四北一至八条街区居民在大门外加装铁栅栏或者防盗门的四合院如图 4-6 所示。

---

[1] Thrift, N., "Dewsbury, J. D., Dead Geographies-and How to Make Them Live", *Environment & Planning D: Society & Space*, Vol. 18, No. 4, 2000, pp. 411–432.

第四章 西四街区的非表征文化

西四北八条22号　　　　　西四北三条13号

西四北五条56号　　　　　西四北八条42号

图4-5　西四北一至八条街区部分四合院大门门扇被换为铁门

西四北六条31号　　西四北二条12号　　西四北四条33号

图4-6　西四北一至八条街区部分四合院大门加装铁栅栏或者防盗门

· 169 ·

四 院落宜居及装饰

(一) 在房顶或夹缝空间中养花

北京西四北一至八条街区的居民根据身体实践在房顶或者院落的夹缝空间中养花是一种非表征活动。首先，在目前院落人口密度较大、公共空间所占比例较低的情况下，居民在自己家的房顶或者夹缝空间中种植绿植，不是居民从书本里学来的，也不是当地居委会的要求，而是居民在日常生活的实践中，在这种拥挤的院落空间的条件下自行创造的，这种养殖方式节省了空间。正如有学者认为，非表征理论让主体通过一种直观的方式了解一些事情，而不是通过科学意义上的术语了解[①]。其次，这种活动蕴含着居民的创造力，在房顶养花可以形成空中花坛（如图4-7所示），在夹缝公共空间中种植花卉或者蔬菜，也极大地美化了环境，有些夹缝空间是在自己家附近（如图4-8所示），而有些夹缝空间并不在自己家的房屋周围（如图4-9所示）。如西四北六条9号一处植被就是前院的人在后院公共空间种的，"像那个地方，是前院的三家一起种的，那也不是他们房子周边的地方（F51）"。

图4-7 居民房顶种植绿植

---

① Dirksmeier, P. & Helbrecht, I., "Time, Non-representational Theory and the 'Performative Turn'—Towards a New Methodology in Qualitative Social Research", *Forum Qualitative Sozialforschung/ Forum: Qualitative Social Research*, Vol. 9, No. 2, 2008, p. Art. 55, http://nbnresolving.de/urn:nbn: de:0114-fqs0802558.

第四章 西四街区的非表征文化

图4-8 居民自家附近夹缝空间种植绿植

图4-9 居民非自家附近夹缝空间中种植绿植

(二)"新式"天棚

现住居民在四合院里用玻璃、草席、钢筋等材料搭建天棚是居民的一种非表征活动。历史上,居民在夏天曾用竹竿、芦席、杉篙、麻绳等材料搭建天棚用来消夏。而如今,居民搭建天棚的材料发生了变化,但其仍为居民的一项非表征活动。"新式"天棚没有固定的样式和材料,但具有以下优点。第一,居民是根据身体实践进行的这项活动,其身体实践的基础仍然是北京的冬冷夏热,不同的是这些新式天棚不仅在夏天可以用,在冬天仍然可以用。天棚冬天可以挡风,夏天可以遮阳。第二,这项活动中,蕴含着居民的创造力,用玻璃材料,不影响院落的视线、光亮等,而且可以收放自如,草席也具有收放自如的特点。北京西四北一至八条街区部分四合院的新式天棚如图4-10所示。

文化表征与非表征的理论与实践：北京西四街区文化的综合保护

西四北五条58号（北师大附小食堂）　　西四北二条52号(私人住宅)

图4-10　西四北一至八条街区部分四合院的新式天棚

第二节　历史上居民的非表征活动

历史上居民在日常生活中根据身体实践创造了很多的非表征文化，这些非表征文化都是从无到有，而随着历史的发展，其中大部分非表征活动都消失了，留存下来的只是很少的一部分。

一　院落空间安置

（一）二门及看面墙

北京西四北头条至八条胡同四合院中，二门及看面墙（围墙）的安置是日常生活中居民根据情境而产生的非表征活动。此门及墙的安置是居民在日常生活中创造的。《宸垣识略》中记载畅春园里即有垂花门[①]，而普通四合院中也有二门（以垂花门为代表）。可见，二门是根据身体实践设计的。其创新主要表现在，第一，居民安置二门及看面墙是为了分割内院和外院。它们起到防卫内院的安全、阻隔外院的视线等作用。作为主人一家生活起居的内院是具有私密性的，其要区别于男仆和客人经

---

① （清）吴长元：《宸垣识略》卷十一，北京古籍出版社1983年版。

第四章 西四街区的非表征文化

常出入的外院，所以居民在四合院的中轴线上设计一个门，在其两侧设计围墙，这样居民就可以利用这个门和院墙对内院进行安全防卫，并隔断外院的视线。第二，二门被安置在院落的中轴线上，它和正房、倒座房的中间房在一条主线上，二门是这条主线的一个很重要的节点，院落十字甬道、抄手游廊依此而向两边展开[1]。第三，二门和表面墙的建筑形式多样，却在设计上是占天不占地，节省了院落空间。二门有垂花门、小门楼、月亮门等形式。垂花门又有一殿一卷式垂花门、单卷垂花门、独立柱担梁式垂花门三种形式。居民四合院中常用的是一殿一卷式垂花门，即垂花门的屋面有两卷，前面一卷为悬山顶，后面一卷为卷棚顶。月亮门形似月亮，只在看面墙中间开辟一座圆形门。小门楼是直接在看面墙上用砖砌出一个简洁的门。看面墙的建筑形式有素面抹白灰的，有类似影壁的中心砖雕和四角岔花的等。第四，二门（尤其是垂花门）一般都有很精致的装饰，是四合院中最华丽的门。这些装饰一般雕刻在其向下悬挂的两个短柱——垂莲柱上，连接两个垂莲柱之间的花罩上，以及梁头上等。如梁头可被雕刻成麻叶梁头，其梁枋和朝院内的屏门一般被设计成绿色等[2]。由于不同朝代对二门的规制以及雕刻没有明确的规定，所以四合院的垂花门，尤其是富裕人家的垂花门，一般被装饰得非常漂亮和精致[3][4]。北京西四北一至八条街区部分四合院的垂花门的装饰情况如表4-1所示，部分垂花门如图4-11所示。

表4-1　　西四北一至八条街区部分四合院垂花门装饰情况

地址	花板花罩	其他
西四北三条19号	缠枝图案	梁架有苏式彩画
西四北三条39号（程砚秋故居）	花罩缠枝图案	
西四北六条23号	花板透雕	

---

[1] 王伟光：《民俗全书　典藏精品版》，黑龙江科学技术出版社2012年版，第358页。
[2] 大辞海编辑委员会编：《大辞海　美术卷》，上海辞书出版社2012年版，第290页。
[3] 段柄仁：《北京四合院志》，北京出版社2015年版，第37—39页。
[4] 赵倩、公伟、於飞：《北京四合院六讲》，中国水利水电出版社2012年版，第42—45页。

续表

地址	花板花罩	其他
西四北二条 11 号	无法辨认	装饰有雀替、挂落板、大花板、小花板，门簪 2 枚，门墩 1 对，踏跺 2 级
西四北二条 33 号	垂莲柱雕刻花纹	装饰有雀替、挂落板、门簪 2 枚，方形门墩 1 对
西四北三条 27 号	花罩雕刻图案	方形门墩 1 对
西四北五条 7 号	裙板雕刻图案	前出垂带踏跺四级
西四北五条 13 号	花板有雕刻	有门簪 4 枚，垂带踏跺三级，垂莲柱已消失
西四北五条 27 号	花板雕刻图案	装饰有门簪 2 枚，圆形门墩 1 对，踏跺 2 级
西四北八条 3 号		梁架有苏式彩绘，门后有踏跺两级，有梅花形门簪两枚，雕刻图案

西四北六条23号垂花门　西四北二条11号垂花门　西四北五条13号垂花门

西四北二条33号垂花门　西四北五条27号垂花门　西四北五条7号垂花门

图 4-11　西四北一至八条街区部分四合院垂花门

第四章 西四街区的非表征文化

（二）十字甬道

北京不同等级的四合院中安置有十字甬道。北京的四合院，上至皇家建筑、王府大院，下至普通老百姓的小四合院，院内一般安置有十字甬道。如北京庆王府的宜春堂里有大方砖铺成的十字甬道，其沟通东南西北四面房屋，被分割成的四个角落里种着各式花草[1]。关于圆明园长春园含经堂的遗址发掘报告称，在含经堂广场有十字甬道，把广场分为四部分，四部分共植树7排[2]。毛泽东曾居住的北京中南海丰泽园菊香书屋的四合院中，曾有一条十字甬道，甬道上铺满卵石[3]。而普通老百姓的小四合院里也有十字甬道。有学者记述，北京的小四合院里有砖墁的十字甬道，通向北南东西屋的正门[4]。可见，等级不同的四合院中安置有十字甬道，虽然铺设十字甬道的材料可能不同，有大方砖、青砖、鹅卵石等。

四合院十字甬道的设计，是居民根据身体实践所设置的。非表征理论重视身体，身体不只通过一种方式移动，它们物质性地移动，但也情感性地、动感地、想象性地、审美性地、社会性地、文化性地、政治性地移动。身体通过这些方式移动，它们产生了空间，身体移动的质量导致了空间的质量[5]。十字甬道的设计是非表征活动，这是因为，第一，十字甬道的设置方便居民出入。四合院院落空间较大，但不方便居民雨天等恶劣天气的出入，若把院内全部装修，全部铺砖，则不利于居民绿植的种植，所以居民在院落中铺设两道甬道，呈十字相交形。这两条甬道分别连接东西厢房的正门，连接北房的正门和院落的二门（二进以上院落）或者连接北房和南房的正门。这样居民就能在各个房屋之间穿梭，方便其出入。第二，十字甬道的设置在院落中留出了四块土地，方便居民种植绿植。既体现了人地

---

[1] 北京市西城区政协文史资料委员会编：《府第寻踪》，中国文史出版社2006年版，第171页。
[2] 北京市文物研究所：《圆明园长春园含经堂遗址发掘报告》，文物出版社2006年版，第11页。
[3] 伍仁：《共和国重大事件纪实》卷1，西北大学出版社1992年版，第112页。
[4] 北京市哲学社会科学规划办公室：《北京市哲学社会科学"十五"规划项目阶段成果选编》（2003年度）上，同心出版社2003年版，第695页。
[5] McCormack, D. P., "Geographies for Moving Bodies: Thinking, Dancing, Spaces", *Geography Compass*, Vol. 2, No. 6, 2008, pp. 1822–1836.

和谐，又美化环境、又陶冶情操。正如有学者记述，老北京普通的四合院中，有水泥方砖的十字甬道，把院落分成四个相等的方块①。老舍先生的院落"有十字甬道通向东、北、西房。甬道之外是土地，可以栽花种树"②。有作者记述北京的四合院："青砖铺成的十字甬道连接起四面的房屋，把院子隔成四块均等的土地"③，土地上种植树木④。十字甬道与四周的房基形成一个"田"字，其中的四个小方格是四块土地，分别种植植物⑤。

（三）游廊

游廊的安置是四合院居民的非表征活动。因为其是居民根据身体实践的创造。正如空间只能通过身体接触被理解。元代，北京四合院院落平面形制呈正方形或者工字形，正房两侧以封闭的围墙相连，前后左右非常整齐，采用传统木结构承重，采用的是坡房顶。⑥而明代北京四合院以抄手游廊（连接垂花门、厢房和正房的游廊，形状类似环抱手臂的抄手样而得名）代替正房两侧封闭的围墙，院落和房屋按对称轴布局。清代延续了明代四合院的院落平面形制⑦。可见，游廊（尤其是抄手游廊）的安置是明朝居民的一项发明。游廊由地基、廊身和屋顶组成，宽度一米左右，结构也包含梁、柱、檐等⑧。这项发明具有几个特色。第一，游廊的安置促进了人与自然的和谐。有学者认为，民居中分为黑空间、白空间和灰空间三种。北京四合院的游廊就是灰空间，这种空间是既在廊檐之下，又在开敞之中的半封闭空间。在这里室内和室外空间交融，人和自然交融。人们在这里可以充分享受大自然的恩赐，沐浴阳光欣赏月

---

① 李振玉：《庭院风流》，华夏出版社1990年版，第2页。
② 黄其森：《院子里的中国》，作家出版社2014年版，第146页。
③ 史铁生：《记忆与印象》，《北京文学》2002年第3期。
④ 史铁生：《史铁生散文》，人民文学出版社2014年版，第197页。
⑤ 史铁生：《务虚笔记》，作家出版社2011年版，第73页。
⑥ 北京市地方志编撰委员会编著：《北京志·市政卷·房地产志》，北京出版社2000年版，第30页。
⑦ （清）于敏中等编纂：《日下旧闻考》，北京古籍出版社2001年版，第31页。
⑧ 赵倩、公伟、於飞：《北京四合院六讲》，中国水利水电出版社2012年版，第70页。

第四章 西四街区的非表征文化

亮等，非常美好①。第二，游廊将内宅串联成一个整体，方便人们的通行等。游廊，包括抄手游廊、正房和厢房之间的窝角廊子、院与院之间的穿廊、前后院正房之间的工字廊等，还方便人们在雨雪等天气出入于各个房屋，方便人们坐在廊子的板凳上聊天、休憩、下棋等②。第三，游廊改变了四合院的空间层次。它把四合院的几个空间"合"在一起，从游廊向外看院落，扩大了院落的景观视野，使院落显得幽深③。西四北六条23号院游廊局部如图4-12所示。

图4-12 西四北六条23号四合院游廊局部

二 院落大门自主性设计

(一) 门钹

门钹是传统社会居民根据日常生活中的身体实践所创造的，是当时居民的非表征活动。元明清时期，区别于皇宫、王府大门上的铺首（兽面）④，民居四合院的大门上设有门钹，门钹的设置是居民根据日常生活的身体实践、根据情境设置的，它的设置有三个基本的作用，第一个是用来

---

① 沈文权：《安乐窝风情》，河北少年儿童出版社1996年版，第181页。
② 段柄仁：《北京四合院志》，北京出版社2015年版，第40—41页。
③ 刘川生：《大自然的智慧》，国家行政学院出版社2013年版，第107页。
④ 丁超：《"住"在北京：北京居住文化》，东方出版社2007年版，第100页。

文化表征与非表征的理论与实践：北京西四街区文化的综合保护

敲门，第二是用作门把手，第三个是主人外出时用来上锁。根据这三个功能，居民设置的门钹中央有两个小环，下面的小环用来悬挂门铛，为客人敲门之用，门铛也当作门把手。为了使客人敲门时，门铛叩响能发出清脆的响声，居民在门钹中间鼓起一个空腔（类似中国传统的打击乐器"钹"），所用材料选用铜、铁等金属材料，这样门铛叩击空腔时就能发出清脆响亮的声音，这样的设计还避免门铛敲门时破坏木制的大门。门铛上面的小环就是主人外出上锁的地方，两个小环设置在一起，还方便客人很快判断主人是否在家，是否叩击门铛。另外，居民在日常生活中除发挥门钹的实用功能外，还对它进行了美化。所以，门钹的设置是居民根据自己日常生活的身体实践所设置的，具有创造力，而且具有美化的作用，是居民的非表征活动。如今，随着环境的改变，部分四合院大门的门钹仍然很完整地被保留着，而部分四合院大门的门钹已经被新式的门把手和锁具代替了[①]。北京西四北一至八条街区部分四合院的门钹如图4-13所示。北京四合院大门的门钹是区别于安徽、四川、云南等民居大门的门钹的，也是

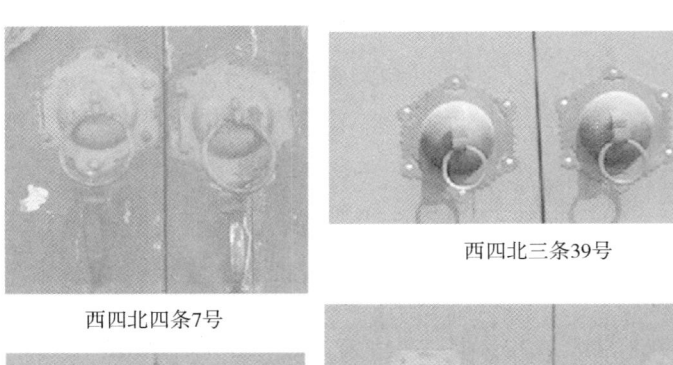

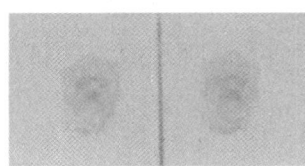

西四北四条7号　　西四北三条39号

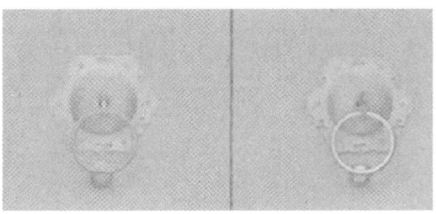

西四北六条23号　　西四北六条21号

图4-13　西四北一至八条街区部分四合院门钹

---

① 淡欣：《京华遗韵》，上海古籍出版社2004年版，第155页。

第四章　西四街区的非表征文化

区别于山西民居大门的门钹的①。

（二）门包叶

门包叶（护门铁，也称壶瓶叶子）是居民根据日常生活的身体实践创造出来的。门是人们进出四合院的屏障，每天都被使用，而旧时的门扇是木质的，难免在磕碰中受损。人们为了防止关门时，门扇在碰撞的过程中受到损坏，所以设置了门包叶。门包叶是人们用泡头钉子把金属片固定在门扇的外两角，多被固定在门扇下方的外两角，约占大门面积的四分之一，也有的门扇在上方外两角也被固定了金属片，这称为"双向门包叶"②③。人们所创造的"门包叶"不仅具有实用的功能，还被创造出了美的形态，经常被设计成独特的样式④。北京西四北一至八条街区部分四合院的门包叶如图4-14所示。

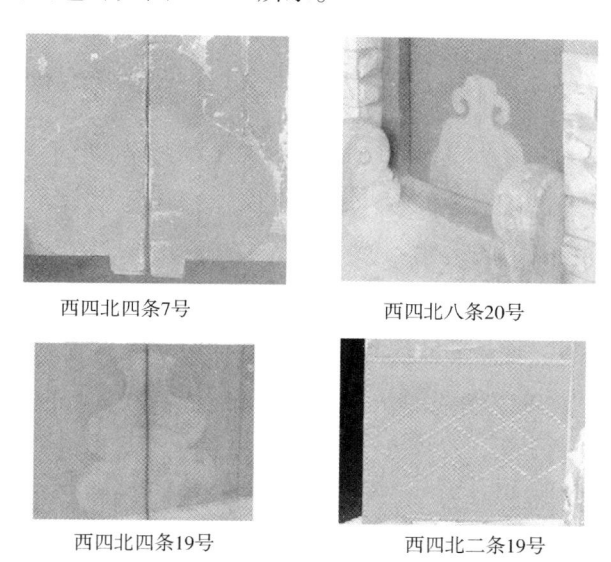

西四北四条7号　　　　西四北八条20号

西四北四条19号　　　西四北二条19号

图4-14　西四北一至八条街区部分四合院门包叶

---

① 庄裕光：《中国门窗》（门卷），江苏美术出版社2009年版，第310—313页。
② 丁超：《"住"在北京：北京居住文化》，东方出版社2007年版，第97—98页。
③ 王彬、徐秀珊：《北京老宅门》，团结出版社2002年版，第166页。
④ 高阳：《中国传统建筑装饰》，百花文艺出版社2009年版，第100页。

三 院落宜居及装饰

（一）搭天棚

"搭天棚"是历史上北京四合院居民根据日常生活的身体实践所创造的一种宜居消夏方式。居民们不论院落的等级差别、贫富悬殊，大多在院子中搭起天棚。如明朝，"清明……凡内臣院大者，即制席箔为凉棚，以绳收放，取阴也。富贵人家……修凉棚"[1]。清朝，据《谏书稀庵笔记》记载，满洲大家"伏日自大门至内宅，皆搭以天棚，驾屋而过。棚檐以雕栏饰之，彩绳系之"[2]，可见天棚的棚檐上还有装饰。《旧京琐记》记载，"天棚鱼缸石榴树，先生肥狗胖丫头"是书吏之家的一种奢侈的生活方式，其"夏必凉棚，院必列瓷缸以养文鱼，排巨盆以栽石榴，无子弟读书亦必延一西席，以示阔绰"[3]。而据清朝，"丁亥夏……左近人家天棚，多有为风卷入云际者"的记载[4]，说明百姓人家也有不少搭天棚的。这说明搭天棚是居民在日常生活实践中所创造的。

"搭天棚"这种方式具有几个创新，第一，遮住了烈日烘晒，让居民凉爽过夏。北京四合院开敞的院落空间是居民主要的活动空间，然而，北京的夏天酷暑难耐，影响居民的院落活动。居民便创造了一种宜居的消夏方式，即搭天棚。其具体做法是，用竹竿、芦席、杉篙、麻绳等材料在院落中搭建一个大型的凉棚，凉棚可以给整个院落空间遮出阴凉，让居民感觉凉爽。这正如清宣宗《凉棚诗》所赞赏的："消夏凉棚好，浑忘烈日烘。名花罗砌下，斜荫幕堂东。……自无烦暑至，飒爽畅心中。"[5]还如清宣宗赞扬的"得阴宜趺坐，南风晚度徐"[6]。第二，天棚上的芦席可以灵活活动，居民可以根据需要自行卷放。芦席是灵活的，在阴天或

---

[1] （明）刘若愚：《酌中志》卷二十，北京古籍出版社1994年版。
[2] （清）陈恒庆：《谏书稀庵笔记》，文海出版社1969年版。
[3] （清）夏仁虎：《旧京琐记》卷一，北京古籍出版社1986年版。
[4] （清）震钧：《天咫偶闻》，北京古籍出版社1982年版，第205页。
[5] 吴廷燮总纂：《北京市志稿·礼俗志》，北京燕山出版社1998年版，第220页。
[6] 张胜文、蒋和欣：《中华百年经典散文·吾国吾民卷》，作家出版社2004年版，第391页。

第四章 西四街区的非表征文化

者晚上，居民可以通过一个简单的绳子卷起席子，欣赏美丽的天空。正如《北梦录》载，"天篷之制极精，高出屋脊，四周有窗，可随意舒卷，炎日所不能侵，凉风所不能隔，故为绝胜"[1]。清宣宗之"偶卷仍留露"[2]。清宣宗之"纳爽延高下，当炎任卷舒"[3]。第三，天棚的高度一般高出院落中最高的建筑，不影响院落的通风。正如朱彝尊《曝书亭集》描述之"平铺一面席，高出四面墙。雨似撑船听，风疑露顶凉。片阴停卓午，仄景入斜阳。忽忆临溪宅，松毛透屋香"[4]，以及清宣宗之"凭高不碍风"[5]、清宣宗之"凌高神结构，平敞蔽清虚。花香仍人户，日影勿侵除"[6]。虽然，在历史上，搭天棚这项具体活动是由专门经营此生意的"棚铺"的"棚匠"来完成的。《天咫偶闻》曾记载"搭棚匠"与"裱褙匠""扎彩匠"并列为外方所无的京师的三种手艺，据其载，"搭棚之工，虽高至十丈，宽至十丈，无不平地立起。而且中间绝无一柱，令入者只见洞然一宇，无只木寸椽之见，而尤奇于大工之脚手架"[7]，但是这种消暑方式是在民间产生的，是居民根据身体实践的一种创造。这种创造让居民舒服地度过夏天[8]。

（二）糊窗

夏季的"冷布糊窗"和冬季的"纸糊窗格"是历史上北京四合院居民的一种非表征活动，是他们通过身体实践所创造的一种宜居生活方式。"冷布糊窗"是上自皇宫，下至老百姓的小院中人们的一种活动。如据《清稗类钞》载，"光绪辛丑四月，命将行在寝宫窗格改糊冷布"[9]。其中，"冷布

---

[1] （民国）铢庵：《北梦录》，第七卷"礼俗志"来源于中国期刊网古籍资料，2009年尹小林整理。
[2] 吴廷燮总纂：《北京市志稿·礼俗志》，北京燕山出版社1998年版，第220页。
[3] 张胜文、蒋和欣：《中华百年经典散文·吾国吾民卷》，作家出版社2004年版，第391页。
[4] 朱彝尊：《曝书亭集》卷十四，商务印书馆1935年版，第17页。
[5] 吴廷燮总纂：《北京市志稿·礼俗志》，北京燕山出版社1998年版，第220页。
[6] 张胜文、蒋和欣：《中华百年经典散文·吾国吾民卷》，作家出版社2004年版，第391页。
[7] （清）震钧：《天咫偶闻》卷十，北京古籍出版社1982年版，第215页。
[8] 邓云乡：《燕京乡土记》（上册），河北教育出版社2004年版，第142页。
[9] （清）徐珂：《清稗类钞》"巡幸类"，中华书局1984年版。

糊窗"居民这种夏日的非表征活动有几个创新点。第一，所用材料为"冷布"，既通风，又防蚊虫。"冷布"是一种纱布，孔间距为2—3毫米，该布产于北平地区，颜色是碧绿色的，可以通风，还可以遮挡蝇蚊等虫子飞入。正如《北梦录》载，"北平出冷布，碧色如绨，以之糊窗，可以延风，以之覆食物，可以防蝇蚋"[1]。第二，"冷布糊窗"的窗户里面还设置一个卷窗（其实是一副纸），白天卷起通风，晚上放下保温。正如《旧京琐记》载，"夏日，窗以绿色冷布糊之，内施以卷窗，昼卷而夜垂，以通空气"[2]。正如乾隆时《日下新讴》所描写的："庭院曦阳架席遮，卷窗冷布亮于纱。"[3] 第三，这种糊窗的非表征活动给人以一种清新活力、爽朗宜人的感觉。正如朱彝尊描写其的诗句："暗窗尘茧换，方格画屏余。"[4]

冬日京城居民为了保暖，几乎家家户户要糊窗，就连皇家住宅也要糊窗。如有文字记载，清朝一个冬日，内务府大臣杨立山曾给当时光绪皇帝被幽禁的瀛台糊窗而惹怒了慈禧太后[5]。老舍先生也曾记述，北平的冬日需要以纸糊窗[6]。"纸糊窗格"的创新点：第一，该活动是居民自元朝以来冬日的非表征活动，这时居民所用材料为高丽纸（窗户纸），做法为高丽纸裁成条状贴在窗户缝隙上。这种材料的使用使居民从屋内看院落，看得清清楚楚。而从屋外观屋内却什么也看不到。正如"由室中视外，无微不瞩。从外而观，则无所见"[7]。第二，在糊窗户时，还设计用高粱秆、高丽纸做成风斗。第三，居民常在窗格的纸上装饰一些花草人物的画作，正如"间用琉璃片画作花草人物嵌之"[8]，使之看起来让人愉悦。

（三）种植绿植

北京西四北一至八条街区四合院与北京众多的四合院一样，居民在

---

[1] （民国）铢庵：《北梦录》，来源于中国期刊网古籍资料，2009年尹小林整理。
[2] （清）夏仁虎：《旧京琐记》卷一，北京古籍出版社1986年版。
[3] 引自《文献》丛刊编辑部编《文献》第12辑，书目文献出版社1982年版，第195页。
[4] 朱彝尊：《曝书亭集》卷十四，商务印书馆1935年版，第17页。
[5] 张德强：《李莲英》（上、下卷），中国社会出版社2000年版，第806页。
[6] 老舍：《兔儿爷》，《老舍散文精选》，生活·读书·新知三联书店2014年版，第41页。
[7] （清）于敏中等编纂：《日下旧闻考》卷一百四十八，北京古籍出版社2001年版。
[8] （清）于敏中等编纂：《日下旧闻考》卷一百四十八，北京古籍出版社2001年版。

第四章 西四街区的非表征文化

其中,根据自己的喜好,根据身体的实践种植植物。这些植物具有美化环境的作用,同时还和院落建筑和谐协调。这些活动是居民的非表征活动。在这些活动中居民也显示了自己的智慧。居民在院落中种植的植物不求名贵,但求茂盛,正如老舍先生在《我的理想家庭》中谈到自己理想的院落:"院子必须很大。靠墙有几株小果木树。除了一块长方的土地,平坦无草,足够打开太极拳的,其他的地方就都种着花草——没有一种珍贵费事的,只求昌茂多花……小树上悬着小笼"[1],居民种植有枣树、石榴、海棠、丁香、月季等较为矮小的乔木和灌木,还有葡萄树、紫藤、葫芦等藤蔓植物,还有牡丹、兰花、菊花等时令花卉等。选择这些植物栽种,第一,这些矮小的植物的根系不太发达,不会破坏房屋的根基,也不会破坏院落的十字甬道;第二,种植的这些植物一般是落叶类的,在冬季,它们的树叶会掉落,所以不会遮挡房屋和院落的光线;第三,这些植物的花朵和果实都非常的漂亮,叶子也非常的繁茂,都属于"春华秋实"型,很有观赏的价值。如海棠花有美女的隐喻,石榴有大红、桃红、淡白等颜色,花叶枝干果都有很好的观赏价值,葡萄叶子繁盛,果实累累;第四,居民在宅院种植的植物都有一些寓意,如枣树寓意早生贵子等[2]。而居民不种植桑树、松树、柏树、梨树、槐树等,正如居民宅院植树的谚语"桑松柏梨槐,不进王府宅","玉兰枣椿棠,石榴王府旺"[3]。

第三节 非表征文化保护的缘由

一 在日常生活中创造美

非表征活动使居民在日常生活中创造了美的东西。英国南安普顿大学地理学者麦考马克(D. P. McCormack)认为,日常活动作为一种物

---

[1] 老舍:《老舍散文——可喜的寂寞》,浙江文艺出版社2014年版,第247页。
[2] 段柄仁:《北京四合院志》,北京出版社2015年版,第43—50页。
[3] 张述任:《风水心得 黄帝宅经》,团结出版社2009年版,第42页。

文化表征与非表征的理论与实践：北京西四街区文化的综合保护

理资源，是非表征活动[1]。有学者也认为，非表征活动以习惯性的动作来表达[2]。有学者认为，非表征活动是日常生活中单纯能指的活动[3]。有学者也认为，日常生活是非表征活动[4]。欣奇利夫认为，经理们在户外学习管理培训这项非表征活动中，找到一种新的学习风格，发展了一个实验的经历，在这种实验的条件下创造了新的东西[5]。思里夫特和迪尤斯伯里的非表征理论认为，日常生活是文化的载体，它民主地创造了民间艺术，并经过一代又一代人们变换民间艺术使之变成美的东西。这些东西正是非表征活动自然的、真实的创造的[6]。雷维尔通过对法国民间舞蹈活动的研究发现，非表征活动充满活力和创造力[7]。法国哲学家德勒兹（G. Deleuze）认为，非表征理论是通过虚拟实现，而不是通过相似、表征来运作，虚拟必须创建自己的积极的行为去实现，所以在此过程中，非表征活动扩展了知觉、影响和感觉的领域，所以体现了活力[8]。

北京西四北一至八条街区历史上居住的居民和目前居住的居民都在其日常生活中根据情境、身体实践创造了美的东西，如历史上居民创造

---

[1] McCormack, D. P., "Diagramming Practice and Performance", *Environment & Planning D: Society & Space*, Vol. 23, No. 1, 2005, pp. 119-147.

[2] Dirksmeier, P. & Helbrecht, I., "Time, Non-representational Theory and the 'Performative Turn'—Towards a New Methodology in Qualitative Social Research", *Forum Qualitative Sozialforschung/Forum: Qualitative Social Research*, Vol. 9, No. 2, 2008, p. Art. 55, http://nbnresolving.de/urn:nbn:de:0114-fqs0802558.

[3] Grice, H., *Maxine Hong Kingston*, Manchester University Press, 2006, p. 44. 转引自陈世丹《关注现实与历史之真实的美国后现代主义小说》，厦门大学出版社2012年版，第102页。

[4] Nash, C., "Performativity in Practice: Some Recent Work in Cultural Geography", *Progress in Human Geography*, Vol. 24, No. 4, 2000, pp. 653-664.

[5] Hinchliffe, S., "Performance and Experimental Knowledge: Outdoor Management Training and the End of Epistemology", *Environment & Planning D: Society & Space*, Vol. 18, No. 5, 2000, pp. 575-596.

[6] Gold, J. R., Revill, G., "Gathering the Voices of the People? Cecil Sharp, Cultural Hybridity, and the Folk Music of Appalachia", *GeoJournal*, Vol. 65, No. 1-2, 2006, pp. 55-66.

[7] Revill, G., "Cultural Geographies in Practice Performing French folk Music: Dance, Authenticity and Nonrepresentational Theory", *Cultural Geographies*, Vol. 11, No. 2, 2004, pp. 199-209.

[8] Deleuze, G., *Bergsonism*, trans. Hugh Tomlinson and Barbara Habberjam, New York: Zone, 1991, pp. 96-98.

第四章 西四街区的非表征文化

的游廊、天棚、糊窗等非表征活动之美,正如夏仁虎先生所言:"京师屋制之美备甲于四方,以研究数百年,因地因时,皆有格局也。户必南向,廊必深,院必广,正屋必有后窗,故深严而轩朗。大家入门即不露行,以廊多于屋也。夏日,窗以绿色冷布糊之,内施以卷窗,昼卷而夜垂,以通空气。院广以便搭棚,人家有喜庆事,宾客皆集于棚下。正房必有附室,曰套间,亦曰耳房,以为休息及储藏之所。夏凉冬燠,四时皆宜者是矣"[1]。目前居民创造的非表征活动也有其独到之美。

二 对居民日常生活具有实用价值

居民创造的非表征活动对居民的日常生活具有实用价值,使居民生活得更宜居、更安全。北京西四北一至八条街区中创造的天棚、游廊、糊窗等就是居民面对自然,所采取的更加宜居的生活方式。人类面对自然,在不同的空间尺度上总是能采取宜居的生活方式,与自然和谐相处,如日本里山的景观,包含农田、稻田、灌溉渠、池塘等多种土地利用的要素,为人提供食品和燃料,调节气候和水等,促进了次生自然环境的生物多样性,使人更宜居,并促进了人与自然的和谐[2]。四合院天棚可以遮挡夏天的烈日,游廊的设计能减少恶劣天气对人们出行的影响,并使人在游廊里欣赏自然美景等。非表征活动还使居民生活得更安全,如历史上居民门钹的设计使其从门钹的声音判断是否有人开门,门包叶的设计使门扇使用更长久安全。现住居民门扇上加装铁栅栏等也使得居民在不破坏原大门的基础上更安全。

三 让居民生活得更自由,更乐观

非表征活动让居民生活得更自信、更自由、更乐观。有学者认为,相对于表征理论,非表征理论强调常识和日常,为文化研究提供了必要的纠正。非表征理论使我们认真对待行为,而不仅仅是静态的对象。这

---

[1] (清)夏仁虎:《旧京琐记》卷一,北京古籍出版社1986年版。
[2] Takeuchi, K., "Rebuilding the Relationship Between People and Nature: the Satoyama Initiative", *Ecological Research*, Vol. 25, No. 5, 2010, pp. 891–897.

文化表征与非表征的理论与实践：北京西四街区文化的综合保护

对日常生活的实践是非常重要的①。有学者认为，非表征活动的社会和文化的价值与身体的管理和行为相联系。非表征活动使人更自信、更外向②。雷维尔把非表征理论应用于舞蹈的研究，该研究是基于他自己学习法国民间舞蹈的经验的一系列回忆而进行的。雷维尔参加了一个酒吧的关于法国民间音乐的演奏和跳舞娱乐活动，他体验到的方式是非常不同于以前他经历的早期音乐家的演奏和跳舞。他认为，民间演出中身体是自由的，与管制的状态相距甚远。民间音乐和舞蹈活动作为一项娱乐，大家没有把音乐和舞蹈智能化，大家只是为了尽情玩耍，在这里，音乐和舞蹈的意义就是活动本身。非表征活动是更真实的文化实践，人们在这里可以寻找到自由和表达，打破压抑的状态③。北京西四北一至八条街区现住居民通过在胡同里与居民聊天，建立了和谐的邻里关系，居民生活得更加乐观。

四 承载了居民的记忆

非表征活动承载了居民的记忆。非表征理论可以帮助我们评价那些仅仅作为每天经验和常识的一部分的活动的价值。人们进行非表征活动是为了自由地表达、追寻某种记忆。在非表征活动中，身体文化、历史价值和社会价值之间的联系似乎达到了实践的核心。非表征活动中，身体的物质活动是重要的，非表征活动的动作要使身体成为习惯。非表征活动者需要发展一个记忆，能够绘制出身体在空间和时间上的运动。人们的动作和他们之前在其他不相干的事物中的习惯动作联系在一起，形成记忆而学习④。在音乐研究方面，非表征活动承载居民记忆的研究促使

---

① Revill, G., "Cultural Geographies in Practice Performing French folk Music: Dance, Authenticity and Nonrepresentational Theory", *Cultural Geographies*, Vol. 11, No. 2, 2004, pp. 199–209.
② Revill, G., "Cultural Geographies in Practice Performing French folk Music: Dance, Authenticity and Nonrepresentational Theory", *Cultural Geographies*, Vol. 11, No. 2, 2004, pp. 199–209.
③ Revill, G., "Cultural Geographies in Practice Performing French folk Music: Dance, Authenticity and Nonrepresentational Theory", *Cultural Geographies*, Vol. 11, No. 2, 2004, pp. 199–209.
④ Thrift, N., "Steps to an Ecology of Place", in Allen, J., Massey, D. & Sarre, P., eds., *Human Geography Today*, Cambridge: Polity Press, 1999, pp. 295–322.

第四章　西四街区的非表征文化

音乐研究将注意力转向音乐经验的物质性、节奏的影响、对身体的音色和旋律、强调音乐练习的物质方式等方面[1]，并且影响到音乐学科的核心、音乐知识的特质、研究对象的属性等[2]。

保护历史上居民和现住居民的非表征活动，能够唤起居民的历史记忆，这对于北京西四北一至八条街区历史文化的延续和传承具有重要意义。非表征活动承载着居民的记忆，这从一些文学作品的描述可以得到验证。如有作者通过记忆描述了当时礼路胡同19号院子的情况："妈妈回来，先把项大姐一帮人找来，查问当天轮谁值班，是谁开的大门，怎么竟让乱七八糟的人一直闯进了里院……"可以判断当时四合院建立了民间轮流看守大门的非表征活动。[3] 又如，"记得1948年，我们住在北京西四报子胡同的一个亲戚家里，附近有一座大墙围着的兵营，大墙里面开着很多美丽的花，长着各种果实"[4]。又如，"在堂屋和当院跑进跑出地玩，堂屋正面桌上摆着一大碟水果软糖"[5]。非表征活动承载着居民的记忆，通过这些记忆，可以为目前优秀传统文化的保护提供借鉴。

从居民的访谈来看，大部分居民认为非表征活动承载着居民的记忆，对于优秀传统文化的保护具有意义。如有居民认为，目前留有记忆的是一棵老树："有十几岁种的香椿树，留下许多记忆。看到这个树，我就想起小时候一家人坐在树下吃饭聊天（F05）"，而有居民认为，能留下来的承载美好记忆的事物是树或者花坛，但是目前，即使这些事物不碍事，也被砍掉了，如他认为，"工程队翻修房屋的时候，砍掉了院落里的树，砍掉多一半，太不应该，树在院中间又不碍事。我对这棵树有记忆，小时候在那个树下玩，每年夏天家家户户在树下吃饭。地震那年，大家抱着树，不动嘛。现在留下树干多难看，要锯就全锯掉（F01）"（如图

---

[1] Thrift, N., "Steps to an Ecology of Place", in Allen, J., Massey, D. & Sarre, P., eds., *Human Geography Today*, Cambridge: Polity Press, 1999, pp. 295–322.

[2] Cook, N., Everist, M., *Rethinking Music*, Oxford University Press, 1999, pp. X-VI—X-VII.

[3] 丁伟：《中国十年情爱报告（上册）》，中国文联出版公司1998年版，第18—19页。

[4] 尚作湖：《岁月感悟》，中国海关出版社2013年版，第87页。

[5] 丁伟：《中国十年情爱报告（上册）》，中国文联出版公司1998年版，第202页。

4-15)。该院落的另一位居民也认为,"如果树把房子给拱了,可以砍掉。但是没拱,也给去掉树帽子了(F02)"。如有居民认为,"原来胡同里有两个大花坛,本来是可以保留的,结果胡同铺地给拆了,如果留着,我们还能想到小时候在花坛边玩耍的情景(F09)"。可见,这些树和花坛等历史上居民的非表征活动承载了老居民的记忆,这些记忆能让居民想起邻里之间其乐融融的景象,能够给予传统和谐文化的保护以及如今和谐院落文化的建设许多启示和引导。

图4-15 西四北五条某院落承载着居民记忆的老树

第四章 西四街区的非表征文化

五 可以加强居民的地方认同

地方认同涉及区分"我"与"他者"的过程，界定"我"与地方的关系①。地方认同帮助一个地方的居民识别自己②。地方认同也是一个地方发展的驱动力③。

而地方是一个复杂的、多层次的时空现象，是一个发展的过程。地方形成也是一个由社会空间关系构成的网络化过程④。在这个过程中，人们存在于头脑中的⑤，对一个地方的体验、信仰、感受和印象（地方形象）在不断发生着变化⑥。此外，地方是由物理环境和社会环境组成的，而其中，每种环境又都是由多个时间层构成的，每个时间层由历史时期发展的许多对象组成，并在不断变化⑦。地方认同取决于这个地方与它的过去，以及它与其他地方的相似性和差异性⑧，也即，地方认同通过地方存在的相似性和差异性而建立，这种相似性和差异性不仅跨越空间，而且跨越时间。因此，地方认同是不断变化的。⑨

非表征活动可以加强居民的地方认同。首先，人们对一个地方的认

---

① Benson, M. & Jackson, E., "Place-making and Place Maintenance: Performativity, Place and Belonging Among the Middle Classes", *Sociology*, Vol. 47, No. 4, 2013, pp. 793–809.

② Bucher, S., Ištoková, M., "Self-governing Regions in Slovakia: Spatial Differentiation and Perception of Socio-cultural Identity by Local and Regional Officials", *Geografie*, Vol. 120, No. 1, 2015, pp. 1–25.

③ Paasi, A., "Place and Region: Looking Through the Prism of Scale", *Progress in Human Geography*, Vol. 28, No. 4, 2004, pp. 536–546.

④ Joseph, P., Deborah, M. & James, M., "Relational Place-making: the Networked Politics of Place", *Transactions of the Institute of British Geographers*, Vol. 36, No. 1, 2010, pp. 54–70.

⑤ Melewar, C., "Determinants of the Corporate Identity Construct: a Review of the Literature", *Journal of Marketing Communications*, Vol. 9, No. 4, 2003, pp. 195–220.

⑥ Madanipour, A., *Cities in time: Temporary Urbanism and the Future of the City*, London: Bloomsbury, 2017.

⑦ Madanipour, A., *Cities in time: Temporary Urbanism and the Future of the City*, London: Bloomsbury, 2017.

⑧ Worchel, S., Rothgerber, H., Day, A., et al., *Social Identity*, Oxford: Blackwell Publishing Ltd., 1998.

⑨ Cheng, Z. F. & Zhang, B. X., "Capital Flows, Place Image, and Place Identity: Bridges in San Jiadian Historic and Cultural Village in Beijing", *Area*, Vol. 53, No. 3, 2021, pp. 531–542.

文化表征与非表征的理论与实践：北京西四街区文化的综合保护

同是心灵和身体的结合①，非表征活动关注居民日常生活的身体实践，成为居民地方认同的元素。其次，非表征活动承载着居民的历史记忆，构建地方与它过去的相似性，从而加强居民的地方认同，如有学者利用来自英国诺福克一个乡村的定性研究的实证证据，说明了当地历史在居民的地方认同中的积极作用②。有学者也认为地方历史是保持地方认同的一种方式③。

六 构成地方性的组成要素

人文地理学对"地方性"的理解，目前主要是从人文主义和结构主义两种视角对其理解的。人文主义地理学者认为，地方性是由人类的经验和情感所组成的，人们在一个地方的经历不同，对这个地方的情感也不同，他们赋予的地方性也不同④，所以地方性是有主体的，是内生的。而结构主义地理学者认为，地方性是由一个地方在整个区域系统中的位置决定的，地方性不仅是区位、自然条件的差别，还是全球政治经济的整体格局所造就的，他们认为地方性是外生的。这两种视角说明了地方性形成的两种机制⑤。虽然地方性存在两种不同的形成机制，但地方性强调地方的独特性和不可复制性⑥。

西四北一至八条街区居民的非表征活动成为该区的地方性组成要素。因为，第一，非表征活动是西四街区的居民（尤其是老居民）根据西四

---

① Ricoeur, P., "Oneself as Another", *Philosophy & Social Criticism*, 1994.

② Wheeler, R., "Local History as Productive Nostalgia? Change, Continuity and Sense of Place in Rural England", *Social & Cultural Geography*, Vol. 18, No. 4, 2017.

③ Matless, D. & Cameron, L., "Experiment in Landscape: the Norfolk Excavations of Marietta Pallis", *Journal of Historical Geography*, Vol. 32, No. 1, 2006, pp. 0 – 126.

④ Yi-Fu, T., *Space and Place: the Perspective of Experience*, Minneapolis: University of Minnesota Press, 1977, pp. 19 – 33.

⑤ Cochrane, A., "What a Difference the Place Makes: The new Structuralism of Locality", *Antipode*, Vol. 19, 1987, pp. 354 – 363. 转引自周尚意、杨鸿雁等《地方性形成机制的结构主义与人文主义分析——以798和M50两个艺术区在城市地方性塑造中的作用为例》，《地理研究》2011年第9期。

⑥ 成志芬、张宝秀：《地方学与地域文化研究的"地方"和"地方性"视角》，奇朝鲁主编《论地方学建设与发展——中国地方学建设与发展研讨会集》，内蒙古人民出版社2013年版，第6页。

第四章 西四街区的非表征文化

街区的经验所创造的，西四街区的居民和街区的经验本身就构成西四街区的地方性。且一些非表征活动在北京其他历史文化街区尚未被发现。如居民在房顶种植绿植的非表征活动，在北京其他居住型历史文化街区尚未被发现，所以这种非表征活动成为西四街区的地方性要素。第二，居民在非表征活动中对地方产生了强烈的地方感，从而成为西四街区的地方性。如居民通过在胡同空间里的文化休闲活动对西四街区产生了强烈的地方感，正如人文主义学者认为，这种地方感也是地方性的组成部分[1]。第三，一些非表征活动是根据西四街区的情境、居民感知的环境所设计的，如居民在院落空间根据情境安置的卫生间这一空间等，构成西四街区的地方性。

第四节 非表征文化保护的适用性和紧迫性

一 非表征文化保护的适用性

经分析，非表征理论重视日常生活，重视身体实践，重视情境，使得经验优先于意义。非表征理论注重对地方居民实践和情感的研究，注重对地方个性的研究等。非表征文化也展现了美的创造力，所以非表征理论的出现补充了表征理论的缺陷，克服了居住文化的保护只注重文字资料和建筑的局限性，使其注意力也集中于居民本身。表征理论和非表征理论的区别如表4-2所示。思里夫特认为，人们的日常生活中的身体实践是非表征活动。人们的日常活动实践生产了图式（*diagram*），这些图式由各种路径和不同的因素组成，这些图式是亲身经验的东西。一个图式同时产生另一个图式，图式是一个过程实体，但从未达到其最终形式。图式是移动的、相互联系的、情感的。它由思维、活动、行为、概念错综复杂地交织组成。空间由日常活动所产生[2]。空间是经验的，触觉的，而非欧几里

---

[1] Relph, E., *Place and Placelessness*, London: Pion, 1976, pp. 2-45.

[2] Rubidge, S., "Nomadic Diagrams: Choreographic Topologies", *Choreographic Practices*, Vol. 1, No. 1, 2011, pp. 43-56.

文化表征与非表征的理论与实践：北京西四街区文化的综合保护

得的①。在任何空间中，视觉、声觉、嗅觉、触觉、文化或社会等多个因素的渗透创建一个情感的分层，从而生成一个纹理感知环境②。有学者认为，思里夫特的非表征理论认为，人类的运动和我们的智力共同进化③。

表4-2　　　　　　　表征理论和非表征理论的区别

表征理论	非表征理论
建构的视角	居住实践的视角
认知能力的	具体化的
文本模式	实体主义
促使注意力集中在符号和象征意义上	促使注意力集中在实践和行动上
逻辑分类的	实体分类的
产生了显性的知识	产生了隐形的知识
非情境的	情境的
更注重事物的社会和文化内涵	更注重事物的日常生活层面
表征知识容易被转移、记载、传授等	不容易被转移等

注：本表在参考赫尔布雷希特、雷维尔的基础上总结得出。④⑤

因此，非表征文化也是历史文化街区要保护的对象，适用于历史文化街区居住文化的研究和保护。历史文化街区居住文化保护的研究，表征文化与非表征文化同等重要，基于两者对历史文化街区居住文化的保护提出的对策才能更全面。

二　非表征文化保护的紧迫性

北京西四北一至八条街区中，非表征文化保护具有紧迫性，这从历

---

① Rubidge, S., "Nomadic Diagrams: Choreographic Topologies", *Choreographic Practices*, Vol. 1, No. 1, 2011, pp. 43 – 56.
② Manning, E., *Relationscapes: Movement, art, Philosophy*, Mit Press, 2009, p. 139.
③ Rubidge, S., "Nomadic Diagrams: Choreographic Topologies", *Choreographic Practices*, Vol. 1, No. 1, 2011, pp. 43 – 56.
④ Revill, G., "Cultural Geographies in Practice Performing French folk Music: Dance, Authenticity and Nonrepresentational Theory", *Cultural Geographies*, Vol. 11, No. 2, 2004, pp. 199 – 209.
⑤ Helbrecht, I., "Bare Geographies in Knowledge Societies-creative Cities as Text and Piece of art: two Eyes, one Vision", *Built Environment*, Vol. 30, No. 3, 2004, pp. 194 – 203.

第四章　西四街区的非表征文化

史上居民的非表征文化被保护的状况可以判断。经访谈和调查，目前北京西四北一至八条街区历史上居民的非表征文化被保护的状况不容乐观，被保护下来的只是很少的一部分。第一，从院落空间方面来看，目前十字甬道和游廊被完整保护下来的几乎没有。对于垂花门，被保护下来的只有10处左右，仅占576处全部院落1.7%（目前北京西四北一至八条街区存留的垂花门情况如表4-3所示）。而垂花门连接的看面墙基本已经全被破坏用来盖房。第二，从院落大门的门钹和门包叶保护情况来看，门钹的保护状况稍微好于门包叶，但是完整保护下来的门钹所占比例也较小。北京西四北一至八条街区完整保留门钹的四合院如表4-4所示。西四北一至八条街区院落的大部分门钹是现住居民新加装的，样式已经发生了变化，而且居民已经用门铃、现代锁取代了门钹的功能（如图4-16所示）。这些一般发生在北京西四北一至八条街区的私产四合院中。西四北一至八条街区完整保护门包叶的四合院所占比例则更小，而且变化的速度太快，西四北二条27号、50号在本书开始之初，还存留有门包叶，但约一年后再去调查，这两副门包叶已经没有了。北京西四北一至八条街区中，大门完整保留有门包叶的四合院如表4-5所示。历史上居民在院落的宜居和装饰方面的非表征活动，带有一定的民俗性质，由于时代的变迁，技术的进步，材料的更新换代，原汁原味保存下来的已经没有了。但是居民搭天棚、种植绿植的行为还有。如有居民用玻璃顶搭天棚，在院落的夹缝空间等种植绿植。

表4-3　西四北一至八条街区四合院垂花门保留及其保存完整情况

序号	地址	垂花门	是否完整
1	西四北三条19号	一殿一卷式	
2	西四北三条39号（程砚秋故居）	一殿一卷式	
3	西四北六条23号	一殿一卷式	
4	西四北二条11号	一殿一卷式	部分被占用，只留门过道
5	西四北二条33号	已经无法辨认	后半部分已经被墙挡上
6	西四北三条27号	单卷式垂花门	
7	西四北五条7号	一殿一卷式	现门下多半已被盖房

续表

序号	地址	垂花门	是否完整
8	西四北五条13号	一殿一卷式	部分已被占用
9	西四北五条27号	一殿一卷式	现部分已被占用
10	西四北八条3号	一殿一卷式	

表4-4　西四北一至八条街区四合院大门门钹保留情况

序号	地址	目前存留的门钹
1	西四北头条6号	门钹一对
2	西四北头条22号	门钹一对
3	西四北二条11号	门钹一对
4	西四北二条17、19号	门钹一对
5	西四北二条27号	门钹一对
6	西四北二条33号	门钹一对
7	西四北二条50号	门钹一对
8	西四北二条54号	门钹一对
9	西四北二条55号	门钹一对
10	西四北三条39号	六角形门钹一对
11	西四北四条7号	六角形门钹一对
12	西四北四条35号	门钹一对
13	西四北六条21号	六角形花纹门钹一对
14	西四北六条23号	门钹一对
15	西四北七条33、35号	门钹一对

表4-5　西四北一至八条街区四合院大门门包叶保留情况

序号	地址	门包叶
1	西四北二条19号	保留门包叶一副
2	西四北二条33号	保留门包叶一副
3	西四北二条54号	保留门包叶一副
4	西四北三条31号	保留门包叶一副
5	西四北四条7号	保留门包叶一副
6	西四北四条19号	保留门包叶一副

第四章 西四街区的非表征文化

续表

序号	地址	门包叶
7	西四北四条 26 号	保留门包叶一副
8	西四北五条 58 号	保留门包叶一副
9	小绒线胡同 28 号	保留门包叶一副
10	西四北七条 61 号	保留门包叶一副
11	西四北八条 20 号	保留门包叶一副

西四北六条33号　西四北三条13号　西四北二条54号

西四北六条21号　西四北八条59号

图 4-16　西四北一至八条街区部分四合院取代门钹的门铃、现代锁图

第五章 西四街区表征与非表征文化的关系

表征理论、非表征理论与列斐伏尔的三元空间理论联系密切。表征、非表征以及空间实践相互作用,而权力是推动此相互作用的重要因素之一。如有学者认为,我们每个人,无论有权力还是无权力,都被卷入权力的循环[1]。又如在1997年的首届批判地理学国际会议上,所讨论的人文地理学最基本的问题,也是更广泛的文化研究关键的问题,便是表征的政治。谁有权力去生产世界的授权的表征?什么是合法的科学表征的客体,谁是合法的科学表征的主体[2]?还如1968年5月在法国曾发生的公民运动,就是质疑表征民主的合法性,虽然这种民主运动能以一个革命的形式或者以民主的形式进行,但运动的共同特征是反对权力,并建立民众的话语权[3]。可见权力之重要性。

本书采用列斐伏尔理论所倡导的权力(适当用德塞图抵制理论补充)进行研究。选择这两个理论是因为,美国批评理论家赛义德(E. Said)的文化霸权(cultural hegemony)[4] 与福柯的权力理论、意大利文化研究学者葛兰西的文化霸权理论非常相似,但它们强调的不是日常生活中居民的权力[5]。列斐伏尔理论所倡导的权力和德塞图抵制理论所倡导的权力

---

[1] [英] 斯图尔特·霍尔编:《表征:文化表征与意指实践》,徐亮、陆兴华译,商务印书馆2005年版,第25—26页。

[2] Atkinson, D., *Cultural Geography: A Critical Dictionary of Key Ideas*, I. B. Tauris, 2005, pp. 11 - 15.

[3] Atkinson, D., *Cultural Geography: A Critical Dictionary of Key Ideas*, I. B. Tauris, 2005, pp. 11 - 15.

[4] [英] 斯图尔特·霍尔编:《表征:文化表征与意指实践》,徐亮、陆兴华译,商务印书馆2005年版,第25—26页。

[5] Said, E., *Orientalism*, New York: Vintage, 1978, p. 7.

第五章　西四街区表征与非表征文化的关系

才更侧重于居民日常生活中的权力。而历史文化街区居民表征和非表征的权力更多涉及居民日常生活中的权力。①

本章将按照图 5-1 所示的分析框架进行分析。

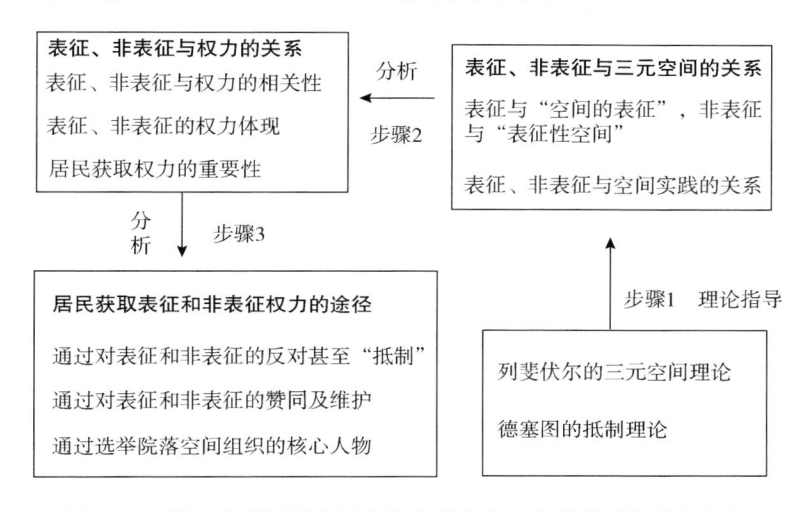

图 5-1　第五章"西四街区表征与非表征文化的关系"分析框架

第一节　表征、非表征与三元空间的关系

一　表征与"空间的表征"，非表征与"表征性空间"

表征、非表征有不同的权力主体。文化地理学研究的核心内容之一便是主体和主体性②。西四北一至八条街区表征、非表征均有不同的权力主体，部分表征的主体是目前的政府和规划者，部分是历史上的政府。非表征的部分主体是政府，部分主体是居民和利用者。其中，政府和规划者的表征、居民和利用者的非表征分别与三元空间理论中"空间的表

---

① 使用"居民的权力"而非"居民的权利"，是和"三元空间理论"中的权力相对应。
② [英]凯·安德森、史蒂夫·派尔、奈杰尔·思里夫特等主编：《文化地理学手册》，李蕾蕾、张景秋译，商务印书馆 2009 年版，第 420 页。

文化表征与非表征的理论与实践：北京西四街区文化的综合保护

征""表征性空间"相互关联。

政府、规划者的表征与三元空间理论中"空间的表征"的概念及其含义相同。依据列斐伏尔对"空间的表征"的理解，"空间的表征"是官僚、规划师、科学家等的空间，是一种构想的空间，是一种概念化的空间，空间的表征是经空间的编码所形成的同质化的空间①。索贾认同该观点②。法伊夫也认为，空间的表征就是规划师规划的空间。伊伯格认为，空间的表征就是空间通用的知识③。安德森认为，空间表征就是规划师所规划的空间，在他的案例中，指对芝加哥城市的规划④。而表征理论中的"表征"空间是一种同质化的空间，是一种共性的空间，是一种建构的空间，是非情境性的空间⑤⑥。因此，政府、规划者的"表征"与三元空间理论中的"空间的表征"内涵一致。

居民和利用者的"非表征"与三元空间理论中"表征性空间"的概念及其含义一致。依据列斐伏尔对"表征性空间"的理解，"表征性空间"是居民和利用者创造的空间，"表征性空间"是一个有年龄差异的、性别差异的多样化的空间，是一个富有感情的空间，是一个创造力的空间⑦。英国南安普敦大学地理学者梅里菲尔德（A. Merrifield）认同列斐伏尔"表征性空间"的概念⑧。安德森认为，"表征性空间"是人们对城

---

① Lefebvre, H., *The Production of Space*, trans. D. Nicholson-Smith, Oxford: Blackwell, 1991, p. 19.

② ［美］Edward W. Soja：《第三空间：去往洛杉矶和其他真实和想象地方的旅程》，陆扬等译，上海教育出版社 2005 年版，第 100—183 页。

③ Eizenberg, E., "Actually Existing Commons: Three Moments of Space of Community Gardens in New York City", *Antipode*, Vol. 44, No. 2, 2012, pp. 764 – 782.

④ Anderson Hannah, "Chicago's Critical Mass & the Transportation of Everyday Life", http://hannahwinkle.com/ccm/ccm.htm, 2007.

⑤ ［英］斯图尔特·霍尔编：《表征：文化表征与意指实践》，徐亮、陆兴华译，商务印书馆 2005 年版，第 25—26 页。

⑥ Thrift, N., Dewsbury, J. D., "Dead Geographiesö and How to Make Them Live", *Environment & Planning D: Society & Space*, Vol. 18, 2000, pp. 411 – 432.

⑦ Lefebvre, H., *The Production of Space*, trans. D. Nicholson-Smith, Oxford: Blackwell, 1991, pp. 100 – 185.

⑧ Merrifield, A., "Place and Space: A Lefebvrian Reconciliation", *Transactions of the Institute of British Geographers*, New Series 18, 1993: 516 – 532.

第五章 西四街区表征与非表征文化的关系

市的理想和想象①。劳拉贝丝认为,"表征性空间",是生活的空间。它是居民生活经验和想象的空间,包含承载居民意义的象征、图片和物体等②。索贾也认为,"表征性空间""空间实践""空间的表征"分别对应社会的空间、物质的空间、精神的空间。这三个空间中,可以是"意识生产物质世界也可以是物质世界生产意识"③。这些学者的观点说明"表征性空间"是居民根据日常生活的身体实践所创造的一种空间,该空间也是一个情感的空间,是一个情境的空间,承载个性的空间,而非表征理论中的居民的非表征空间正是这样的空间④,所以三元空间理论中的"表征性空间"与非表征理论中的居民的"非表征"的空间的内涵是一致的。

二 表征、非表征与"空间实践"之间的关系

经前面的分析,由于政府、规划者的"表征"与"空间的表征"内涵一致,居民和利用者的"非表征"与"表征性空间"内涵一致,所以正如"空间的表征""表征性空间""空间实践"之间的回溯式前进的关系,表征、非表征通过"空间的实践"相互联系并相互影响。政府、规划者的表征、居民和利用者的非表征、空间实践之间的关系如图5-2所示。三者可以处于图中不同的位置,但是三者之间是以顺时针或者逆时针的方式相互作用,所以不管三者处于何位置,最终三者之间的相互作用形成两种模式,其中一种是,表征通过空间实践与现实发生联系,把表征文化映射在现实空间中。空间实践可以展示表征文化保护传承的效果,同时,居民和利用者面对这种现实空

---

① Anderson Hannah, "Chicago's Critical Mass & the Transportation of Everyday Life", http://hannahwinkle.com/ccm/ccm.htm. 2007.

② Laura Beth Bugg, "Religion on the Fringe: the Representation of Space and Minority Religious Facilities in the Rural-urban Fringe of Metropolitan Sydney, Australia", *Australian Geographer*, Vol. 43, No. 3, 2012, pp. 273–289.

③ [美] Edward W. Soja:《第三空间:去往洛杉矶和其他真实和想象地方的旅程》,陆扬等译,上海教育出版社2005年版,第82—83页。

④ Thrift, N., Dewsbury, J. D., "Dead Geographiesö and How to Make Them Live", *Environment & Planning D: Society & Space*, Vol. 18, 2000, pp. 411–432.

间，根据自己日常生活的身体实践，创造出自己的非表征空间，也即空间实践推动非表征文化的发展。而这些非表征空间会对原来的表征空间进行修改和补充，推动空间的向前发展。另外一种是，空间实践促进非表征文化向表征文化的转变，而随着历史的发展，被认同的表征逐渐被保留下来，不再被认同的表征又会被不断解构重构，成为非表征，之后又向表征转变，如此不断地进行着三者之间的互动。下文对两种模式进行举例说明。

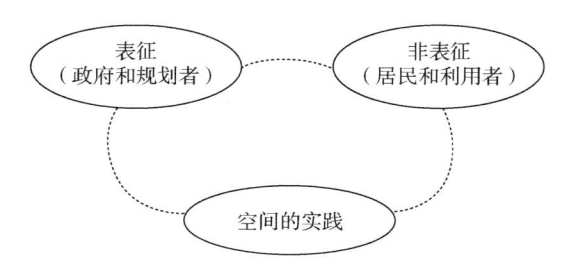

图 5-2 表征、非表征与空间实践之间的关系

（一）空间展现表征文化保护的效果

前面分析了北京西四北一至八条街区四合院表征文化的核心是和谐文化，然而，随着城市化的发展，外来人口的增加，以及由于本地人口结构的变化，这些表征文化在空间实践中的展示效果如何？目前西四北一至八条街区院落中和谐情况怎样？本书通过访谈和问卷调查对此进行了分析。

1. 访谈

经分析，访谈中，多半的居民认为西四北一至八条街区的四合院内居民的和谐程度一般。如"跟周围的邻居都认识，但也不经常在一起聊天，都没时间（F11）"。如"现在和邻居基本上都不聊天了，也就打个招呼，中国那传统文化都淡漠了，像什么尊老爱幼都没了（F12）"，"街坊没有和谐的，老打架。主要是因为利益，占用公共空间问题（F47）"，"一个院子里的都不串门，变化也太快（F13）"。"邻里关系根本感觉不

第五章 西四街区表征与非表征文化的关系

到,大家都各忙各的,比起以前差远了(F15)。""看隔壁有人正在吵架,我们这个院子还经常打架,都不好惹。很多事情都会引起矛盾的(F52)。"四合院中仅有少量居民认为,邻里之间比较和谐或者非常和谐。如有居民认为,"现在四合院里的邻里关系基本还是比较和谐的,因为现在都是自己过自己的,跟别人基本上没什么关系,最起码经济上没什么交流(F13)"。"和新邻居走动的不多,不太熟悉。""平时和邻居交流也不多,大家都上班,挺忙的(F25)。"少数居民认为邻里之间非常和谐,如"我们是部队的房子,经常与里外邻居联络,关系非常好(F14)"。具体来说,又分为以下情况。

从房子的产权归属来看,院落产权属于单位的这些居民,他们相处是最和谐的,胜于院落产权归房管所的和私人的院落。这是因为后两者的院落中,由于房屋的出租等使得居住人员比较杂乱。如有居民认为,"我们是军产的、部队的院子,比地方的好多了,院落比较规整,大家都是老街坊,也是一个单位的,大家经常在一起聊天(F14)"。又如,"我们这是单位的房子,邻里关系很和谐,基本没有纠纷(F19)"。

从矛盾发生的对象上来看,不和谐主要发生在老居民和新居民之间,或者发生在新居民们之间,发生在老居民之间的较少。如有居民认为,"如果没有外地人的话,现在邻里关系还可以(F20)"。又如,"老住户还行,外地人你怎么说都没用。国家最好的政策是外地人的小孩,房东不给你报就没法在北京上学,我们这院子一下子就清静了(F21)",有居民认为,"跟现在的新邻居交流的不多(F10)"。"基本上三分之二都是外地人,三分之一的北京人,自己对于外来住户基本没有交流(F15)。"

从产生不和谐的原因来看,占用公共空间、是否拥有独立的厕所和厨房、水电费等的公摊、厕所打扫问题等都会引起不和谐。大部分居民认为,四合院里公共空间的占用造成居民的不和谐。如有居民认为,"公共空间一点一点被占,这也是最主要的导致邻里间不和谐的原因。很多临时的租户不懂,老住户就会一点点地往外扩,等其他老的房主回来了肯定就不高兴了,一般这是和谐最主要的矛盾(F14)"。"平时邻里间还是比较克制的,但是如果有人私建起来,矛盾会很尖锐,也很常见,毕竟寸土寸金,都太实际了(F15)。"又如,有居民反映,"2008年开奥运会的时候他说东西没地儿放,就堆在这里,结果现在都成了他的库房了,你再多说一句话他就跟你打架,为这事110来过两次了,说占就占,蛮横不讲理,况且这也不是他家门口啊,他租的是北房,堆我们家这里,就这样成冤家了(F21)"。而部分居民认为,四合院中产生矛盾的原因有很多,占用公共空间引起的矛盾只是一部分。如水电费的分摊、四合院里是否每户有厨房和厕所,厕所的打扫等问题,都是造成居民不和谐的因素。如有居民认为,"每户都有厕所和厨房,邻里间纠纷就少(F14)"。西四北六条社区居委会的一位工作人员认为,"水电费怎么算?公共用水怎么分摊、公共照明的电费怎么弄,这些都容易产生矛盾(F28)"。还有,厕所的卫生打扫问题也能引起矛盾:"没专人打扫的话就轮着班打扫吧,轮到你们家打扫的时候你不扫,或者说扫得不干净,然后有一家扫得特别积极,就看不惯了呗,这不就产生矛盾了吗?(F64)。"

2. 调查问卷统计

(1) 调查问卷的特征

本书对西四北一至八条街区院落的和谐情况进行了调查,本部分调查问卷的特征设计与第三章调查问卷特征相同。

(2) 被调查者人口统计特征分析

被调查者基本属性见表5-1,从表中可以看出,被调查者中,居民的职业为"以前的正式工"和"国家机关和事业单位人员"的比例较高,"临时工、下岗或无业"的比例最低,这说明被调查居民的职业比较稳定,能代表社会的中坚力量。所以其月收入也以"2000—5000元"的中低收入水平为主。被调查者的年龄集中分布在26岁至74岁,男女性别比例相当。这都说明,调查问卷能够较好地反映西四北一至八条街区居民的情况。

第五章　西四街区表征与非表征文化的关系

表 5-1　　　　　　　　　　　　被调查者基本属性

居住地	头条	二条	三条	四条	五条	六条	七条	八条
频率	15	14	15	20	12	11	9	8
比例（%）	14.4	13.5	14.4	19.2	11.5	10.6	8.7	7.7
职业	临时工、下岗或无业	个体商人	合同工	以前的正式工	国家机关和事业单位人员			
频率	10	20	17	34	23			
比例（%）	9.6	19.2	16.3	32.7	22.1			
年龄	25岁以下	26—39岁	40—59岁	60—74岁	75岁以上			
频率	2	35	31	23	13			
比例（%）	1.9	33.7	29.8	22.1	12.5			
月收入	2000元以内	2000—5000元	5000—7000元	7000—10000元	>10000元			
频率	19	61	11	4	9			
比例（%）	18.3	58.7	10.6	3.8	8.7			

（3）居民间和谐情况及选择在西四街区居住的理由

本书对居民之间和谐情况及居民选择西四北一至八条街区居住的理由进行了分析，结果如表 5-2 所示。从表中可见，居民选择"对邻里关系有感情"的只占 9.3%。而选择在此居住最多的理由是"区位优势"（占 43.6%），其次是"别处没房"（占 23.6%），第三是"对房子有感情"（14.3%）；"好的老城区文化氛围"占 9.3%。可见，居民选择在西四街区居住是因为这里的区位优势，而不是因为邻里之间和谐，仅很少部分的居民对邻里关系有感情。

表 5-2　　　居民间和谐情况及选择西四北一至八条街区居住的理由

理由	所占百分比（%）
区位优势	43.6
别处没房	23.6
对房子有感情	14.3
对邻里关系有感情	9.3

续表

理由	所占百分比（%）
好的老城区文化氛围	9.3

（4）不同属性居民邻里的和谐情况

①不同年龄、性别居民的邻里和谐情况

经对调查问卷的统计，发现，一半以上的调查居民认为目前四合院中人们之间的关系为"一般"，而不是"比较和谐"或者"非常和谐"。其中，不同年龄和性别的居民的认识有所不同。不同年龄、不同性别居民对院落邻里之间关系的认识如表 5-3 所示。首先，总体来看，各个年龄段、男女性别的居民大部分认为院落邻里之间的关系为"一般"，其所占比例为 52.4%。15.5% 的居民认为邻里之间的关系"比较和谐"，11.7% 的居民认为邻里之间的关系"非常和谐"。而 9.7% 的居民认为邻里之间"互不认识"，10.7% 的居民认为邻里之间"会发生矛盾"。其次，不同性别的居民对邻里之间关系的认识不同，女性居民更倾向于认为邻里之间关系"一般""比较和谐""非常和谐"，其所占比例分别为 46.2%、17.3%、15.4%。而男性居民中，除 57.7% 居民认为邻里之间关系"一般"外，倾向于认为邻里之间"会发生矛盾"的居民所占比例位居第二，为 13.5%。第三，不同年龄段居民对邻里之间关系的认识也不同。25 岁以下居民，50% 的人认为邻里之间会发生矛盾。而其他年龄段的居民多数认为邻里之间关系"一般"或者"比较和谐"。第四，不同年龄段的男女性别居民对邻里之间的关系认识也不同，如 75 岁以上居民中，男性居民认为院落邻里之间的关系为"一般"，所占比例为 80%，剩余男性居民认为邻里之间"会发生矛盾"。而 75 岁以上的女性居民除认为关系"一般"的外，认为"会发生矛盾""互不认识""比较和谐""非常和谐"的居民所占比例相同，均为 12.5%。26—39 岁居民中，女性居民偏向于认为邻里之间关系比较和谐，而男性居民偏向于认为邻里之间关系一般。

第五章　西四街区表征与非表征文化的关系

表5-3　不同年龄、性别居民对四合院邻里之间关系的认识

性别 ＊ 您认为院落邻里之间和谐吗 ＊ 年龄交叉制表

年龄				会发生矛盾	互不认识	一般	比较和谐	非常和谐	合计
75岁以上	性别	女	计数	1	1	4	1	1	8
			性别中的%	12.5%	12.5%	50.0%	12.5%	12.5%	100.0%
		男	计数	1	0	4	0	0	5
			性别中的%	20.0%	0.0%	80.0%	0.0%	0.0%	100.0%
	合计		计数	2	1	8	1	1	13
			性别中的%	15.4%	7.7%	61.5%	7.7%	7.7%	100.0%
60—74岁	性别	女	计数	1	1	5	1	2	10
			性别中的%	10.0%	10.0%	50.0%	10.0%	20.0%	100.0%
		男	计数	2	2	6	3	0	13
			性别中的%	15.4%	15.4%	46.2%	23.1%	0.0%	100.0%
	合计		计数	3	3	11	4	2	23
			性别中的%	13.0%	13.0%	47.8%	17.4%	8.7%	100.0%
40—59岁	性别	女	计数	1	1	11	2	2	17
			性别中的%	5.9%	5.9%	64.7%	11.8%	11.8%	100.0%
		男	计数	2	1	5	3	3	14
			性别中的%	14.3%	7.1%	35.7%	21.4%	21.4%	100.0%
	合计		计数	3	2	16	5	5	31
			性别中的%	9.7%	6.5%	51.6%	16.1%	16.1%	100.0%
26—39岁	性别	女	计数	1	4	4	5	3	17
			性别中的%	5.9%	23.5%	23.5%	29.4%	17.6%	100.0%
		男	计数	1	0	14	1	2	18
			性别中的%	5.6%	0.0%	77.8%	5.6%	11.1%	100.0%
	合计		计数	2	4	18	6	5	35
			性别中的%	5.7%	11.4%	51.4%	17.1%	14.3%	100.0%
25岁以下	性别	男	计数	1		1			2
			性别中的%	50.0%		50.0%			100.0%
	合计		计数	1		1			2
			性别中的%	50.0%		50.0%			100.0%

续表

性别 *　您认为院落邻里之间和谐吗 *　年龄交叉制表

年龄				您认为院落邻里之间和谐吗					合计
				会发生矛盾	互不认识	一般	比较和谐	非常和谐	
合计	性别	女	计数	4	7	24	9	8	52
			性别中的%	7.7%	13.5%	46.2%	17.3%	15.4%	100.0%
		男	计数	7	3	30	7	5	52
			性别中的%	13.5%	5.8%	57.7%	13.5%	9.6%	100.0%
合计			计数	11	10	54	16	13	104
			性别中的%	10.7%	9.7%	52.4%	15.5%	11.7%	100.0%

不同性别居民在解决四合院中邻里矛盾时所采取的方式存在差异，其情况如图5-3所示，从图中可以看出，男性居民采用自行友好处理、请居委会或者派出所协助、请邻居协助、隐忍的方式的比例均高于女性居民，而女性采用吵架、打架方式的比例高于男性。

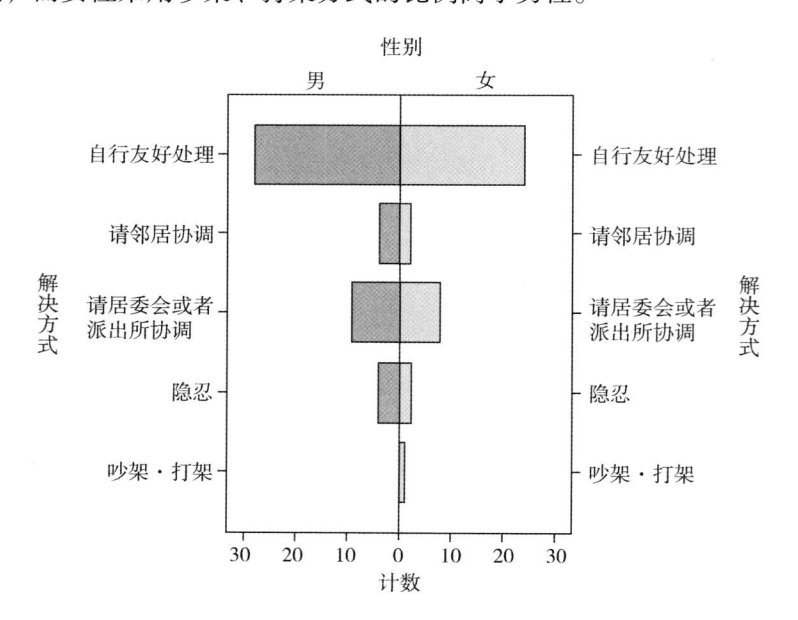

图5-3　不同性别居民解决邻里矛盾的方式

第五章 西四街区表征与非表征文化的关系

②不同产权房屋居民邻里的和谐情况

本书通过调查不同产权房屋居民若迁离对西四街区的留恋情况，进而分析居民的邻里和谐关系。经分析，如果迁离西四，向原来的租户再租房的居民最留恋的是西四北一至八条街区的区位优势。产权为私产的居民，最留恋的是西四街区这个地方。租集体产权房子的居民最留恋的是这里的邻里关系，其次是这个地方的位置，租房管局房子的居民最留恋的是自己居住的房子。可见，租集体产权房子的居民邻里之间最和谐。

(二) 空间实践分析影响表征文化保护的因素[①]

空间实践可以分析影响表征文化保护的因素，本书在发放调查问卷的基础上，采用结构方程模型对影响北京西四北一至八条街区表征文化保护的因素进行研究，以期从空间实践的角度，找出其影响因素，为西四北一至八条街区表征文化的保护出谋划策。

1. 研究方法

结构方程模型简介。本书拟采用结构方程模型（Structural Equation Modeling）进行分析。结构方程模型，简称 SEM，也被称为 LISREL 分析、线性结构关系模型、验证性因素分析、潜在变量模型 LVM 等。它是综合了路径分析（path analysis）和因子分析（factor analysis）、回归分析（regression analysis）方法的一种多变量统计分析框架。该模型包含测量模型（measured model）和结构模型（structural model）。测量模型又由潜在变量（latent variable）和观察变量（observed variable）所组成。观察变量是能通过问卷等测量方法所获得的变量数据，在 SEM 模型中一般以方形符号表示。潜在变量是一些抽象的概念，无法通过测量获得，需要由观察变量来反映，而且其是观察变量所反映的共同因素，在模型中一般以圆形或者椭圆形符号表示。潜在变量又分为内生潜在变量（endogenous latent variables）和外源潜在变量（exogenous latent variable）。前者指

[①] 本部分内容已发表，见成志芬 "The Spatial Factors of Cultural Identity: A Case Study of the Courtyards in a Historical Residential Area in Beijing", *Sustainability*, Vol. 10, No. 8, 2018, pp. 1 - 16. 收入本书时进行了补充和修改。

由模型内数量决定的潜在变量，后者指由模型外的变量决定的潜在变量。即模型内没有解释它的前因的潜在变量就是外源潜在变量（没有箭头指向它），模型中包含其前因的潜在变量就是内生潜在变量（有箭头指向它）[1]。潜在变量还包含一阶潜在变量和二阶潜在变量（是否提出二阶验证性因子分析模型，要通过检查原来的一阶潜在因素间是否存在中高度的关联程度来判断。即判断原来的一阶潜在因素是否均受到较高阶潜在因素的影响[2]）。一般来说，潜在变量是自变量，观察变量是因变量。潜在变量与观察变量之间是线性回归关系。测量模型主要用来反映潜在变量与其测量指标（也即观察变量）之间的关系。结构模型主要用来反映潜在变量之间的关系。一个结构方程模型，可以由几个测量模型和一个结构模型所组成[3][4]。这些变量之间的关系可以用图5-4表示。

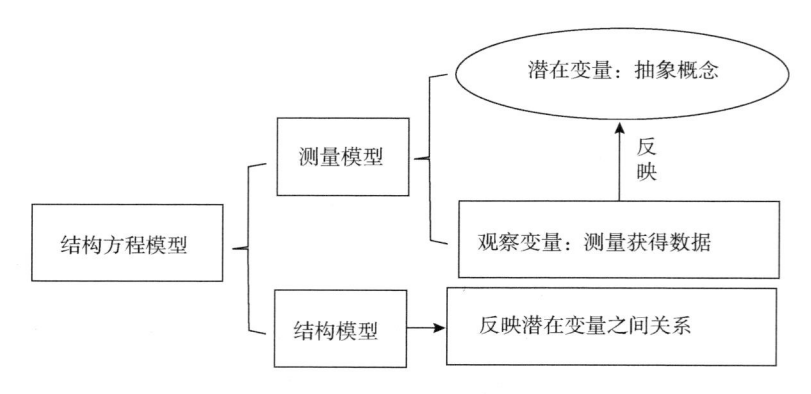

图5-4　结构方程模型的构成

结构方程模型的优点和目的。结构方程模型不仅能够用来分析不可测量的潜在变量，还可以克服传统的分析方法（如多元回归、路径分析

---

[1] 罗胜强、姜嬿：《管理学问卷调查研究方法》，重庆大学出版社2014年版，第233页。
[2] 吴明隆：《结构方程模型——AMOS的操作与应用》，重庆大学出版社2009年版，第246页。
[3] 吴明隆：《结构方程模型——AMOS的操作与应用》，重庆大学出版社2009年版，第1—20页。
[4] 王济川、王小倩等：《结构方程模型：方法与应用》，高等教育出版社2011年版，第1—28页。

第五章　西四街区表征与非表征文化的关系

等方法）因出现观察变量的测量错误而导致的推论错误的缺点。它还具有对多个因变量建模、处理非正态分布数据、检验模型的整体拟合度等优点，所以被广泛应用于社会科学领域。结构方程模型的一个特点是，初始模型设定通常不能很好地拟合数据，需要寻找模型的错误要素，并修正模型用同一数据进行验证。该方法的主要目的是，通过一种不受测量误差影响的方式来分析假设模型中潜在变量之间的结构关系。[1]

结构方程模型中的因子载荷、路径系数和指标数。结构方程模型中，测量模型由验证性因子模型（Confirmatory Factor Analys）来评估，模型中的系数在因子分析中称为因子负载（factor loading）。在模型计算中，首先要说明，需要将每个误差变量对观察指标的路径系数固定为1，这是因为误差变量没有单位，它也是一个潜在变量，其测量误差的路径系数与其误差方差互为函数，所以两个参数无法同时估计，只能界定其中一种。第二，潜在变量对观察变量的影响中，必须至少将其中一个观察指标的变量的路径系数固定为1，这是一种未标准化的界定，只有这样才能顺利进行参数估计[2]。关于结构方程模型中潜在变量包含的指标数，有学者认为，每个潜在变量至少要有3个指标，如果只有2个指标，这些指标要和其他指标相关，这样模型才好识别[3]。关于其的样本数，目前学者们的观点不一，有学者认为，只要样本量大于65即可计算，有学者认为样本数最好大于100[4]。

2. 模型构建

四合院表征文化（即和谐文化）保护影响因素的结构方程模型（SEM）构建。本书在充分借鉴已有研究成果的基础上，结合西四历史文化街区的实际，从院落居住条件、自家居住条件、院落组织、和谐文化认同及保护四个维度构建了SEM。关于变量和路径的设计，依据以下观

---

[1] 王济川、王小倩等：《结构方程模型：方法与应用》，高等教育出版社2011年版，第4—5、23页。
[2] 吴明隆：《结构方程模型——AMOS的操作与应用》，重庆大学出版社2009年版，第191页。
[3] 侯杰泰、温忠麟等：《结构方程模型及其应用》，教育科学出版社2004年版，第137页。
[4] 侯杰泰、温忠麟等：《结构方程模型及其应用》，教育科学出版社2004年版，第137页。

文化表征与非表征的理论与实践：北京西四街区文化的综合保护

点：第一，根据佩蒂格鲁（T. F. Pettigrew）的说法，区域的性质和大小会影响居民之间的联系和接触，进而影响他们的文化认同及保护[1]。奥尔波特（G. W. Allport）指出，邻近地区是团体间联系的重要场所[2]。周尚意等认为，目前居住在西四街区院落的外地人的比例影响到院落居民对居住文化的认同及保护[3]。薛蕊认为，西四街区院落居住条件与院落户数、院落人数、人均面积密切相关[4]。迈克逊（W. Michelson）意识到，良好的物理环境更适合邻居的文化要求的行为[5]。依据这些观点，本书设计了"院落居住条件"的潜在变量和院落户数（C1）、院落人数（C2）、外地人数（C3）、人均面积（C4）四个观察变量，并假设了"和谐文化认同及保护"受到"院落居住条件"的正向影响（H3）路径。第二，有研究认为，身体舒适取决于适当的生活条件，而身体不适会导致心理不安[6]。穆勒（M. S. Muller）认为，一些行为规范是文化传统的结果，它们显然具有空间意义。所以，要通过感知距离等操作来调整有限的空间[7]。李颖伯等通过对西四街区院落的调查发现，多数居民认为急需增加自家住房面积和住房间数，因为他们认为自家居住条件的欠好限制了他们对院落文化的认同及保护，自家居住条件改善后，居民之间会更和谐[8]。据

---

[1] Pettigrew, T. F., "Intergroup contact theory", *Annual Review of Psychology*, Vol. 49, No. 1, 1998, pp. 65–85.

[2] Allport, G. W., *The Nature of Prejudice*, Addison-Wesley Publishing Company: Cambridge, MA, UAS, 1954, pp. 22–24.

[3] 周尚意、夏侯明健、成志芬：《北京四合院居住文化空间认同与传承——以西四北头条至八条保护区的调查为例》，宁越敏主编《中国城市研究》第九辑，科学出版社2016年版，第122—134页。

[4] 薛蕊：《以人口疏解为前提的四合院更新改造设计研究》，硕士学位论文，北京建筑工程学院，2012年。

[5] Michelson, W., "Research Note: An Empirical Analysis of Urban Environmental Preferences", *Journal of the American Institute of Planners*, Vol. 32, No. 6, 1966, pp. 355–360.

[6] Hanif, E., Hashemnejad, H., Ghafourian, M., "The Concept of Sustainable Dwelling Epitomized in the Courtyards of Lranian Houses: A Case Study of Houses in Kashan in the Qajar Period", *Journal of Engineering and Applied Sciences*, Vol. 12, No. 6, 2017, pp. 1482–1491.

[7] Muller, M. S., "Traditional Cultural Identity in new Dwellings of Urban Africa", *Ekistic*, Vol. 51, No. 307, 1984, pp. 359–365.

[8] 李颖伯、郭利娅、崇菊义：《历史文化街区现状调查及发展规划的建议》，《北京联合大学学报》（人文社会科学版）2004年第1期。

第五章　西四街区表征与非表征文化的关系

此，本书设计了"自家居住条件"潜在变量及自家面积（S1）、自家间数（S2）、房屋产权（S3）、居住时长（S4）四个观察变量，并假设了"和谐文化认同及保护"受到"自家居住条件"的正向影响（H2）路径。第三，有学者认为，非政府公民社会可以在调解冲突、解决纠纷方面发挥积极作用，一些学者认为，空间组织者可以为所有的空间使用者制定规则、维护设施、清理垃圾等[1]。焦怡雪也认为，院落核心人物参与并主持院落公道可以使院落居民的需求和意愿得到重视和尊重，可以加强居民对和谐文化的认同及保护[2]。王亮认为，院落中有居民组织大家应对一些发生的非预料事情时，可以加强居民对院落的归属感和认同[3]。据此，本书设计了"院落组织"及矛盾解决依据（O1）、非预料问题出现时应对（O2）、矛盾解决方式（O3）三个观察变量，并假设了"和谐文化认同及保护"受到"院落组织"的正向影响（H5）路径。第四，根据一些学者的观点，空间组织可以被研究为表达某些文化规范的一种方法[4]。本书假设了"院落组织"受到"院落居住条件"的正向影响（H4）路径。第五，史密斯（D. L. Smith）认为，没有充分考虑到居民的结构和需求的房子，不能得到居民独特的认同[5]。崔惠等认为，历史上北京四合院的公共空间是院落居民交流的场所，居民在这里形成和谐的邻里情感[6]。一些学者认为可持续的居住模式需要最大的开放空间[7]。王真真也认为历史街

---

[1] Carmona, M., De Magalhaes, C., Hammond, L., *Public Space: the Management Dimension*, Routledge: London, UK, 2008, pp. 17 – 20.

[2] 焦怡雪：《社区发展：北京旧城历史文化保护区保护与改善的可行途径》，博士学位论文，清华大学，2003 年。

[3] 王亮：《北京历史文化保护区规划中"居民参与"的理论与实践研究》，硕士学位论文，清华大学，2003 年。

[4] Hanif, E., Hashemnejad, H., Ghafourian, M., "The Concept of Sustainable Dwelling Epitomized in the Courtyards of Lranian Houses: A Case Study of Houses in Kashan in the Qajar Period", *Journal of Engineering and Applied Sciences*, No. 12, 2017, pp. 1482 – 1491.

[5] Smith, D. L., "Household Design and Family Needs in Nairobi, Kenya", *Ekistics*, Vol. 48, No. 287, 1981, pp. 145 – 151.

[6] 崔惠、禹忠兴：《北京四合院空间格局的价值与传承》，《价值工程》2013 年第 27 期。

[7] Hanif, E., Hashemnejad, H., Ghafourian, M., "The Concept of Sustainable Dwelling Epitomized in the Courtyards of Lranian Houses: A Case Study of Houses in Kashan in the Qajar Period", *Journal of Engineering and Applies Sciences*, Vol. 12, No. 6, 2017, pp. 1482 – 1491.

文化表征与非表征的理论与实践：北京西四街区文化的综合保护

区传统的公共空间见证了邻里之间和谐的生活场景[1]。刘媛欣经调查发现，目前北京四合院中，多户强占公共空间（加建房屋、堆放杂物等）、自扫门前雪的现象已经屡见不鲜，这造成院落公共卫生条件差，以及居民之间经常发生矛盾的现象[2]。周轲婧等认为，目前北京四合院公共空间的狭小拥挤使居民生活条件恶劣，严重影响居民情绪和对居住文化的认同及保护[3]。据此，本书设计了"和谐文化认同及保护"的潜在变量及公共空间利用方式（M1）、院落互助活动形式（M2）、公共空间所占比例（M3）、公共空间使用情况（M4）四个观察变量。第六，袁熹认为，四合院中，家庭居住面积、居住间数与家庭收入成正比，从而与每间房屋居住的人数、院落居住户数、居住人数成反比[4]。据此，本书假设"自家居住条件"受到"院落居住条件"的正向影响（H1）路径。第七，周尚意等认为，西四街区的许多院落中都出现了院落组织的核心人物，他们拥有更多的空间话语权和资源占有权，也承担更多责任，如打扫院落地面、收取公摊电费、疏通卫生间、协调邻里矛盾等[5]。据此，本书假设"院落组织"受到"自家居住条件"的正向影响（H6）路径。依据上述观点，本书构建的 SEM 模型如图 5-5 所示。

在该结构方程模型中，测量模型是椭圆形符号和方形符号连接的路径分析，结构模型是椭圆形符号和椭圆形符号连接的路径分析。观察变量是长方形符号中的变量，潜在变量是椭圆形符号中的变量[6]。本书的

---

[1] 王真真：《历史街区的现代性》，广西师范大学出版社 2015 年版，第 208 页。
[2] 刘媛欣：《北京传统四合院空间的有机更新与再造研究》，硕士学位论文，北京林业大学，2010 年。
[3] 周轲婧、张大玉：《北京四合院院落空间及功能的当代置换》，国际人类学与民族学联合会、中国民族建筑研究会《族群·聚落·民族建筑——国际人类学与民族学联合会第十六届世界大会专题会议论文集》，云南大学出版社 2009 年版，第 522—526 页。
[4] 袁熹：《近代北京市民居住条件的变迁》，首都博物馆编《首都博物馆丛刊》，北京燕山出版社 2004 年版，第 37—41 页。
[5] 周尚意、夏侯明健、成志芬：《北京四合院居住文化空间认同与传承——以西四北头条至八条保护区的调查为例》，宁越敏主编《中国城市研究》第九辑，科学出版社 2016 年版，第 122—134 页。
[6] 李晓鸿：《结构方程模型在顾客满意度测评中的应用研究》，《西安邮电学院学报》2007 年第 4 期。

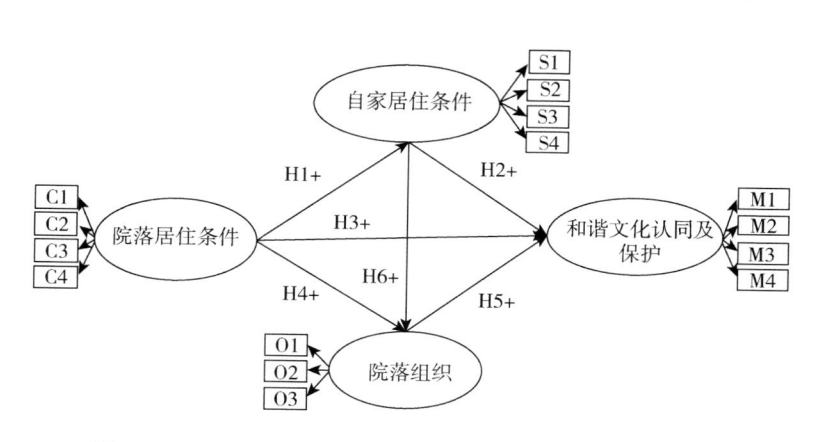

第五章 西四街区表征与非表征文化的关系

图 5-5　西四北一至八条街区院落和谐文化认同及保护模型

潜在变量包括：院落居住条件、自家居住条件、和谐文化认同及保护、院落组织四个变量。每个潜在变量又包括一组观察变量：院落居住条件潜在变量包括观察变量 C1—C4。自家居住条件潜在变量包括观察变量 S1—S4。院落组织潜在变量包括观察变量 O1—O3。和谐文化认同及保护潜在变量包括观察变量 M1—M4（见表 5-4）。模型中两变量之间用箭头相连，表示两变量之间存在关系，箭头方向所指的变量表示该变量受到另一变量的影响。

表 5-4　　　　　　　研究初设的潜在变量与观察变量

潜在变量	观察变量
院落居住条件	C1 院落户数
	C2 院落人数
	C3 外地人数
	C4 人均面积
自家居住条件	S1 自家面积
	S2 自家间数
	S3 房屋产权
	S4 居住时长

续表

潜在变量	观察变量
院落组织	O1 矛盾解决依据
	O2 非预料问题出现时应对
	O3 矛盾解决方式
和谐文化认同及保护	M1 公共空间利用方式
	M2 院落互助活动形式
	M3 公共空间所占比例
	M4 公共空间使用情况

3. 问卷调查

本调查分为三部分，其中，第一与第二部分（居民个人基本属性、居民对和谐文化的认同及保护情况）仍然与第三章"居民对表征文化的认同"中的调查内容相同，调查的第三部分是对观察变量的调查，本次调查采用的方法、步骤、总受访者等调查问卷的特征与表3-18相同。

调查问卷的题目大部分采用李克特量表（Likert scale）的5级评分法。从1到5表示的程度越来越好（虽然5级评分法是序次测量，但在统计模型分析中，通常将有5个或者更多的序次测量看作是连续变量分析[①]）。在本书中，取值越大，表示居民对和谐文化越认同及愿意保护。本书对少量缺失数据用均值表示。本书对异常数据进行了核对、校正或者剔除。一些题目采用比率变量的设计，如人均面积、自住间数、自住面积、院落人数等。然后进行了量表转换，将比率变量转换为定类变量，定类变量的转化也分为五级。对于比率变量缺失值，先在SPSS中用"序列均值"进行替补。再将此转化为定类变量。本书采用软件AMOS17.0进行分析。

4. 模型信度、效度检测

首先，本书对和谐文化认同及保护调查的变量进行了验证性因子分析。验证性因子分析主要是检验理论建构是否正确，理论模型是否合理，

[①] 王济川、王小倩等：《结构方程模型：方法与应用》，高等教育出版社2011年版，第41页。

第五章　西四街区表征与非表征文化的关系

它区别于探索性因子分析于理论建构前对因子结构的分析。此外，检验理论模型还要对指标变量的效度与信度进行检验[①]。检验结果显示，因子分析质量检验的 KMO 值为 0.600，大于 0.5，可以进行因子分析[②]。数据的显著性系数 Sig. 为 0.000，小于 0.001，通过了 Bartlett's 检验，本问卷调查变量适合做因子分析（表 5-5）。

表 5-5　　　　　　　　　　**KMO 和 Bartlett 的检验**

取样足够度的 Kaiser-Meyer-Olkin 度量		0.600
Bartlett 的球形度检验	近似卡方	267.727
	df	55
	Sig.	0.000

其次，本书采用主成分方法，经过方差最大旋转的因子旋转方式，提取特征值大于 1 的成分因子，发现整体变量共提取了 4 个因子，其因子载荷大部分大于 0.5 的标准。这些公共因子的特征值占总方差百分数的累计值达 66.4%，公共因子的数量与预先假定的潜在变量基本吻合。但该分析剔除了 4 个观察变量（表 5-6）：公共空间使用情况、矛盾解决方式、人均面积、居住时长。因此，最终进入本模型的潜在变量为 4 个，观察变量为 11 个。最后，本书对修正后模型的 11 个观察变量进行了组合信度（CR）和平均方差抽取量（AVE）验证（表 5-6）。并计算得出潜在变量的 CR 基本在 0.6 以上。一般认为，潜在变量的 CR 在 0.6 以上，模型的内在质量佳。可见，该模型的内在质量比较理想。AVE 为潜在变量解释其指标变量变异量的比值，该值越大，表示测量指标愈能有效地反映其共同因素的潜在特质。表中该值大部分大于 0.5，只有一个略低于 0.5，模型的内在质量较好。最后，对调查数据各个层面进行了信度分析，通过克朗巴哈 α 系数（CA）来判断，本问卷的信度合适（表 5-6）。

[①] 吴明隆：《结构方程模型——AMOS 的操作与应用》，重庆大学出版社 2009 年版，第 212—213 页。

[②] 刘震、吴广等：《SPSS 统计分析与应用》，电子工业出版社 2011 年版，第 365 页。

表 5-6　　　　　　　　　　问卷的信度、效度分析

潜在变量	测量变量	标准化因素载荷量λ	信度系数（CA）	测量误差	组合信度CR	平均方差抽取AVE
院落居住	C1 院落户数	0.85	0.72	0.28	0.82	0.6
	C2 院落人数	0.97	0.94	0.06		
	C3 外地人数	0.46	0.21	0.79		
自家居住	S1 自家面积	0.58	0.34	0.66	0.71	0.5
	S2 自家间数	0.92	0.85	0.15		
	S3 房屋产权	0.47	0.22	0.78		
和谐文化认同及保护	M1 公共空间利用方式	0.97	0.94	0.06	0.64	0.5
	M2 院落互助活动形式	0.40	0.15	0.85		
	M3 公共空间所占比例	0.40	0.16	0.84		
院落组织	O1 矛盾解决依据	0.53	0.28	0.72	0.43	0.3
	O2 非预料问题出现时应对	0.51	0.26	0.74		

5. 模型修正及指标检验

本书对细化后的模型进行检验，发现一些指标不符合检验标准，模型需要修正。首先，修正必须考虑模型的理论意义。其次，需要依据修正指数 MI（Modification Index）和 t 值（临界比）增加或者删除路径，以使模型拟合度更好并变得简洁。增加路径首选 MI 值最大的路径进行，删除路径首选 t 值为最小值的路径开始。依据这些原则，本书首先据 MI 值，增加路径"自家居住"至"院落居住"路径并进行检验。经检验，卡方值有所减少（卡方值=48），修正有意义。但一些指标仍不符合标准。所以再依据 t 值最小值对其进行修正，删除了"院落组织"对"和谐文化认同及保护"的路径。路径修改和模型修正过程如图 5-6 所示。对第二次修正后的模型进行分析与检验，检验中采用极大似然法，模型检验结果显示模型收敛，可以识别。卡方值=48.973，没有显著增加，表示删

第五章 西四街区表征与非表征文化的关系

除路径可行。Df、p 值符合标准。模型的潜在变量与观察变量的误差值均为正数,且都达到 0.05,其变异量标准误估计值均比较小,表示无模型界定错误问题,无模型违反辨认规则问题。模型修正标准化参数估计路径图如图 5-7 所示。检验的其他数值符合标准(模型适配表如表 5-7 所示),模型基本适配度良好,模型得以简化。

表 5-7 模型适配度摘要

	统计检验量	适配标准	数据检验值	适配判断
绝对适配度指数	χ^2	p>0.05	48.973	是
	RMSEA	<0.08	0.05	是
	GFI	>0.9	0.925	是
	AGFI	>0.9	0.9	是
增值适配度指数	IFI	>0.9	0.959	是
	TLI	>0.9	0.937	是
	CFI	>0.9	0.956	是
简约适配度指数	PGFI	>0.5	0.546	是
	PNFI	>0.5	0.585	是
	PCFI	>0.5	0.678	是
	χ^2/df	<2	1.256	是
	CAIC	理论模型值小于独立模型值,且同时小于饱和模型值	201.372<342.047 342.047<372.530	是

6. 影响因素分析

影响因素的分析如下:

(1)"和谐文化认同及保护"受到"公共空间所占比例""院落互助活动形式""公共空间利用方式"的正向影响。但影响的大小因"因子载荷"的不同而不同。根据因子载荷,其受到三者影响的大小依据三者的此排序逐渐减小,而受到前两个观察变量的影响较大。即公共空间所占比例越小、院落互助活动越少,北京西四街区四合院居民对居住和谐文化越不认同、不保护。而院落互助活动形式表现在邻里互相分享美食、帮忙照顾老人和孩子、帮忙照看房门、彼此借东西、帮忙收快递等方面,

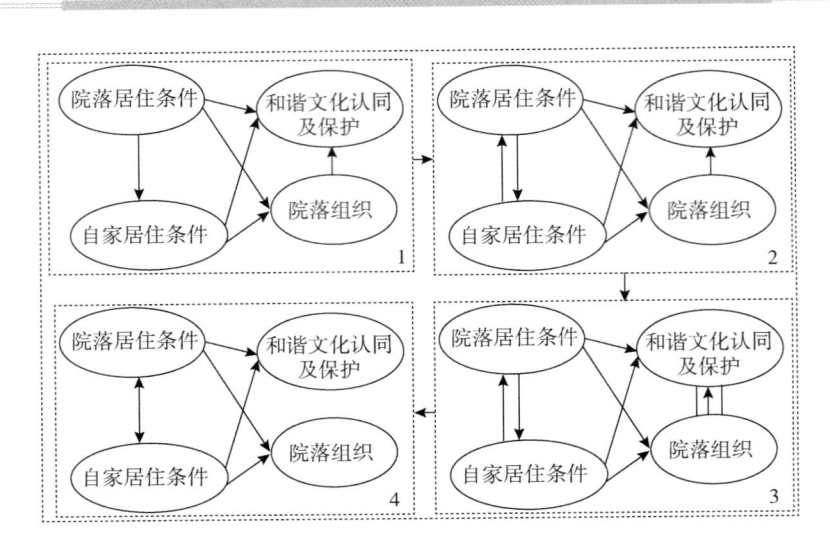

图 5-6　结构方程模型路径修改和模型修正图

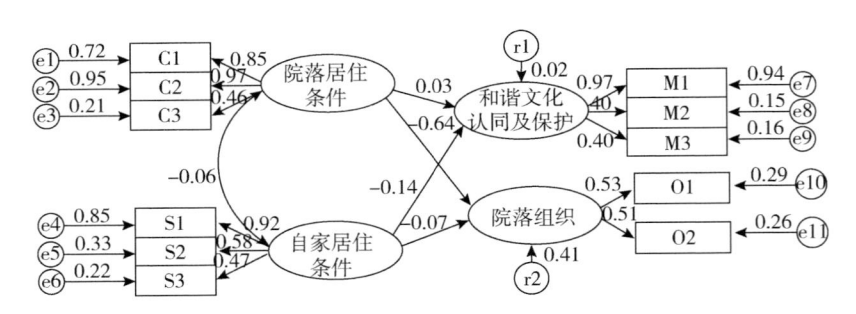

图 5-7　结构方程模型修正标准化参数估计路径图

公共空间利用方式表现在喝茶聊天或下棋、晾晒衣物、存放自行车、堆放杂物等方面。还可以把这个空间用作走廊。

（2）"和谐文化认同及保护"受到"院落居住条件"潜在变量、"自家居住条件"潜在变量的负向影响（经检验，H2 与 H3 与原假设相反），而没有受到"院落组织"潜在变量的正向影响。而"院落居住条件"又主要受到"外地人数""院落户数""院落人数"的观察变量影响，"自家居住条件"主要受到"房屋产权""自家间数""自家面积"的影响。依据潜在变量之间的路径系数以及潜在变量与观察变量之间的因子载荷，

第五章　西四街区表征与非表征文化的关系

"和谐文化认同及保护"主要受到"院落人数""院落户数""外地人数"的影响，其次受到"自家面积""自家间数""房屋产权"的影响。变量的排序按照"和谐文化认同及保护"受此影响的大小而排序，且"和谐文化认同及保护"受到前三者的影响较大。因此，院落人数、户数越多，外地人数越多，四合院居民对居住和谐文化越不认同、不保护。由此可见，院落人口密度大影响着居民对居住和谐文化的认同及保护。加强人们对居住文化的认同及保护，需要将人口控制在合理的范围内。

综上，公共空间比例小是影响居民对和谐居住文化认同及保护的主要因素。院落密度大是影响居民对和谐居住文化认同及保护的另一个主要因素。因此，首先，当公共空间较小时，不能用于公共交流和情感联系，不能用于院落内人们与自然进行物质、信息和能量的交换，也不能用于人们的休闲活动，以及限制了院落装饰等。故应增加公共空间在四合院中的比例，增强居民对四合院和谐文化的认同及保护。其次，应合理减少西四街区四合院的人口密度。密度降低后，居民可以积极开展院落互助活动，从而参与社会互动。例如，居民可以在养老扶幼等生活帮扶、院落安全等方面开展院落互助活动，从而促使院落形成一个舒适安全、其乐融融的空间，从而加强居民对院落和谐文化的认同及保护。

总之，空间实践可以检验表征文化保护的效果，院落在居住条件、布局、大小、建筑形式等空间方面的变化，以及公共空间所占比例的减少，导致居民对表征文化的认同及保护意愿的下降。因此，尽量在院落空间中保持原有的建筑和居住条件，以保存和传承原有的表征文化。有学者采用了地理学的观点，表明阿拉伯—贝都因文化差异导致被迫流离失所和国家诱导的重新安置、城市化进程而经历了深刻的空间变化。这侵蚀了贝都因妇女所扮演的文化角色的范围，并导致其文化认同的逐渐改变[1]。为了保持原有的建筑和居住条件，需要增加公共空间在院落中的

---

[1] Abu-Rabia-Queder, S., Karplus, Y., "Regendering Space and Reconstructing Identity: Bedouin Women's Translocal Mobility Into Lsraeli-Jewish Institutions of Higher Education", *Gend. Place Cult*, Vol. 20, 2013, pp. 470–486.

比例，降低人口密度，鼓励外来居民搬迁。然而，如果这些外地人都搬出院落，城市的公共空间就会逐渐同质化①。正如有学者认为的，大城市的街道允许陌生人以文明的、有尊严的方式和平居住是可能的，也是正常的。有学者也认为，在均质化的情况下，空间中几乎没有群体间的接触，人们很容易成为偏见的牺牲品②。因此，四合院中的外地人还不能被全部搬迁，四合院中本地人与外地人的比例应被控制在合理的范围。

（三）空间实践促进非表征转变为表征

空间实践可以促进非表征转变为表征，但这需要一个历史发展的过程，所以当下非表征变为表征的案例不太明显。历史上存在非表征变为表征的案例，如上文提到的大门门墩、门簪等。门墩、门簪（门当户对）在大门的设计和使用上是具有建筑功能和实用价值的，它们起初是一种非表征，后来人们开始对其进行装饰，这些装饰经过居民在空间实践中不断的效仿，渐渐变成表征的符号，门墩的各种形状和装饰代表不同的等级意义。户对的数量和雕刻代表不同的主人财富等意义。下面再以门钉为例进行说明。

大门的门钉最初只是一种具有实用功能的构件，起源于魏③。有学者认为，它是用来固定拼成门板的通肘板、副肘板、身口板的④。有学者认为它用来固定门板与其背面的梢带⑤。后来人们开始对其进行装饰，把钉帽做成泡头形状，俗称"浮沤钉"，类似漂浮在水面的气泡⑥。后来虽其实用价值不断消失，但门钉作为装饰构件被保留下来，至明朝，门钉的使用没有规制⑦。此后，又经过人们的空间实践，其装饰功能被不断强化

---

① Sorkin, M., *Variations on a Theme Park: The New American City and the End of Public Space*, Hill and Wang: New York, NY, USA, 1992, pp. 7–9.
② Wessel, T., "Does Diversity in Urban Space Enhance Intergroup Contact and Tolerance?", *Geogr. Ann*, Vol. 91, 2009, pp. 5–17.
③ 何本方：《中国古代生活辞典》，沈阳出版社2003年版，第520页。
④ 李欣：《中国古建筑门饰艺术》，天津大学出版社2006年版，第42页。
⑤ 陈勤建：《中国风俗小辞典》，上海辞书出版社2008年版，第356页。
⑥ 李欣：《中国古建筑门饰艺术》，天津大学出版社2006年版，第42页。
⑦ 何本方：《中国古代生活辞典》，沈阳出版社2003年版，第521页。

第五章　西四街区表征与非表征文化的关系

而发展成为一种具有象征意义的符号，至清朝，政府对其数量和色彩进行了规定，门钉变成表征。其表征意义为，个数和色彩对传统社会的政府以及居民赋予不同的象征意义。含九行九列的门钉以及色彩为金色的门钉象征的是帝王之尊，七行七列、五行五列的门钉象征王公大臣之家。普通百姓不使用门钉装饰等[1]。其次，在民间也有其象征意义，因"钉"与人丁的"丁"同音，摸门钉象征"得子"的意义，这在明代《宛署杂记》《耳谈类增》《帝京景物略》中都有记载，如《耳谈类增》记载，"京都元夕，游人火树，沿路竞发。而妇女多集玄武门抹金铺，俚俗以为抹则却病产子……客曰：'此景象何所似？'彭曰：'放的是银花合，抹的是金铜钉。'乃苏味道'火树银花合'[2]。"

第二节　表征、非表征与权力的关系

一　表征、非表征与权力的相关性

三元空间理论中的"空间的表征"和"表征性空间"都与权力有关。对于"空间的表征"，列斐伏尔认为，"空间的表征"是统治权力机构通过空间编码所形成的空间[3]。希尔兹和列斐伏尔认为，"空间的表征"是话语权形成的空间[4]。索贾也认为，"空间的表征"是话语建构的空间[5][6]。所以"空间的表征"是一种统治阶级权力形成的空间，

---

[1] 朱广宇：《中国传统建筑装饰艺术》，机械工业出版社2008年版，第123—125页。

[2] （明）王同轨：《耳谈类增》，中州古籍出版社1994年版，第299页。

[3] Lefebvre, H., *The Production of Space*, trans. D. Nicholson-Smith, Oxford: Blackwell, 1991, pp. 38–48.

[4] Rob Shields, "Henri Lefebvre: Introduction", http://www.slidefinder.net/h/henri_lefebvre_introduction_rob_shields/lecture/5419117, 2015年9月27日。

[5] [美] Edward W. Soja：《第三空间：去往洛杉矶和其他真实和想象地方的旅程》，陆扬等译，上海教育出版社2005年版，第100页。

[6] Lefebvre, H., *The Production of Space*, trans. D. Nicholson-Smith, Oxford: Blackwell, 1991, pp. 47–48.

文化表征与非表征的理论与实践：北京西四街区文化的综合保护

并且统治阶级不断扩大其对空间的控制权，同质性地控制人和事[1]。加州大学学者安布罗（P. J. Ambrose）和学者瑞德尼（Y. Rydin）都认为，空间的表征通常是政治化的，是因为规划被要求通过一个合法的框架强加在具体空间上，目的是政治权力机构要获得利用、发展、再发展土地的权力[2][3]。对于"表征性空间"，列斐伏尔认为，"空间实践""空间的表征""表征性空间"这三位一体空间理论中，"表征性空间"是"空间的真理"，它是普通居民和边缘人员、贫困者等有权力进行表征的空间[4]。梅里菲尔德赞同这个观点[5]。希尔兹和列斐伏尔认为，"表征性空间"应该是居民话语权形成的空间，是反统治阶级权力的空间[6]。可见，这两者都涉及权力。

三元空间回溯前进中涉及权力的变换。学者劳拉贝丝认为，三元空间理论和权力有关，在其研究的案例中，"空间的表征"运用土地利用分区法令制造了排他性。当违背特殊的法令，如当建筑物的形状、材料、使用等与主要的景观相矛盾时，权力集团通过编撰立法进行限制，加强其权力。而居民的"表征性空间"体现了居民的权力[7]。列斐伏尔认为，辩证地定义日常生活为幻觉和真理、权力和无助等的共存，日常生活中经常发生着多样化与一致的节奏（包括身体的节奏、生理的节奏、社会的节奏）之间的冲突。列斐伏尔认为，对资本主义的批判和改造要从日常生活开始，因为资本主义占据人们的日常生活，并进行着它的再生产。

---

[1] 刘怀玉：《现代性的平庸与神奇：列斐伏尔日常生活批判哲学的文本学解读》，中央编译出版社2006年版，第413页。

[2] Ambrose, P. J., *Whatever Happened to planning*? Routledge, 1986, pp. 56 – 57.

[3] Rydin, Y., *The British Planning System: An Introduction*, London: Macmillan, 1993, pp. 15 – 45.

[4] Lefebvre, H., *The Production of Space*, trans. D. Nicholson-Smith, Oxford: Blackwell, 1991, pp. 100 – 185.

[5] Merrifield, A., "Place and Space: a Lefebvrian Reconciliation", *Transactions of the Institute of British Geographers*, New Series 18, 1993: 516 – 532.

[6] Rob Shields, "Henri Lefebvre: Introduction", http://www.slidefinder.net/h/henri_lefebvre_introduction_rob_shields/lecture/5419117, 2015年9月27日。

[7] Laura Beth Bugg, "Religion on the Fringe: the Representation of Space and Minority Religious Facilities in the Rural-urban Fringe of Metropolitan Sydney, Australia", *Australian Geographer*, Vol. 43, No. 3, 2012, pp. 273 – 289.

第五章 西四街区表征与非表征文化的关系

资本主义降低日常生活的质量,抑制人们的真实表达。只有改变生产力对人们的日常生活的抽象控制,人们才能达到生活的理想境界[1]。列斐伏尔还认为,城市历史文化保护区面临着改造和搬迁、贫穷、犯罪等许多问题。人们希望城市空间符合他们的意愿,他们有控制空间的权力[2]。艾伦和普莱葛也提供了一个很好的案例,通过这个案例,他们认为,"空间的表征"和"表征性空间"之间存在矛盾,"空间的表征"通过权力剥夺了利用者的生活意义,而利用者进行反抗逃脱了"空间的表征"。具体内容为,20世纪中期,伦敦在世界金融网络中扮演着重要角色。"一平方英里"成为一个权力点,形成财政的"空间的表征",在伦敦这个财政抽象空间中,一种统治的、权威的空间编码被形成,一种模式被建造。这种模式不仅是经济权力的表达,也通过意义的废除、编码的处理、建筑形式等加以表达。伦敦后来发展到无法完全抑制空间内的多样性和差异,便出现了矛盾空间。在这个矛盾空间里,在财政统治空间下,清洁工、餐饮工作人员、保安占据了部分空间,并对这些空间进行反抗。因为这些工人受到"空间的表征"的压制,如保安要求穿统一制服、用统一姿势等。他们反抗的方式,如在新旧建筑物之间,利用一些隐蔽的空间。在建筑物间隙之间的空间通常被清洁工占据,但这并未被允许。清洁工通过这些空间,表征着对统治空间的拒绝。而且,清洁工用这些空间满足了自己的需求。这些隐蔽的空间通过清洁工的日常生活和经验,是"活着的生活的空间",这些空间倾向于削弱了统治空间的单一身份、转移了正式编码的权力。可以认为这些清洁工虽然没有离开空间,但其实已经逃脱了这些统治空间[3]。总之,三元空间理论中的核心概念涉及不同的权力,三元空间回溯前进中涉及权力的变换。权力是推动三元空间转换、空间发展的重要因素之一。

---

[1] Stuart Elden, *Understanding Henri Lefebvre: Theory and the Possible*, New York: Continuum, 2004.

[2] Soja, E. W., "Postmodern Geographies: The Reassertion of Space in Critical Social Theory", *Verso*, 1989, p. 153.

[3] Allen, J., Pryke, M., "The Production of Service Space", *Environment & Planning D: Society & Space*, Vol. 12, 1994, pp. 453-453.

文化表征与非表征的理论与实践：北京西四街区文化的综合保护

由于政府和规划者等的"表征"与"空间的表征"的含义相同，居民和利用者的"非表征"与"表征性空间"含义相同，由于三元空间理论的"空间表征""表征性空间"核心概念涉及不同的权力，所以表征、非表征的概念也涉及权力。又由于三元空间回溯前进中涉及权力的变换，权力是推动三元空间回溯前进的重要因素之一，所以表征、非表征与空间实践的互动过程中涉及权力的变换，权力也成为推动三者互动前进、推动空间发展的动力之一。如图5-8所示。

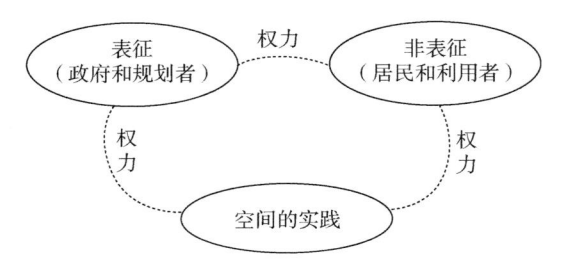

图 5-8 权力推动表征、非表征、空间实践互动关系

二 表征、非表征的权力体现

(一) 表征体现了政府、规划者等的权力

1. 体现了当代政府和规划者的权力

(1) 近年来政府和规划者的"空间表征"体现的权力

北京市自1982年开始陆续出台了关于北京西四北一至八条街区保护以及其四合院保护的相关规划文本（见表5-8）。政府历年的相关规划文本是北京西四北一至八条街区的"空间的表征"。如1990年11月23日，北京市人民政府公布了北京市第一批25片历史文化保护区的名单，"西四北一条至八条街区"是其中之一等[①]。2004年，北京市国土资源和

[①]《北京市第一批历史文化保护区名单》（北京市人民政府1990年11月23日公布），北京市文物局编《新编文物工作实用手册》，经济管理出版社2012年版，第606页。

第五章 西四街区表征与非表征文化的关系

房屋管理局做出了《关于鼓励单位和个人购买北京旧城历史文化保护区四合院等房屋的试行规定》，允许单位和个人购买历史文化保护区的四合院等①。2008年，《关于落实2008年奥运会前旧城内历史风貌保护区整治工作的指导意见》被颁布，其规定，2008年前，政府对旧城内历史风貌保护区，包含西四北一至八条街区的一批重点院落、街巷进行保护、整治，政府补助一批资金用于房屋修缮、市政改造、居民外迁补助②。2012年，《北京市国民经济和社会发展第十二个五年规划纲要》明确提出要保护和合理利用朝阜大街北侧的胡同四合院风貌，发展特色旅舍、小剧场或小商铺。该风貌区就包含西四北一至八条街区③。

当代政府和规划者的权力还体现在较为重要的几个规划文本上。1999年，颁布《北京旧城历史文化保护区保护和控制范围规划》，该规划对北京25片历史文化保护区划定了保护和控制范围，其中包含西四北一至八条街区。该规划提到西四北一至八条街区的特色是："胡同排列整齐、四合院布局规整，是老北京城典型的传统四合院区，至今保留一定数量较好的四合院。"该规划将历史文化保护区保护和控制范围的层次分为重点保护区和建设控制区。④ 2002年，北京市规划委员会作为编制的主体单位，清华大学、中国城市规划设计研究院、北京市城市规划设计研究院作为参与编制的单位，编制了《北京旧城二十五片历史文化保护区保护规划》，该规划遵循了统一的规划原则、标准和要求，并最终获得了北京市政府的批准⑤。同年，北京市政府批准了《北京历史文化名城保护

---

① 关于鼓励单位和个人购买北京旧城历史文化保护区四合院等房屋的试行规定，http：//www.chinalawedu.com/news/1200/22598/22623/22948/22986/2006/4/so756327490291460029165-0.htm，2015年11月23日。

② 《关于落实2008年奥运会前旧城内历史风貌保护区整治工作的指导意见》，http：//www.bjjs.gov.cn/publish/portal0/tab3573/info72930.htm，2015年12月3日。

③ 《北京市"十二五"规划纲要》，http：//district.ce.cn/zt/zlk/bg/201205/25/t20120525_23-354637_14.shtml，2015年11月10日，2015年12月5日。

④ 《北京旧城历史文化保护区保护和控制范围规划》，北京市文物局编《新编文物工作实用手册》，经济管理出版社2012年版，第538—542页。

⑤ 北京市规划委员会：《北京旧城二十五片历史文化保护区保护规划》，北京燕山出版社2002年版，第10—15页。

文化表征与非表征的理论与实践：北京西四街区文化的综合保护

规划》。这两个规划对历史文化保护区的建筑、绿化、色彩、道路、人口等进行了布置。2003年，国务院对《北京城市总体规划（2004年—2020年）》批复，其第七章中提出加强旧城整体保护、历史文化保护区保护、文物保护单位和优秀近现代建筑的保护①。2006年，北京市规划委员会曾组织八个单位对北京历史文化保护区的城市基础设施进行了专项规划，出台了《北京旧城历史文化保护区市政基础设施规划》，其中包括西四北一至八条街区。规划西四北一至八条街区全部采用电采暖，热力只供给沿街的公共建筑，燃气只用于炊事②。这对于西四北一至八条街区的基础设施的改造，居民生活水平的提高，具有实质性的意义。2006年，政府部门还委托清华大学建筑设计研究院的一些规划设计者完成了《北京西四北一至八条街区整治与保护规划》。该规划的主要内容于2006年被印刷在"中国建筑学会建筑师分会——人居环境专业2006年学术年会"的论文集中。该规划在分析西四北头条至八条目前的用地状况、公共设施状况、人口状况、院落和建筑现状的基础上进行了专项规划。该规划的主要的"空间的表征"还是把历史文化保护区建设为一个保留传统文化的居住区。但在沿街位置，规划加大商业规模。在居住区的内部，有一些规划设计，主要表现在以下几方面：控制历史文化保护区内私有产权的房屋的高度、建筑类型、材料、色彩等，以保护传统风貌；提升历史文化保护区沿街商业建筑密度和规模，以提升历史文化保护区经济活力；布置分散、小型的绿地空间；利用街头空地，安排户外体育、娱乐设施。对现有历史建筑进行功能置换，安排社区活动场所；增加南北向胡同联系，局部拓宽路面等③。

---

① 《北京城市总体规划（摘录）》，北京市文物局编《新编文物工作实用手册》，经济管理出版社2012年版，第513—516页。
② 北京旧城历史文化保护区市政基础设施规划研究课题组：《北京旧城历史文化保护区市政基础设施规划研究》，中国建筑工业出版社2006年版，第59—60页。
③ 陈雪亚、朱晓东、廉毅锐：《北京西四北头条至八条历史文化保护区整治与保护规划》，中国建筑学会《中国建筑学会建筑师分会人居环境专业2006年学术年会论文集》，2006年10月。

第五章 西四街区表征与非表征文化的关系

表 5-8　北京市政府关于西四北一至八条街区及四合院保护规划文件及相关内容

年份	规划名称	涉及西四北一至八条街区及其四合院的相关规划内容
1982 年	北京城市建设总体规划方案	对珍贵的历史文物、古建筑和具有重要意义的古建筑遗址要妥善保护。在其周围地区内，建筑物的体量、网络必须与之相协调。[1]
1990 年	北京市第一批历史文化保护区名单	"西四北一至八条街区"是北京老城首批 25 片历史文化保护区之一。[2]
1999 年	北京旧城历史文化保护区保护和控制范围规划	（1）保护和控制范围的层次包括重点保护区和建设控制区。前者基本保持其原有的功能性质，要求建筑物、胡同、绿化等基本保持或修复某个历史时期的风貌。（2）尽量保护真实的历史遗存，注意整体保护，保护院墙、建筑物、街巷胡同等各个要素，外观按原样保护整修，内部可更新改造，改善使用条件。（3）建设控制区要求："要控制用地性质、建筑高度、容积率、绿地率、建筑形式、体量、色彩等"，周围相邻地段内的建设要与重点保护区风貌相协调。（4）原有的设施条件可以努力改善，以提高生活环境质量。[3]
2002 年	北京旧城 25 片历史文化保护区保护规划	（1）人口规划：降低居住人口密度，疏散人口；（2）建筑保护与更新：针对文物类、保留类、整饰类、保护类、改善类、更新类六类别的建筑采取不同的保护更新手段，对于后三类内部可以进行现代化改造；（3）绿化规划：以胡同绿化为主，绿化形式以种树为主，宅院绿化考虑传统的植树栽培方式；（4）道路交通规划：因地制宜解决出行和停车、道路宽度问题，限制过境交通；（5）市政设施规划：不拘一格。[4]

---

[1] 《中共中央、国务院关于〈北京城市建设总体规划方案〉的批复》，http://law168.com.cn/doc/view！id=106687。

[2] 《北京市第一批历史文化保护区名单》（北京市人民政府 1990 年 11 月 23 日公布），北京市文物局编《新编文物工作实用手册》，经济管理出版社 2012 年版，第 606 页。

[3] 《北京旧城历史文化保护区保护和控制范围规划》，北京市文物局编《新编文物工作实用手册》，经济管理出版社 2012 年版，第 538—542 页。

[4] 《北京旧城 25 片历史文化保护区保护规划》，北京市文物局编《新编文物工作实用手册》，经济管理出版社 2012 年版，第 543—548 页。

续表

年份	规划名称	涉及西四北一至八条街区及其四合院的相关规划内容
2002 年	关于加强危改中的"四合院"保护工作的若干意见	紧邻文物保护区其控制地带内,格局不够完整已构成危房的四合院,特殊情况的改建应控制在二层以下。[①]
2002 年	北京历史文化名城保护规划	要求按照北京市规划委员会的《北京旧城 25 片历史文化保护区保护规划》执行。此外:(1)保护区中的危房,允许逐步进行改造和更新,并不断提高城市基础设施的现代化水平。(2)交通方面,控制旧城车位供应规模,限制私人小汽车在旧城区过度使用;(3)历史文化保护区进行高度控制;(4)新建建筑的形态和色彩与整体风貌相协调,新建建筑采用坡屋顶形式,(5)保护传统地名。[②]
2002 年	关于实施《北京历史文化名城保护规划》的决定	(1)改造保护区危房,完善公共设施,改善居民生活条件,延续历史文化保护区风貌;(2)危改政策要利于旧城内人口外迁和疏导,缓解旧城人口密集的状况;(3)旧城内交通以公共交通为主,实施严格的停车管理措施,限制驶入城区的骑车交通量。(4)完善公共设施,改善居民生活条件。[③]
2003 年	北京旧城历史文化保护区房屋保护和修缮工作的若干规定(试行)	(1)六类建筑采取不同方式进行保护整治;(2)降低保护区人口密度,鼓励有条件的单位和个人购买保护区四合院,并落实保护和修缮责任。[④]
2003 年	北京城市总体规划(2004 年—2020 年)	(1)加强保护区内历史建筑的保护和再利用,保护和修缮历史文化价值较高的旧宅院,保护传统胡同空间;(2)改善居住区的居住和生活条件。(3)疏散居住人口;(4)保护棋盘式道路骨架;(5)保护"胡同 - 四合院"传统的建筑形态;(6)控制建筑高度,保持空间形态;(7)保持青灰色建筑色彩;(8)保持胡同绿化和院落绿化,以绿树衬托建筑。[⑤]

[①] 《关于加强危改中"四合院"保护工作的若干意见》(2002 年 8 月 29 日发布),北京市文物局编《新编文物工作实用手册》,经济管理出版社 2012 年版,第 249 页。

[②] 《北京历史文化名城保护规划》,北京市文物局编《新编文物工作实用手册》,经济管理出版社 2012 年版,第 520—530 页。

[③] 《关于实施〈北京历史文化名城保护规划〉的决定》,北京市文物局编《新编文物工作实用手册》,经济管理出版社 2012 年版,第 517—518 页。

[④] 《北京旧城历史文化保护区房屋保护和修缮工作的若干规定(试行)》,北京市文物局编《新编文物工作实用手册》,经济管理出版社 2012 年版,第 238—242 页。

[⑤] 《北京城市总体规划(摘录)》,北京市文物局编《新编文物工作实用手册》,经济管理出版社 2012 年版,第 513—516 页。

第五章 西四街区表征与非表征文化的关系

续表

年份	规划名称	涉及西四北一至八条街区及其四合院的相关规划内容
2004年	关于鼓励单位和个人购买北京旧城历史文化保护区四合院等房屋的试行规定	（1）机关、社会组织、企事业单位和个人，除法律规章制度另有规定外，都可购买四合院。（2）单位和个人购买四合院，可享受土地增值税、契税等优惠。（3）购买四合院的单位或个人，须按照规定，对所购房屋的保护和修缮负责。①
2005年	北京历史文化名城保护条例	（1）明确保护范围包含核心保护区和建设控制区，后者的划定应符合核心保护区的风貌保护和视觉景观的要求。（2）专项保护规划和修建性详规内容应当包括传统风貌的建筑高度、体量、色彩等控制指标。（3）制定疏解旧城居住人口的政策，改善旧城居民居住条件。②
2006年	北京旧城历史文化保护区市政基础设施规划	规划对西四北头条至八条的供水、雨水、污水、供电、热力、天然气、电信和有线电视等进行了规划。规划西四北头条至八条全部采用电采暖，热力只供给沿街的公共建筑，燃气只用于炊事。③
2007年	北京旧城房屋修缮与保护技术导则	（1）胡同里遇有红砖墙和色彩不协调的外装饰墙面，可采用仿古饰面砖或粉刷涂料的方式处理。（2）有条件的地区，电力、电视、电信的缆线均设在地下，消灭飞线。（3）空调室外机、太阳能热水器、电视天线等设施、设备应放在隐蔽部位。④
2008年	关于落实2008年奥运会前旧城内历史风貌保护区整治工作的指导意见	对旧城内历史风貌保护区（包含西四北一至八条街区）的一批重点院落、街巷进行保护、整治，不但改善居民居住条件，还保护古都风貌。政府补助一批资金用于房屋修缮、市政改造、居民外迁补助。⑤

---

① 《关于鼓励单位和个人购买北京旧城历史文化保护区四合院等房屋的试行规定》，http://www.chinalawedu.com/news/1200/22598/22623/22948/22986/2006/4/so7563274902914600291650.htm，2015年11月23日。

② 《北京历史文化名城保护条例》，北京市文物局编《新编文物工作实用手册》，经济管理出版社2012年版，第57—61页。

③ 北京旧城历史文化保护区市政基础设施规划研究课题组：《北京旧城历史文化保护区市政基础设施规划研究》，中国建筑工业出版社2006年版，第11页。

④ 《北京旧城房屋修缮与保护技术导则》，北京市文物局编《新编文物工作实用手册》，经济管理出版社2012年版，第251—256页。

⑤ 《关于落实2008年奥运会前旧城内历史风貌保护区整治工作的指导意见》，http://www.bjjs.gov.cn/publish/portal0/tab3573/info72930.htm，2015年12月3日。

续表

年份	规划名称	涉及西四北一至八条街区及其四合院的相关规划内容
2009 年	《北京旧城历史文化街区房屋保护和修缮工作的若干规定（试行）》	（1）六类建筑采取不同方式进行保护整治；（2）疏散居民，鼓励单位和个人购买历史文化保护区四合院，参与保护和修缮工作；（3）注重单位、个人之间的产权交易。[①]
2011 年	北京市国民经济和社会发展第十二个五年规划纲要	有效保护和合理利用朝阜大街北侧的胡同四合院风貌，发展特色旅舍、小剧场或小商铺，使之成为品味老北京独特韵味的重要历史文化保护区。[②]
2021 年	北京市国民经济和社会发展第十四个五年规划和二〇三五年远景目标纲要	推动13片文化精华区建设，其中含白塔寺—西四文化精华区。[③]

注：本表参照部分文献的相关内容编制，参照文献已在表中分别用上标标注。

（2）近年来政府部门"空间实践"体现的权力

近年来，政府部门在其颁布的一系列规划文本的指导下，对西四北一至八条街区的四合院和胡同进行了修缮与整治，其自2000年以来的空间实践如表5-9所示。可见，政府部门的空间实践主要集中在院落仿古修缮、胡同绿化、胡同墙画、胡同文化展示、环境整修、安全设施安装、胡同卫生设施整修等方面。

表5-9　近年来政府部门对西四北一至八条街区进行的空间实践活动

年份	投资额（万元）	空间实践投资领域	具体空间实践
2000 年		安全设施、院落仿古修缮	西四北头条平房居民院安装近千户技防报警设备；西四北三条内48个院落门楼、围墙进行仿古修缮，铺装地面，对破旧的墙面进行修整，翻建8个瓦房院，重建4个楼门院，移植树木30余株。[④]

[①]《北京旧城历史文化街区房屋保护和修缮工作的若干规定（试行）》，北京市文物局编《新编文物工作实用手册》，经济管理出版社2012年版，第265—270页。

[②] 北京市发展和改革委员会编：《北京市国民经济和社会发展第十二个五年规划纲要》，中国人口出版社2011年版，第60—70页。

[③]《北京市国民经济和社会发展第十四个五年规划和二〇三五年远景目标纲要》：中华人民共和国国家发展和改革委员会网：https://www.ndrc.gov.cn/fggz/fzzlgh/dffzgh/202103/t20210331_1271321.html?code=&state=123。

[④] 北京市西城区地方志编纂委员会编：《北京西城年鉴2001》，中华书局2001年版，第325—326页。

第五章　西四街区表征与非表征文化的关系

续表

年份	投资额（万元）	空间实践投资领域	具体空间实践
2002 年			对西四北头条、二条进行了修旧如旧的修缮改造。对西四北头条道路进行彻底翻建。铺筑沥青砼面层 2467 平方米，铺装步道彩色透水砖 630 平方米，总铺装面积为 3097 平方米。①
2004 年			完成西四北一至八条街区平房保护区的 183 户居民户煤改电试点工程。②
2005 年		院落环境整修	投资 80 万元对西四北三至七条的 40 个居民院、600 户整治。其中治理 19 个低洼院、21 个黄土暴漏院。③
2006 年	120	胡同文化展示、院落环境整修	启动该历史文化保护区胡同复名工程，安置胡同概况说明牌 16 块，投资 120 万元，对该历史文化保护区的 42 个居民院进行整治，在低洼院的雨水口、下水道安装了防鼠网。④
2007 年	180	院落环境整修、胡同卫生设施	完成该历史文化保护区 43 个低洼院的改造工作；为该历史文化保护区配备电瓶垃圾清运车 5 辆，自行车 18 辆，垃圾分类桶 10 个，大垃圾桶 300 个等。⑤
2008 年	8	院落环境整修	安装、修缮该历史文化保护区 16 个无街门、街门破损严重的居民院。⑥
2010 年		院落环境整修	对该历史文化保护区 10 余个低洼院进行改造，实施院落地面硬化及下水管线更新工程，解决低洼院雨季积水问题。⑦

---

① 北京市西城区地方志编纂委员会编：《北京西城年鉴 2002》，中华书局 2002 年版，第 246 页。
② 北京市西城区地方志编纂委员会编：《北京西城年鉴 2004》，中华书局 2004 年版，第 294 页。
③ 北京市西城区地方志编纂委员会编：《北京西城年鉴 2006》，中华书局 2006 年版，第 292 页。
④ 北京市西城区地方志编纂委员会编：《北京西城年鉴 2007》，中华书局 2007 年版，第 307—309 页。
⑤ 北京市西城区地方志编纂委员会办公室编：《北京西城年鉴 2008》，中华书局 2008 年版，第 317 页。
⑥ 北京市西城区地方志办公室编：《北京西城年鉴 2009》，北京出版社 2009 年版，第 317 页。
⑦ 北京市西城区地方志编纂委员会办公室编：《北京西城年鉴 2011》，北京出版社 2011 年版，第 435 页。

文化表征与非表征的理论与实践：北京西四街区文化的综合保护

续表

年份	投资额（万元）	空间实践投资领域	具体空间实践
2013年		院落环境整修、胡同绿化、卫生领域	改造西四北四条45、53号院等10个低洼院；西四北一至八条街区整体绿化，搭建廊架、设计墙画，试行垃圾分类和垃圾减量化；形成西四北一至八条街区人口疏解及一期试点项目方案。①

注：本表参照部分文献的相关内容编制，参照文献已在表中分别用上标标注。

2. 体现了传统社会政府的权力

对于北京西四北一至八条街区留存的表征能指，其表征主体主要是传统社会的政府，部分是传统社会的居民。所以对于这些表征，现在的居民是"他者"。为何要区分"我者"和"他者"，因为主体和主体性是文化地理学研究的核心②。

（1）北京西四北一至八条街区自元朝以来的人口结构变化

元朝，西四北一至八条街区是官宦和富户的居住地，这主要是由其优越的区位决定的。西四北一至八条街区形成于元朝。至元八年（1271），忽必烈建国号"大元"。次年，忽必烈改中都为大都，筑大都城墙等。至元二十二年（1285），大都城竣工③。旧城居民迁入京城。西四北一至八条街区也是在这个时候形成。西四北一至八条街区位于大都城的西部偏南的位置，在皇城的西部。西四北一至八条街区当时的东部边界是连接顺承门（今宣武门，明正统二年改为今名）的主干道，南部边界是连接平则门（今阜成门，明正统二年改为今名）的主干道，西为金水河，所以西四北一至八条街区当时被元朝"棋盘式"的道路格局规划所影响，非常规整，由东西向八条胡同平行排列。胡同的走向决定了分布其中的四合院的朝向，所以当时在西四北一至八条街区建有许多坐北朝南的大宅子。当时，居民迁入新城（新城，指元大都新城，即北城。元朝时，北

---

① 北京市西城区地方志编纂委员会办公室编：《北京西城年鉴2014》，中华书局2014年版，第336—337页。
② ［英］凯·安德森、史蒂夫·派尔、奈杰尔·思里夫特等主编：《文化地理学手册》，李蕾蕾、张景秋译，商务印书馆2009年版，第287页。
③ 傅华主编：《北京西城文化史》，北京燕山出版社2007年版，第382—383页。

第五章　西四街区表征与非表征文化的关系

京分南城和北城，南城为金中都旧城，北城即为元大都新城①）的规定是，官宦和富户优先。所以，迁入新城者大都是富贵显赫之家②。西四又处于大都城较为优越的区位，所以当时选择到西四居住的人都是一些富贵或者名流。正如专著《北京旧城二十五片历史文化保护区保护规划》记载，这一地区在元大都时街巷平直，胡同平均宽9米，房舍整齐，为达官显贵和富人的高级住宅区，以大型宅院为主③。元大都时，皇亲国戚、达官贵人宅地多由政府出资建造，百姓住房自己出资建造。但因资产贫富不均，所建住房规格差别较大④。所以，元朝，西四北一至八条街区多为朝廷出资建造的大宅子，也有部分百姓投资建的房子，而主要为官宦和富户的居住地。

明朝，由于西四北一至八条街区当时的优越的区位，以及由于当时"东富西贵"的居住文化（造成"东富西贵"的原因，一是因为西城有优美的自然风光，二是因为明朝皇帝经常在西城活动的导向⑤），西四北一至八条街区是一些公侯等达官贵人的居住地。如明武宗朱厚照的镇国府、永寿伯朱德私第、广平侯袁瑄宅、泰宁侯陈珪宅、武安侯郑亨宅都位于这里。

清朝时，西四北头条至八条紧邻皇城，由于清朝满、蒙古、汉族居民及八旗的不同的居住格局，这里成为正红旗满洲官兵的居住区。据记载，清朝，西四北一至八条街区属于正红旗四参领之十二佐领、五参领之十四佐领的居住地。清朝，西四北一至八条街区位于城市的西部偏北方位，位于皇城的西北侧。位置比较优越。而清初实行了依照民族、官职分布居住的居住模式。清廷下令圈占内城的房舍给八旗官兵及其家属

---

① （元）熊梦祥：《析津志辑佚》，北京古籍出版社1983年版，第54页。
② Lin Ximeng, "The Housing Land Management in Dongcheng District in Beijing", *The Housing Bureau of Land Management in Dongcheng District in Beijing*, 1998.
③ 北京规划委员会：《北京旧城二十五片历史文化保护区保护规划》，北京燕山出版社2002年版，第96页。
④ 林希孟：《北京市东城区房屋土地管理志》，东城区房屋土地管理局1998年版。
⑤ 傅华主编：《北京西城文化史》，北京燕山出版社2007年版，第160—161页。

文化表征与非表征的理论与实践：北京西四街区文化的综合保护

居住，原在内城居住的汉民、回民等都搬到外城居住①。顺治元年（1644），按八旗方位安排满洲军民居住："以左右翼为辨，分列八旗，拱卫皇居。"正黄旗居德胜门内，镶黄旗居安定门内，正红旗居西直门内，镶红旗居阜成门内，镶蓝旗居宣武门内，正蓝旗居崇文门内；正白旗居东直门内，镶白旗居朝阳门内②。八旗中，又依民族和级别高低居住，最靠近城市中心的为满洲八旗，向外是蒙古八旗，再向外是汉军八旗。靠近城市中心的是级别较高的官兵。据《宸垣识略》记载，"正红旗满洲、蒙古、汉军三旗与正黄旗接界之处，系自马状元胡同东口与镶红旗接界之处，由皇城向西，至大城根。满洲官兵自西直门大街曹公观之东，至新街口转南，至石老娘胡同东口，为头参领之十二佐领居址。自石老娘胡同东口向南，至四牌楼转东，至马市东口，为二参领之十六佐领居址。皇城西边之马状元胡同、太平仓胡同、毛家湾胡同、红罗厂胡同、拐捧胡同，为三参领之十五佐领居址。自四牌楼大街西边之驴肉胡同、帅府胡同、报子胡同、臭皮胡同、石老娘胡同，为四参领之十二佐领居址。四牌楼大街西边所有之卫衣胡同、太平侯胡同、五王侯胡同……为五参领之十四佐领居址"③。据资料显示，佐领作为八旗的基本组织单位，在整个清朝，其编制和人数是不断变化的④。目前，能查找的资料显示，三等威靖伯第、邓守瑕之礼塔园、徐会沣故宅、三等襄勤伯第、和珅宅、谦郡王瓦克达府邸都曾在这里。

民国初年，随着旗民交产的合法化，北京内外城"满汉分居"的格局被打破，许多汉人进入内城居住，北京西四北一至八条街区成为旗人和汉人的混居地。之后，随着民国政府逐渐取消对旗人的照顾，旗人纷纷变卖房产迁出西四，西四又慢慢成为汉人的居住地。并且，随着因旱灾而移入西四的华北移民、因"九一八"事变而移入的东北移民等，西四北一至八条街区逐渐成为本地汉人和外地汉人杂居的区域。

---

① 李铁生、张恩东主编：《南锣鼓巷史话》，北京出版社2010年版，第179页。
② 傅华主编：《北京西城文化史》，北京燕山出版社2007年版，第390页。
③ （清）吴长元：《宸垣识略》，北京古籍出版社1983年版，第141页。
④ 孙静：《康熙朝编设佐领述论》，《中央民族大学学报》（哲学社会科学版）2008年第6期。

第五章 西四街区表征与非表征文化的关系

（2）人口结构的变化对表征主体的影响

北京西四北一至八条街区共有576个门牌号。从在册的户数和人数来说，2002年，北京西四街区内在册户籍共3870户，在册租住的流动人口共一千余户，常住人口共9942人。从常住人口的职业分类来说，离退休人员占21%，上班人员占34%，待业人员占10%，还有其他占35%[①]。从访谈的情况分析，三代在此居住的老居民也较少。而且，目前存留的四合院建筑及其院落、部件等的表征样式保持了历史上的样式，所以其表征的权力主体主要是传统社会政府，部分是传统社会居民。

（二）部分非表征体现了政府的权力

北京西四北一至八条街区中部分非表征体现了政府的权力。这些非表征包含空间的设计、空间实践等。这里列举以下案例。

1. 墙画空间

西四北三条居委会于2003年在西四北三条、西四北五条胡同里设计了墙画。居委会设计的目的是为了参与北京市最美胡同的评比。而经过访谈，这些墙画的设计题材和绘画方式等是由居委会决定的，这体现了政府的权力。然而，居民对这些墙画持反对意见。他们认为，在居民的居住区设计墙画，需要征求老百姓的意见，不能居委会说了算。这也就是说，居民因自己没有话语权所以感到不满。第二，居民认为，居委会设计的墙画不美观，设计的内容不合适，代表不了该胡同区的优秀传统文化。第三，有居民认为，设计墙画没有必要，浪费钱财。如"墙上的画，画了又涂，涂了又改，曾经画过遛鸟，画画花了很多钱（F09）"。北京西四北一至八条街区设计的墙画如图5-9、图5-10所示。

[①] 北京规划委员会：《北京旧城二十五片历史文化保护区保护规划》，北京燕山出版社2002年版，第96页。

图 5-9　西四北头条至八条胡同的小型墙画

图 5-10　西四北头条至八条胡同的大型墙画

2. 配电箱和变压器的空间

胡同里的配电箱空间、变压器的空间、电缆罩空间等体现了政府的非表征权力，因为这些空间的位置、配电箱及变压器的高度等都未成为"空间的表征"。而这些空间的设计、其安放等大都由政府部门决定。

居民对胡同里的配电箱空间、变压器的空间不完全赞同。原因如下。第一，有居民认为，配电箱杂乱地放在门口，电线走线缺乏规划，杂乱无章，影响胡同的风貌。如认为，"配电箱为什么不做成地下的，是有条件做成地下的，这里是古城的风貌（F09）"。对于电线走向，如

第五章 西四街区表征与非表征文化的关系

有居民认为,"电线老压着我房子,乱七八糟的,不给吊起来(F03)",电线走线的设计如图5-11所示。第二,居民认为配电箱、变压器等的空间高度忽视了不同年龄居民的差异,忽视了不同身高人员的差异。如有居民认为,"电缆铁罩的高度正好磕到脑袋,要不就弄成不锈钢的(F53)","这里是个幼儿园,你看这个配电箱的高度正好磕到小朋友的头(F60)",西四北一至八条街区部分配电箱、变压器的设计及安放如图5-12所示。第三,部分居民认为配电箱、变压器占据胡同公共空间,影响人们出行。有居民认为,"变压器应该放在院子里,占一间房。全占公共空间,倒是省钱,但影响我们出行(F54)"。第四,部分居民认为配电箱、变压器放在胡同,尤其是大门口,辐射太大,影响居民生活。

图5-11 西四北一至八条街区部分四合院电线走线情况

文化表征与非表征的理论与实践：北京西四街区文化的综合保护

图 5-12 西四北一至八条街区部分配电箱、变压器安放情况

三 居民获取权力的重要性

（一）居民的权力促进表征、非表征、空间实践之间的互动

居民拥有权力可以促进表征、非表征、空间实践之间的互动，进而促进历史文化街区的保护。表征性空间（居民和利用者）和空间的表征（政府和规划者）、空间的实践之间不断相互作用，促进空间向居民更满意的方向发展，进而促进历史文化街区的保护。正如列斐伏尔认为，"空间的表征"的抽象空间会投射到"表征性空间"的生活空间，生活空间会干预和修改"空间的表征"的纹理[1]。学者梅里菲尔德认为，"空间的表征"和"表征性空间"之间的关系是诱人的，也是模糊的。生活经验

---

[1] Lefebvre, H., *The Production of Space*, trans. D. Nicholson-Smith, Oxford: Blackwell, 1991, p. 42.

第五章　西四街区表征与非表征文化的关系

的"表征性空间"被抽象的构想的"空间的表征"所征服。这一般是通过商品化的经济过程和官僚化的政治过程所发生[1]。艾伦和普莱葛等认为，空间的实践和"空间的表征"、"表征性空间"之间可能是矛盾的。空间矛盾又引起了社会利益的冲突。矛盾的空间需要居民或者利用者颠覆"空间的表征"，所以面临着利用者的挑战[2]。美国学者安德森采用空间三元辩证法的范式，描述了城市空间是通过三者之间的相互作用形成的。在他的案例中，表征性空间是人们对芝加哥城市的想象，他们想让芝加哥街道较少地拥挤，想让芝加哥成为一个对自行车友好的城市。在人们的表征性空间的指导下，芝加哥城市建造了相关基础设施、鼓励步行、骑车和公共运送、发展鼓励可供选择的交通形式的资金等，这也是城市的日常路径和城市现实。三个空间之间的循环，以及人们的表征性空间促使城市变成一个有利于骑车的空间。安德森说明城市空间首先通过人们的日常实践，其次通过空间的理想形态，最后通过计划、模型、其他的空间的表征的相互作用形成。他还认为，在理解城市的理想形态形成的过程中，人们的日常路径中所遵循的习惯是重要的[3]。中南财经政法大学的吴宁认为，"空间的表征"与"表征性空间"之间存在着支配和被支配的辩证关系，空间的表征是一个支配性的空间，由一套社会关系和知识来承载，而"表征性空间"则是一个被支配的空间，有时它是类似涂鸦空间对支配空间的抗衡或反讽，有时它被隐藏[4]。麦卡恩应用列斐伏尔的空间三元辩证法分析了城市居住区的隔离问题。他认为，黑人对"空间的表征"的反抗，激起了他们思考身份认同的问题。这三

---

[1] Merrifield, A., "Place and Space: a Lefebvrian Reconciliation", *Transactions of the Institute of British Geographers*, No. New Series 18, 1993, pp. 524 – 525.

[2] Allen, J., Pryke, M., "The Production of Service Space", *Environment & Planning D: Society & Space*, Vol. 12, 1994, pp. 453 – 453.

[3] Anderson, Hannah, Chicago's Critical Mass &the transportation of everyday life, http://hannahwinkle.com/ccm/ccm.htm, 2007.

[4] 吴宁:《日常生活批判——列斐伏尔哲学思想研究》，人民出版社2007年版，第347—380页。

文化表征与非表征的理论与实践：北京西四街区文化的综合保护

个空间相互联系，相互作用，促进了城市空间的形成[1]。中国有学者采用列斐伏尔的空间"三元一体"概念对广州华侨新村历史文化保护区的自主复兴进行了研究，认为历史文化保护区正是在原住民、绅士化居民、房地产投资者、政府等各方主体利益的互动的共同作用下进行复兴的[2]。

（二）居民的权力体现了空间的平等

居民的权力体现了空间的平等。列斐伏尔的"表征性空间"类似索贾的"第三空间"，是一种"边缘人员"的空间[3]，"表征性空间"也是一种反话语权的空间[4]。在这个空间中，居民和利用者表达了自己的话语权，所以"表征性空间"是一种居民被赋予权力的空间。居民拥有空间表达的权力体现了一种平等、公正和友善。如哈维在《希望的空间》中认为，在资本主义社会，资产阶级通过驾驭作为生产力的空间而拥有"空间表征"的权力，并不断地保护和加强这种权力。而无产阶级通过反抗获得这种权力，因为资产阶级权力体现了一种空间的不平等，缺乏公正、统一和友善。所以哈维认为，最终我们要走向一个空间的乌托邦，那是一个基于情感、爱和尊重的空间。它更注重人们之间的社会文化交流，更注重人的解放，以及对人的尊重。这个空间是一个尊重人的、平等的世界，在这个空间中，才能成就平等，促进生活条件和生活机会平等[5]。列斐伏尔也认为，政客和技术官僚帮办、规划者的"空间的表征"赋予空间以相当重要的权力，这是非常悖谬的。这种权力是为了获得空间的最大利益，所以居民需要获得空间的权力[6]。学者劳拉贝丝通过悉尼

---

[1] McCann, E. J., "Race, Protest, and Public Space: Contextualizing Lefebvre in the US City Antipode", *Antipode*, Vol. 31, No. 2, 1999, pp. 163–184.

[2] 王敏、赵美婷：《空间生产视角下的历史街区自主复兴——以广州华侨新村为例》，《华南师范大学学报》（自然科学版）2015年第2期。

[3] Carp, J., "'Ground-Truthing' Representations of Social Space Using Lefebvre's Conceptual Triad", *Journal of Planning Education and Research*, Vol. 28, No. 2, 2008, pp. 414–415.

[4] 包亚明：《现代性与空间的生产》，上海教育出版社2003年版，第52页。

[5] ［美］大卫哈维：《希望的空间》，胡大平译，南京大学出版社2006年版，第257—272页。

[6] ［法］列斐伏尔：《〈空间的生产〉新版序言（1986）》，刘怀玉译，《实践与文本》，http://www.ptext.cn/home4.php?id=4178。

第五章　西四街区表征与非表征文化的关系

边缘两个乡村地区是否设立少数民族宗教设施的研究,认为规划者通过"空间的表征"在空间上对土地利用进行划分,剥夺了少数民族的空间公平。当地社区居民对少数民族寺庙和学校作为文化再生产和少数的永恒的象征点的争议不仅是对土地等资源分配的争议,也是对少数民族独特的文化和宗教的争议[1]。

(三) 居民的权力激发出居民的积极性和活力

居民的权力表达了居民对历史文化街区的记忆和想象,而历史文化街区保护的主体主要是居民,这样居民对保护历史文化街区的文化才能具有较高积极性。北京西四北一至八条街区是一个传统的居住区,其保护的最大的主体是当地居住的居民,居民在日常生活中和身体实践中的一举一动都对历史文化街区的保护起着重要的作用。而在这个过程中,居民行为对保护的利弊取决于居民对保护的积极性。那么,如何让这种积极性发挥到极致?这其中,居民的权力占据着重要的位置。居民有权力去表达自己的空间,居民就有更高的积极性去保护其文化。这样的例子在国内和国外都有。如王刚博士以武汉的汉正街街道为例,采用列斐伏尔的空间概念,分析了1889年以前传统商业时期、1889—1911年现代性开启时期、民国时期、1949—1988年计划经济时期、1988年以后市场经济开启时期这五个历史时期的汉正街的权力网络结构,从而分析了汉正街的历史演变和空间生产。之后,作者结合列斐伏尔的空间概念,利用"表征性空间"对汉正街的旧城更新提出建议:汉正街的规划要文脉优先、基于日常生活和商业运营双重实践的原则设计、要进行多元混合设计、弹性设计和事件化的公共空间设计[2]。

居民的"抵制""反抗"可以激发出居民保护历史文化街区的活力。

---

[1] Laura Beth Bugg, "Religion on the Fringe: the Representation of Space and Minority Religious Facilities in the Rural-urban Fringe of Metropolitan Sydney, Australia", *Australian Geographer*, Vol. 43, No. 3, 2012, pp. 273–289.

[2] 王刚:《街道的句法——武汉汉正街街道历史性考察》,博士学位论文,华中科技大学,2008年。

居民通过德塞图所说的"抵制""反抗"获得一种权力，这种权力的运用又激发出了居民日常生活中保护历史文化街区的活力，这对于保护历史文化街区具有积极的意义。正如德塞图所认为的，居民在抵制、假发等战术中可以激发其创造力[1]。中国有学者也认为广东省开平市百合镇马降龙村旅游开发中，当地居民对旅游的"空间的表征"表现出一些反抗。具体表现为宏观上服从，却暗中小规模违规的抵制；集体进攻性抵制；办公室、售票厅等规划空间被日常生活空间反噬（reverse invasion）；原本积极性低的空间重新激发出日常生活的创造性而获得再生，并认为居民的"表征性空间"激发了空间的创造性，获得了空间的活力[2]。所以居民的权力激发了居民保护历史文化街区的活力。

第三节 居民获取表征和非表征权力的途径

本部分的内容主要依据以下两种：一种是通过与居民和利用者的访谈，一种是通过景观观察记录。

一 通过对表征和非表征的反对甚至"抵制"

（一）对政府部门表征的反对甚至"抵制"

1. 对胡同中的绿化空间进行"抵制"

胡同绿化是北京历史文化街区主要的绿化空间。北京市相关规划文本对其绿化进行了"空间的表征"，相关部门也对其进行了空间实践。1999年的《北京旧城历史文化保护区保护和控制范围规划》中要求历史文化保护区的重点保护区内的绿化基本保持或修复历史时期的风貌[3]。

---

[1] 练玉春：《论米歇尔·德塞都的抵制理论——避让但不逃离》，《河北学刊》2004年第2期。
[2] 孙九霞、周一：《日常生活视野中的旅游社区空间再生产研究——基于列斐伏尔与德塞图的理论视角》，《地理学报》2014年第10期。
[3] 《北京旧城历史文化保护区保护和控制范围规划》，北京市文物局编《新编文物工作实用手册》，经济管理出版社2012年版，第538—542页。

第五章 西四街区表征与非表征文化的关系

2002年的《北京旧城25片历史文化保护区保护规划》中对历史文化保护区的绿化规划专门做了规定，认为历史文化保护区内的绿化建设以街道、胡同绿化为主，绿化形式以种树为主。宅院绿化应充分考虑传统的植树栽培方式①。2003年的《北京城市总体规划》也要求保持胡同绿化②。2006年的《北京西四北头条至八条历史文化保护区整治与保护规划》中对绿化空间的规划是"布置分散、小型的绿化空间"③。在这些规划文本的"空间的表征"下，居委会于近几年陆续在每个胡同放置了花池子，如图5-13所示。

图 5-13 西四北一至八条街区胡同花池子

然而，多数居民对居委会的"空间实践"持"反对"态度。反对集中在以下方面，正如列斐伏尔认为的，这种行为忽视了空间的差异化。（1）这种表征忽视了每条胡同里居住者的年龄差别。如有居民认为，"花池子的高度加上种植的花草的高度，正好是3—6岁小孩的身高度，这些小孩又在胡同过来过去，那不挡了小孩的道？有时家长在后面，被花挡了，都看不见孩子，不安全（F54）"。（2）这种表征忽视了胡同平房的

---

① 《北京旧城25片历史文化保护区保护规划》，北京市文物局编《新编文物工作实用手册》，经济管理出版社2012年版，第543—548页。
② 《北京市城市总体规划（摘录）》（北京市人民政府1990年11月23日公布），北京市文物局编《新编文物工作实用手册》，经济管理出版社2012年版，第513—516页。
③ 陈雪亚、朱晓东、廉毅锐：《北京西四北头条至八条历史文化保护区整治与保护规划》，中国建筑学会《中国建筑学会建筑师分会人居环境专业2006年学术年会论文集》，2006年10月。

文化表征与非表征的理论与实践：北京西四街区文化的综合保护

材料特点。一些居民认为花池子中浇的水对平房不好，"你看花池子，本身平房最大的缺点就是潮湿，而这浇水后就流到墙根里，造成平房更潮湿。你看也不美，壁挂型的小花盆同样有美化作用（F53）"。（3）这种表征忽视了胡同空间的尺度。一些居民认为胡同空间有限，放置花池子占据了胡同空间。如认为，"花池子太挡道，还不如栽棵树。胡同本来窄，花池子占地。没这个条件放花池子（F02）"。有的居民认为，摆放花池子占据胡同空间，如"花池子没什么用，给车挡道了（F06）"。有的居民认为花池子占据了老人的活动空间，如"胡同汽车多，人多，还放花池子，太不方便，老人想出去晒太阳都没地儿去（F01）"。有居民认为，"花池子，目前的胡同宽度条件不适合放置，起不到美化作用，影响交通（F64）"，"花池子，多此一举，占地，浪费人力、物力、财力（F61）"。（4）其他原因。有居民认为，"花池子，是粉饰工程，没从根本上解决问题（F60）。""花池子的行为不好（F65）"，"放花池子是浪费资源（F09）"，"花池子是劳民伤财（F47）"，"放花池子有什么用，还不如提高生活质量（F44）"。

一些居民对这些绿化空间——花池子持"抵制"（resistance）策略。他们表面上认可这种绿化空间，但暗中却对这些绿化空间进行抵制。抵制理论是由德塞图于20世纪70年代在其专著《日常生活实践》中提出的理论。他把反抗引入空间中，认为主体可以采取一些行动和实践来对抗资本主义谋划下的空间布局[1]。正如他所说，"工人应该研究社会的表征和行为的模式，例如，分析电视表征的形象，分析文化消费者们在这种形象下，在看电视的这段时间在'创造'或者'做'什么。城市空间的利用也应该这样"。所以应该分析居民在城市规划的表征下的表现是什么[2]。

德塞图的抵制理论的具体内容是，弱者以非暴力的方式对权力集团

---

[1] 童庆炳、王一川、李春青主编：《文化与诗学》（2013年第1辑）（总第16辑），北京大学出版社2013年版，第105页。

[2] Michel de Certeau, *The Practice of Everyday Life*, Berkeley: University of California Press, 1984, p. xii.

第五章　西四街区表征与非表征文化的关系

进行着微小的、巧妙的违规和抵抗，这种力量渗透到规训机制的结构中，改变着权力结构，从而延续了弱者的创造力[1]。德塞图的抵制理论着眼于弱者的权力及其积极意义，说的是自下而上的权力，说的是大众如何逃避控制。他把弱者比喻为游击队，把强者比喻为正规军，弱者对强者的战术无论胜利与否，只要存在就是对社会秩序的对抗和抵制[2]。德塞图认为，"居住、移动、讲话、阅读、购物、烹饪都是符合战术策略和惊喜的特点，是弱者在强者建立的秩序之中的聪明的把戏，是在对手的地盘上，驾于其上的艺术，是猎人的技术，是机动的、多形态的、喜气洋洋的、诗意的和好战的表现"[3]。他认为，上面的控制越强，下面的抵制也越强。别人建立的空间，特征是敏感的、固执的、被群众抵抗的。因为这些空间缺少居民自己的空间，这种空间必须在已经建立的权力和表征中继续[4]。德塞图认为，弱者抵制行为的意义在于，不仅为弱者提供了一个自由的、创造性的空间，还在于它打破了强者的权力结构，对于权力机制进行了改造。所以，抵制并不是被动的防卫式的，它是进攻性质的。[5] 如德塞图通过租房子的案例，说明租客可以根据自己的喜好布置自己的空间，体现了对房东经济权力的挑战[6]。威尔（O. Howel）认为，街头滑板的青年人进入滑板城，通过在路沿上滑行等抵制战术，迫使起初的规训机制做出调整，承认滑板者在城市空间滑板的权力[7]。

德塞图认为，在宏观上居民服从强势群体所建立的主流空间秩序，在暗中却突破防范，随机灵活地实施小规模的违规[8]。抵制是一种生活实

---

[1] 练玉春：《论米歇尔·德塞都的抵制理论——避让但不逃离》，《河北学刊》2004年第2期。
[2] 邓的荣、廉振孝：《新闻的价值》，经济日报出版社2003年版，第237页。
[3] Michel de Certeau, *The Practice of Everyday Life*, Berkeley: University of California Press, 1984, p.40.
[4] Michel de Certeau, *The Practice of Everyday Life*, Berkeley: University of California Press, 1984, p.18.
[5] 练玉春：《论米歇尔·德塞都的抵制理论——避让但不逃离》，《河北学刊》2004年第2期。
[6] 潘知常主编：《传媒批判理论》，新华出版社2004年版，第220页。
[7] Howel, O., "The Poetics of Security: Skateboarding, Urban Design, and the New Public Space", *Urban Action*, 2001.
[8] 孙九霞、周一：《日常生活视野中的旅游社区空间再生产研究——基于列斐伏尔与德塞图的理论视角》，《地理学报》2014年第10期。

践,是以意识、行动和特定的价值观作为基础的。但抵制不等同于抵抗,不是暴烈的革命行动,特指"弱者"表面上顺从体制,实际上却改变体制的原来意义,但这是在日常生活实践中以一种平和的、带有创造性的反抗的方式来进行①。西四北一至八条街区居民对胡同绿化空间采取的抵制方式有:随意搬动、对其小便等。如访谈中,有居民认为,"有时人们为了停车方便而随便移动,花池子摆放得也不整齐(F08)"。更有居民采取一些不雅的方式对其进行抵制,如西四北五条的朱大爷因晚上锻炼身体到很晚,他经常亲眼见到"花池子,男同志喝酒多了会吐进去,有人会撒尿,卫生很不好(F01)"。可见,西四北一至八条街区多数居民对政府部门的这种权力表征的花池子反对,并在微观上采取"战术"对其抵制。

居民对规划者的绿化空间反对乃至抵制,还因为居民认为他们没有获得绿化空间的权力,这些绿化空间不是他们情感的空间,这正如列斐伏尔所认为的,"表征性空间"是居民的情感空间,有居民的想象和记忆,这种空间居民更易于保护②。居民自己喜欢的胡同绿化空间如图 5-14 所示。

2. 对统一放置的门墩有所反对

规划者对统一放置门墩的空间表征和相关部门的空间实践。历年的规划文本中较少直接涉及"门墩"两个字,而对其的规划都隐藏在保持历史风貌或有关房屋建筑材料的要求中。如《北京西四北头条至八条历史文化保护整治与保护规划》中没有详细列出"门墩"这两个字,但是它被包含在对房屋的材料的要求中。门墩是北京传统居住区四合院的一个传统部件,也是一个重要的符号。它不仅有固定四合院大门的作用,更是主人身份等级地位的象征符号。所以保护北京传统四合院的门墩也是保护优秀传统文化的内容。据调查,西四北一至八条街区的部分四合

---

① De Certeau M., *The Practice of Everyday Life: Living and Cooking*, Volume 2, U of Minnesota Press, 1998, pp. 100-150.

② Lefebvre, H., *The Production of Space*, trans. D. Nicholson-Smith, Oxford: Blackwell, 1991, pp. 40-50.

第五章 西四街区表征与非表征文化的关系

图 5-14 西四北一至八条街区居民自己表征的胡同绿化空间

院门前于 2008 年北京奥运会左右统一放置了门墩，这些门墩的材料都为石质，形状和花样大同小异。如图 5-15 所示。

图 5-15 西四北一至八条街区部分四合院统一放置的门墩

居民对统一放置门墩的空间实践不赞成。有居民认为，新放置门墩没有必要，不是真实的历史部件。如"门墩不是原来的样儿，没了就没了吧，有点画蛇添足（F01）"。"放门墩，太乱了，原来不是这个样子

· 247 ·

(F04)"。"门墩不伦不类（F08）"。有居民认为，门墩是老物件，也代表着居住者的身份等级，而现在新放置的没有什么作用。如居民认为，"不赞成，门墩不好看，现在不时兴这个（F06）"。有居民认为，"门墩弄得太假了，不如过去真实的东西，现在放不放无所谓，不代表身份（F07）"。居民们的意见正如列斐伏尔认为的，规划者欲以营造氛围的"空间的表征"不是居民真正的表征性空间。

（二）对政府部门非表征的反对甚至"抵制"

1. 采用"假发"设置院落储物空间

西四街区的三个居委会都要求居民不在院落中储物，而部分居民利用德塞图抵制理论中的"假发"概念设置自己的储物空间。这些"表征性空间"不在自己房屋的周围，外观上与院内房屋墙的颜色相一致，而且摆放整齐，不细心观察很不容易被人所发现。而实际上，居民在院内墙壁的掩盖下，设置了自己的储物空间，表现了对政府部门非表征的反对，以及达到居民和利用者自己的目的。

假发（la perruque）（the wig）概念也是德塞图于1974年在他出版的名著《日常生活实践》中所提到的抵制理论中的概念。他认为，"假发""是工人把自己的工作假装为对老板的工作。它不同于偷窃行为，因为其材料价值没有被偷窃。它不同于旷工，因为工人还在老板的条件下工作。假发可能是，简单来说，就如工人在公司秘密地写情书。复杂来说，就像一个木匠借用一个车床加工自家卧室的一个家具。即使管理者们处罚它或者对此'闭一只眼'，这种现象在不同的国家越来越普遍。工人们被控告为偷窃材料或者用材料为自己谋利，实际上，这些'假发'工人把工作时间转移到自由的、创造性的、不直接为了获利的工作之中。在他必须服从于这个地方，却巧妙地发现了一种方式可以创造无偿的产品"[①]。假发工人的目的是，首先通过工作施展他们的能力，其次，通过这种方

[①] Michel de Certeau, *The Practice of Everyday Life*, Berkeley: University of California Press, 1984, p. 25.

第五章 西四街区表征与非表征文化的关系

式花费时间以确保他与其他工人或者家庭成员之间的团结①。假发行为使工人感到愉快，他不必根据指令来生产，而他在自己生产的过程中体现了能动性和创造性②。与其他工人合作起来，假发工人破坏了在这里建立起来的秩序，而重新制造了生产空间的秩序。许多其他例子也显示了现代生活次序空间中的这些实践，这些假发的实践在政府部门办公室、商业办公室、工厂是增殖的③。

居民表征的这种储物空间表面上服从了居委会的要求，暗中却实现了自己的目的。调查中发现，有的居民在院落门口摆放一组柜子用来储物，之后又把柜子的颜色刷成和墙一样的白色，这样给人以假象（如图5-16）。有的居民在院子中搭建一个小屋用来储物，小屋的颜色和其他房屋的颜色保持了一致，也不容易被人发现（如图5-17）。

居民这种以"假发"设置的储物空间，表征了居民自己的权力，也在储物空间的设计上发挥了居民的创造力。虽然居委会要求居民不在公共空间中堆放杂物，堆放自己的物品，但是居委会监管不力，院落又没有空间组织的人员，再加上四合院人多空间少，居民出现了占用公共空间的情况，许多居民在自家附近或者在门洞等公共空间堆满杂物，而却较少有居民创造一种整齐干净的储物空间，不影响其他居民的出行，看上去又非常的美观。居民在门口和院中以"假发"的形式设置的储物空间，是一种创造。可见，居民的这种反对可以发挥居民的创造力。

2. 对胡同里的停车空间反对

随着北京西四北一至八条街区汽车保有量的增加，当地居委会在胡同两侧划出了免费停车位，这种行为是居委会根据部分居民停车难的实践所进行的一种非表征活动。北京西四北一至八条街区胡同里居民的汽车保有量在不断增加，截至2015年，据西四北三条居委会的一位工作人

---

① Michel de Certeau, *The Practice of Everyday Life*, Berkeley: University of California Press, 1984, p. 26.
② 练玉春：《论米歇尔·德塞都的抵制理论——避让但不逃离》，《河北学刊》2004年第2期。
③ Michel de Certeau, *The Practice of Everyday Life*, Berkeley: University of California Press, 1984, p. 25.

图 5-16　居民在门口摆放的储物空间

员介绍，西四北三条居民拥有车辆 176 辆，西四北四条居民拥有车辆 120 多辆，西四北五条居民保有车辆 197 辆，停车已经成为迫切需要解决的问题。为了解决居民的停车问题及停车中出现的纠纷，西四北三条居委会为西四北三条规划停车位 47 个，为西四北四条规划停车位 38 个，为西四北五条规划停车位 51 个，而且停车是不收取费用的。居委会在胡同两侧为居民划定停车位的行为是居委会根据胡同居民停车难的实践所进行的非表征活动。

然而，北京西四北一至八条街区大部分居民对这种非表征活动表示

第五章　西四街区表征与非表征文化的关系

图 5-17　居民在院内搭建的储物空间

反对。反对的意见主要有以下几种。（1）人们晚上停车，白天又用破旧自行车等占据车位，严重影响胡同居民的出行。根据实际调研和访谈，胡同里车位非常紧张，而停车是免费的，所以居民都想在此停车，大部分居民晚上停车，白天把车开走后，为了防止车位被别人占去，就用地锁把破自行车锁在原来的地方占据停车位（如图 5-18）。这种现象在胡同非常普遍。地锁是居民自己锁上去的："那个锁是自己安的，城管拆了好几回了，但是拆了又被安上，没办法（F51）。"还有的居民用超市购物小车、用破三轮车占据停车位，如图 5-19。许多居民认为，这种行为严重影响居民白天的出行："人们拿破自行车占车位，影响白天的出行（F04）"。（2）有居民认为，胡同两边一些特殊的位置也被用来停车，妨碍了一些基础设施的使用，如消防栓。一位居民说，"消防栓取水的地

· 251 ·

方，老停车。应该弄个标志给围起来，不让停车，万一有火灾怎么办（F03）"（如图5-20）。（3）停车会堵塞胡同交通。有居民认为，"胡同本来就窄，还停车，停车会堵塞交通（F09）"。调研也发现停车堵塞胡同交通的现象（如图5-21）。（4）对租房的外地人停车更加反对，认为他们租房已经享受了一部分空间资源，不能再免费停车。

图5-18 西四北一至八条街区居民用自行车占据停车位

利用购物小车占据停车位　　　　利用三轮车占据停车位

图5-19 居民利用超市购物小车和三轮车占据停车位

一些居民对胡同里停车提出自己的看法。他们认为有几种途径。途径之一，建设立体停车空间。如有居民认为，"中式建筑，停车问题，地下弄个停车场，东口进，西口出。胡同就有空间（F50）"。有居民认

第五章　西四街区表征与非表征文化的关系

图 5-20　停车位占据消防栓取水位置

图 5-21　西四北头条至八条胡同停车阻碍交通

为,"可以把停车位升空,建成立体的停车场(F64)。""胡同里建个停车场,我们可以掏点钱(F58)。"正如有居民认为,"停车问题是个大问题(F59)。""原来买车都得有停车位,现在没有停车位也可以买车,那得解决停车场问题(F64)"。途径之二,和附近单位错开时间停车。如有居民认为,可以利用附近单位的停车场,"车位太紧张,附近单位的停车场,他们晚上正好下班,我们晚上回来,协商下,停那里行不行(F57)"。途径之三,在胡同口装置一些设施,严禁胡同外车辆进出。如有居民认为,"应该在胡同口设立一个栏杆,胡同里的人能进来停车。

别的车进不来,像这儿有幼儿园,每天5点胡同就堵了,车太多(F70)"。有的居民为了防止家门口的位置被停车占据,自己放置一些东西来占据。如图5-22。

图5-22 居民自家门前防止被停车措施

3. 对胡同里商业空间的抵制

西四北一至八条街区的八条胡同里,一些小卖铺等商业空间被允许经营(尤其是北五条、北六条等)。居民对于胡同里的商业空间持抵制态度。而这种抵制态度是为了保护胡同的传统风貌。居民抵制的原因有以下几种。第一,有居民认为,许多院落的后墙上开辟商业空间,破坏了院落的传统格局和胡同传统文化的整体风貌(如图5-23所示)。如有居民认为,"老北京人讲究,不能在山墙上开门。现在临街开了很多门,对这个很反感(F01)""四合院的开门是有讲究的,不可能在墙上随便开门(F41)","胡同里门面开得多,很乱。而且破坏原来整体风貌(F08)"。"以前哪有开这么多后门的,现在还继续开呢,希望管管(F20)"。第

· 254 ·

第五章 西四街区表征与非表征文化的关系

二,有居民认为,胡同里的商业空间破坏了胡同的清静。如有居民认为,"胡同里的小卖铺不应该有,有也应该是很长的胡同中间有一个,卖油盐酱醋。现在短的胡同应该在胡同口卖(F50)。"第三,有居民认为,胡同里开辟商业空间是受资本的驱动,却破坏了传统风貌。如有居民认为,"如果租给老住户一直住,一平方米才2块钱,12平方米一个月才24元,一年才近300块钱,成为商业空间的话,一间3000,一个月收回的钱相当于老住户租10年的钱了(F50)"。

图 5-23 西四北一至八条街区院落后墙开门成为商业空间

二 通过对表征和非表征的赞同及维护

居民对政府部门的一些表征是赞同并维护的。政府部门对西四北一至八条街区的表征,如统一色彩空间等,受到了居民的赞同和维护。这里以四合院建筑的色彩空间为例。政府和规划者对北京西四北一至八条街区建筑的色彩进行了"空间表征"和完成了空间实践。1999年,《北京旧城历史文化保护区保护和控制范围规划》规定,历史建筑的外观要按照历史面貌保护进行整修[1];2002年,《北京历史文化名城保护规划》规定,保护区建筑的色彩要与整体风貌协调[2];2003年,《北京城市总体

---

[1] 《北京旧城历史文化保护区保护和控制范围规划》,北京市文物局编《新编文物工作实用手册》,经济管理出版社2012年版,第538—542页。

[2] 《北京历史文化名城保护规划》,北京市文物局编《新编文物工作实用手册》,经济管理出版社2012年版,第520—530页。

文化表征与非表征的理论与实践：北京西四街区文化的综合保护

规划》规定，历史文化区保护的色彩要保持青灰色等①。2007年，《北京旧城房屋修缮与保护技术导则》认为，胡同里遇有红砖墙和色彩不协调的外装饰墙面，可采用仿古饰面砖或粉刷涂料的方式处理②。2006年，《北京西四北头条至八条历史文化保护整治与保护规划》认为，要对西四北一至八条街区的四合院的外立面色彩进行统一规划，认为这样可以保护居住区的传统风貌③。近年来，政府部门每1—2年，就会对四合院的外立面进行粉刷或者进行统一贴墙，从而把四合院墙的颜色统一为灰色。居民对西四北一至八条街区院落色彩空间的表征是赞同的。如居民认为，"统一颜色还是比较好的（F52）"。有居民认为，"墙的颜色倒是没有什么意见（F60）"等。政府部门把院落的外墙统一刷成灰色如图5-24所示。

图5-24 政府部门把院落外墙统一刷成灰色

居民对政府部门的一些非表征是赞同并维护的。如居委会在四合院门口安装的扶手、晾晒衣物的栏杆、挂国旗及其他东西的栏杆等。以居委会在四合院大门口安装的扶手为例。扶手虽无统一的样式，但大部分居民对政府的此举是非常赞同并自觉维护的。原因主要是大家认为，此

---

① 《北京旧城房屋修缮与保护技术导则》，北京市文物局编《新编文物工作实用手册》，经济管理出版社2012年版，第513—542页。
② 《北京旧城房屋修缮与保护技术导则》，北京市文物局编《新编文物工作实用手册》，经济管理出版社2012年版，第251—256页。
③ 陈雪亚、朱晓东、廉毅锐：《北京西四北头条至八条历史文化保护区整治与保护规划》，中国建筑学会《中国建筑学会建筑师分会人居环境专业2006年学术年会论文集》，2006年10月。

第五章 西四街区表征与非表征文化的关系

举方便了老年人的出入,尤其在下雨天、下雪天等。如有居民认为,"扶手不错,我们老年人腿脚不灵便,出门进门,上下台阶,正好扶着它(F44)"。有居民认为,"有了这个扶手,出门进门不用拿拐棍,也不用别人扶了,自己就能行(F51)"。有居民认为,"这个主要是下雨天呀,下雪天呀,走路扶着它,很安全(F12)"。有居民认为,"居委会在院落门上安装的扶手,受欢迎(F01)"。居委会在西四北一至八条街区院落门口安装的扶手见图 5-25。

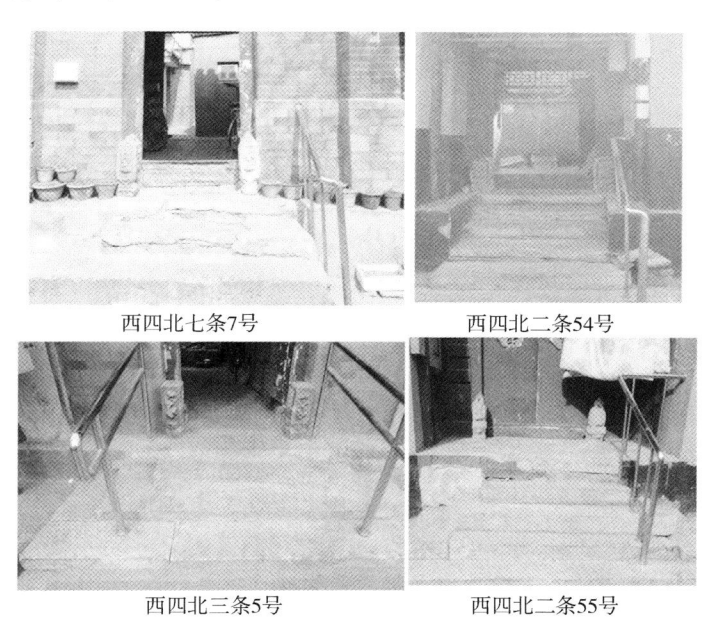

西四北七条7号　　　　　西四北二条54号

西四北三条5号　　　　　西四北二条55号

图 5-25　居委会安装的大门扶手

三　通过选举院落空间组织的核心人物

目前西四北一至八条街区的多数院落中没有空间组织的核心人物。该结论主要通过访谈和实地考察获得。首先,从访谈得知,目前北京西四北一至八条街区的多数院落中没有空间组织的核心人物。原因是,目前院落中住的人比较杂,很多是租房的居民,大家互不认识。存在核心人物的院落只是极少数,有核心人物的院落一般居住密度比较低,居民居住时间都比较长，而其核心人物多是居住多年的老人。

其次，从居民占用公共空间的现象可以判断院落没有空间组织的核心人物。中国学者陆扬认为，空间意义和日常生活的关系的一个显著的例子就是公共空间的变迁①。据中国文学家描述民国时期受壁胡同一家四合院的情况，"在堂屋和当院跑进跑出地玩，堂屋正面桌上摆着一大碟水果软糖"，说明民国时期西四北一至八条街区胡同四合院内的公共空间还是比较大的。四合院中间是人们的休闲空间②。而目前，居民占用公共空间，在能扩建的地方扩建，在不能扩建的地方，放东西占用公共空间。如有居民认为，"以前分房的时候不考虑厨房和卫生间的问题，这随着时代发展，人口增长，扩建、私建厨房、卫生间现象很普遍（F15）"。"像这种房子违建现象还是很普遍的，因为太小了（F20）"。"一般院子里的空间能占的就尽量都占了，因为这个实在是太小了（F25）"。部分居民占用的公共空间在自家房屋的周围，这些空间被杂乱的物体所堆放，如图5-26所示。部分居民占用的公共空间，多数为门洞的公共空间（如图5-27所示）。

图5-26 西四北一至八条街区居民占用公共空间

---

① 陆扬：《日常生活审美化批判》，复旦大学出版社2012年版，第8页。
② 丁伟：《中国十年情爱报告（上册）》，中国文联出版公司1998年版，第202页。

第五章　西四街区表征与非表征文化的关系

图 5-27　西四北一至八条街区部分居民占用门洞公共空间

从居民"各扫门前雪"可以判断院落中没有空间组织的核心人物。从实地观察和访谈看出，目前四合院中的居民大部分是"各扫门前雪"。如有居民认为，"院子里都是自己打扫自己的门口，像我就把从我家到门口这一块给扫一下（F11）。""基本上就是各扫门前雪，像我就把门口这一块都给扫扫，彼此互不往来，老北京四合院那氛围都没了，一点儿都没了。以前那种氛围当然好了，邻居之间交流多，互相都有关照，原来那是远亲不如近邻啊。像以前邻居在院子里晾了东西了或是怎么着的，要是有事出去了，这边一下雨，邻居一般就给拿走了，给放起来，等回来了再给拿出来，现在这个还有吗？没了（F12）。""院子里面那是各扫门前雪，人家门口我扫，人家还兴许不乐意呢（F13）。""基本上就是各扫门前雪（F15）。""现在各扫各地（F51）。"

居民权力的获取可以通过选举院落空间组织的核心人物而实现。选举核心人物后，核心人物可以团结居民创造非表征活动。居民也可以以核心人物为代表，通过核心人物表达意愿，如可以通过核心人物表达自己对政府部门和规划者的意见、对院落其他居民的意见等。院落空间组织的核心人物，也会按照公平公正的原则，监督院落居民的空间行为，处理院落中出现的占用公共空间等矛盾，而更好地维护历史文化街区。

并且，经过前面结构方程的分析发现，北京西四北一至八条街区院落居住情况与院落组织呈负向相关关系，院落组织越强，院落居住的户数、人数会越少等，这也说明了选取院落空间组织的核心人物有利于历史文化街区的保护。

结　　语

第一节　文化表征与非表征的关系

　　本书在国家和北京市重视传统优秀文化保护、国家和北京市重视棚户区改造（包含北京传统胡同四合院居住区）、京津冀一体化发展中北京市重视和谐宜居之都的建设的大背景下，着眼于北京历史文化街区优秀传统文化保护面临的实际问题，对比采用文化地理学领域的表征理论、非表征理论、列斐伏尔的三元空间理论进行了研究。本书为北京历史文化街区的研究及保护提供一个框架，该框架将为北京市文物局、北京市文化局等相关部门关于历史文化街区、历史建筑的保护提供重要参考，为北京市规划委员会等相关部门对历史文化街区的规划，以及为其他城市历史文化街区的保护规划提供借鉴。本书在运用这些理论解决实际问题的过程中，发现了表征理论的局限性、非表征理论的有效性、表征理论和非表征理论之间的区别及联系，具体如下。

　　第一，北京西四北一至八条街区表征文化和非表征文化既有联系，又有较大的区别。

　　两者的联系首先表现为都是和谐文化。"和也者，天下之达道也。"[①]

[①] 张葆全：《大学中庸译解》，广西师范大学出版社2016年版，第57页。

文化表征与非表征的理论与实践：北京西四街区文化的综合保护

和谐是宇宙万物各守其正的理想状态，是中华民族文化的核心范畴和主导精神。西四街区表征文化，尤其是传统礼俗文化的核心是和谐文化。正如荀子的"礼者，贵贱有等、长幼有差、贫富轻重皆有称者也"，封建社会的贵贱等级、贫富等级是一种"礼"。[1] 又如孔子之"礼之用，和为贵，先王之道斯为美"，礼的作用就是为能建立和谐的关系。[2] 居民的文化休闲等非表征活动，不仅使居民身心舒适，更使人与人之间的关系、邻里关系等变得和谐。正如有学者认为，非表征活动是更真实的文化实践，人们在这里可以寻找到自由和表达，打破压抑的状态。[3] 第二，两者都体现了秩序。秩序是事物运动的确定性、连续性和规则性状态[4]。西四街区的传统礼俗文化是一种等级秩序。西四街区居民对公共空间的不成文约定是一种行为规范，是一种秩序的象征，是一种美（美是秩序变化引起的人们的快感[5]）。正如思里夫特认为，日常生活是文化的载体，它民主地创造了民间艺术，并经过一代又一代人们变换民间艺术使之变成美的东西。这些东西正是非表征活动自然地、真实地创造的[6]。有学者认为非表征活动充满活力和创造力[7]。可见，非表征文化是对表征文化的继承和创新。虽然这种具身的、实践的非表征文化尚未在形式上固定下来，但表征文化与非表征文化同等重要。[8]

两者的区别在于：传统的礼俗文化、传统的吉祥寓意文化及励志文化、伦理教化文化三方面的文化表征太偏重于文字和建筑，太偏重于建

---

[1] 安继民：《荀子》，中州古籍出版社2006年版，第136页。
[2] 张晓东、顾玉平：《社会和谐论：当代中国新社会治理理念的理性省思》，江苏人民出版社2008年版，第15页。
[3] Revill, G., "Cultural Geographies in Practice Performing French Folk Music: Dance, Authenticity and Nonrepresentational Theory", *Cultural Geographies*, Vol. 11, No. 2, 2004, pp. 199 – 209.
[4] 公丕祥：《法理学》（第三版），复旦大学出版社2016年版，第63—65页。
[5] 池瑾璟：《概念在历史中展衍》，苏州大学出版社2016年版，第8—10页。
[6] Gold, J. R., Revill, G., "Gathering the Voices of the People? Cecil Sharp, Cultural Hybridity, and the Folk Music of Appalachia", *GeoJournal*, Vol. 65, No. 1 – 2, 2006, pp. 55 – 66.
[7] Revill, G., "Cultural Geographies in Practice Performing French Folk Music: Dance, Authenticity and Nonrepresentational Theory", *Cultural Geographies*, Vol. 11, No. 2, 2004, pp. 199 – 209.
[8] 这部分内容原刊于作者《历史文化街区表征与非表征之间的关联——以北京历史文化街区文化意义变化分析为例》，《人文地理》2021年第2期。

结　语

构文化，太偏重于空间的共性，而其对居民情感的和身体实践的研究、情境的研究、地方性的研究等有所忽视，且表征文化缺乏活力。所以表征文化只能成为北京历史文化街区文化保护的部分内容。而非表征文化注重对地方居民身体实践和情感的研究，注重对地方独特性的研究，注重对日常生活情境的研究等。非表征文化也展现了美的创造力，是具有活力的文化，它们对居民日常生活起着重要的作用，使居民生活得自由乐观。因此非表征文化也是历史文化街区要保护的对象。只有从表征文化和非表征文化综合的视角，对历史文化街区的研究和保护才更全面。

第二，北京西四北一至八条街区人们的空间实践将表征与非表征联系在一起。

表征、非表征、三元空间理论中的空间实践相互作用，三者之间的相互作用共有两种模式，一种模式即空间实践可以展现表征文化保护传承的效果。另一种模式则是，空间实践促进非表征文化向表征文化的转变。

第三，北京西四街区的社会结构也决定了表征与非表征的关系，这种社会结构中的权力关系决定着该地区文化的延续形式。

表征、非表征因与三元空间的联系而与权力相关。而目前，历史文化街区表征文化、部分非表征文化的权力主体是政府和规划者，居民只有获得了表征和非表征的权力才能更好地推动表征、非表征、空间实践三者之间的互动，促进历史文化街区的保护。居民权力还体现了空间的平等，还可以激发历史文化街区保护的积极性和活力。所以历史文化街区的保护需要居民获得表征和非表征的权力。而居民获取权力的途径可以通过对政府部门表征空间和非表征空间的反对及抵制、赞同及维护获得，可以通过选举院落空间组织的核心人物获得。其中，居民对政府部门和规划者的表征空间和非表征空间进行了一些抵制，德塞图的理论可以解释这种行为。所以德塞图的抵制理论对列斐伏尔的三元空间理论进行了小的补充。

第二节 对策建议

本书为历史文化街区表征文化和非表征文化的保护提出以下具体的对策建议。

一 表征文化和非表征文化应同时保护

北京西四北一至八条街区文化的保护需要同时保护表征文化和非表征文化，两者的结合才更全面。对于表征文化的保护，需要保护年长者、长期居住者、私产居民对其的认同，同时需要通过对表征化材料宣传、把其作为青少年课外实习内容等方式加强年轻人、居住年限短的居民、房屋产权为非私产的居民对表征文化的认同。对于非表征文化的保护，要把历史上居民和目前居民的非表征文化通过视频、音频、文字等多种形式记录下来，因为非表征文化具有不易被传播的特点，只有采取这样的方式，其才更容易被保护和传承。此项工作可以由相关政府单位、学术团体牵头，也可以由报纸杂志等牵头。具体来说：

第一，从表征文化保护的分析看，需要保护年长者、长期居住者、私产居民对其的认同。学者汤姆林森（J. Tomlinson）认为，认同是一种传承，是人们传统的长期居住的一种优点，是现在与过去的一种连续性。但是认同也被认为是脆弱的，是需要被保护的[①]。而且，北京西四北一至八条街区四合院不同的院落形制、大门及其部件形制、院落装饰的表征主体实则为不同朝代的政府及当时的居住者，对于现住居民来说，这都是"他者"。虽然，他者已逝，这些"他者"的表征符号保留了下来。正如法国思想家德里达指出的，虽然主体消失了，但是其表征形式可以

---

① Tomlinson, J., "Globalization and Cultural Identity", *The Global Transformations Reader*, No. 2, 2003, pp. 269–277.

结 语

保留下来①。因为现主体的故事和表征符号叙述的历史文化的一致，所以认同便产生了②。但现住居民对这些表征符号的认同还需要被保护。

从表征文化保护的分析看，需要加强年轻人、居住年限短者、房屋产权为非私有的居民对表征文化的认同。经分析，年轻人、居住年限短者、房屋产权为非私有的居民对表征文化的认同较弱，需要加强。正如英国建筑思想家罗斯金（J. Ruskin）认为，建筑作为人类遗忘的两个强大的征服者之一，其功能更强大，它承载着人们历史的记忆，是人类的宝贵遗产，并且可以强化人们的文化认同③④。因此，加强的手段包括追忆居民有关房屋建筑的过去，正如人文主义地理学者段义孚认为，人们对过去的追忆可以获得认同感。汤姆林森也认为，文化认同与表达有关系⑤。加强认同，还可以给年轻的居民、居住年限短者、房屋产权为非私有的居民加强表征化材料的宣传，或者通过把其作为青少年课外实习内容等方式让其产生认同。

第二，从非表征文化保护的分析看，北京西四北一至八条街区中，非表征文化是历史上居民和现住居民根据身体实践和情境，根据本地方的特殊性，在日常生活中创造的，并且这些创造是新的、美的东西，对居民的日常生活起着重要的作用，而且承载着居民的记忆，是历史文化街区的活的文化，是对表征文化进行重要补充的文化。而目前居民的非表征所产生的知识和文化不容易被转移和传播，正如赫尔布雷希特于2004年在其文章中认为，非表征理论更注重身体的物质活动，它创造了隐性的知识，这些知识是个人的专门的知识或者技术，是个人获得的经验。它完全受制于个人，不能从一个人传给另一个人，从而固定在一个

---

① 吴剑平：《遣发：关于表征》，《国外文学》1994 年第 2 期。
② Hall, S., "Minimal Selves", in Gray, A and McGuigan, J. editors, *Studying Culture*, New York: Edward Arnold, 1993, pp. 134–138.
③ 成志芬、周尚意、张宝秀：《"乡愁"研究的文化地理学视角》，《北京联合大学学报》（人文社会科学版）2015 年第 4 期。
④ ［英］约翰·罗斯金：《建筑的七盏明灯》，张鹏译，山东画报出版社 2012 年版，第 283—295 页。
⑤ Tomlinson, J., "Globalization and Cultural Identity", *The Global Transformations Reader*, No. 2, 2003, pp. 269–277.

文化表征与非表征的理论与实践：北京西四街区文化的综合保护

地方。这区别于表征理论对精神活动的侧重，以及表征活动所创造的是显性知识，以及显性知识可以被存档、可以被检索，可以被授予、可以被转移，可以在人与人之间和地方之间相互传播等[①]。所以，非表征文化若不被表征化，这种身体实践的创造就会随着居民的远去而消失，其保护和传承将会受到很大的限制。非表征文化通过视频、音频、文字、绘画等媒介材料被表征，由于这些材料具有亲和力强、形式活泼、直接性等特点，更容易被获取、被了解、被传播[②]。所以保护非表征文化的任务之一是需要把它变为表征的显性知识。正如萨斯特（R. Shusterman）认为，非表征文化通过身体直接经验创造的东西会通过语言重构成为表征的知识[③]。目前居民的非表征文化的表征化，可以由区文化委员会等相关单位牵头，也可以由相关学术研究机构牵头，还可以由报纸或者相关学术刊物牵头。报纸牵头类似于一些报纸回忆北京的老建筑、老胡同、老字号、老行当等的"四合院"周刊[④]。

二 降低人口密度、增加公共空间

在北京市外来人口比例不断增加的背景下，历史文化街区若要达到本地人与外地人和谐相处的目标，既需要适当降低人口密度，又需要适当保留一些老居民，还需要增加院落公共空间所占比例。

经空间实践对表征文化保护的影响因素的分析发现，目前影响表征文化保护的主要因素是院落人口密度较大、公共空间所占比例较小，所以表征文化的保护应适当降低当前院落的人口密度，增加公共空间所占比例。而根据对非表征文化的分析，非表征文化的保护应适当保留部分

[①] Helbrecht, I., "Bare Geographies in Knowledge Societies-creative Cities as Text and Piece of Art: Two Eyes, one Vision", *Built Environment*, Vol. 30, No. 3, 2004, pp. 194 – 203.

[②] 黄晴珊：《全媒体时间的医学信息素养与信息检索》，中山大学出版社2014年版，第188页。

[③] Shusterman, R., *Practicing Philosophy: Pragmatism and the Philosophical Life*, Psychology Press, 1997, pp. 162 – 163. 转引自 Hinchliffe, S., "Performance and Experimental Knowledge: Outdoor Management Training and the end of Epistemology", *Environment & Planning D: Society & Space*, Vol. 18, No. 5, 2000, pp. 575 – 596.

[④] 北京市哲学社会科学规划办公室、北京市教育委员会等：《北京文化发展研究报告2007》，同心出版社2007年版，第96—97页。

结 语

老居民。关于降低人口密度的措施，应结合本街区院落居住人口的实际，也需要结合京津冀协同发展的大背景实行，如对本街区内人口的房产进行联网核查，疏散在京已购房的原居住公产、单位产的房屋的人口等。其次增加公共空间所占比例的途径，号召全院居民腾退所占公共空间，引导院落居民对公共空间使用进行合理规划，如摆放立体的存物架等。具体来说：

第一，从对表征文化保护的分析看，北京西四北一至八条街区被表征出来的文化包括三方面：传统的礼俗文化、传统吉祥寓意文化及励志文化、伦理教化文化，其表征主体是不同朝代的政府和居民，这些表征文化的核心是和谐文化，目前被多数居民认同。而经空间实践检验，目前这些文化的保护状况一般，空间实践检验的结果认为，院落人口密度大、公共空间所占比例小是造成不和谐的因素之二，所以北京西四北一至八条街区四合院表征文化的保护需要降低院落的人口密度，增加公共空间所占比例。《北京旧城二十五片历史文化保护区保护规划》中对北京西四北一至八条街区的规划中也提到，"要适当降低保护区的居住人口密度，疏散居住人口"，至少达到每100平方米住宅用地上的居住人口为4—7人，人均住宅用地面积为15—25平方米[1]。

关于降低院落人口密度的措施，2003年《北京旧城历史文化保护区房屋保护和修缮工作的若干规定（试行）》中规定要降低保护区人口密度，其中的措施包括：安排专项资金降低人口密度、外迁根据法律法规需要外迁的人员（如需要外迁对社会开放的不可移动文物内的人口，需要外迁引入市政基础设施的住户，需要外迁恢复建筑物原用途的住户等）、居民自愿申请定向安置用房而外迁（税费实行减免）、区政府组织实施保护区人口异地外迁等措施[2]。采取的措施还包括加大政策支持力

---

[1] 北京规划委员会：《北京旧城二十五片历史文化保护区保护规划》，北京燕山出版社2002年版，第10—15页。
[2] 《北京旧城历史文化保护区房屋保护和修缮工作的若干规定（试行）》，北京市文物局编《新编文物工作实用手册》，经济管理出版社2012年版，第241页。

文化表征与非表征的理论与实践：北京西四街区文化的综合保护

度，把外迁人员优先纳入政府保障房体系、廉租房体系等①。总之，北京西四北一至八条街区要结合相关文件规定的降低人口密度的措施，结合本街区院落居住人口的实际，也要结合京津冀协同发展需要疏散人口的大背景，积极采取措施，降低本街区院落人口密度。

院落公共空间是院落内人们与自然进行物质、信息和能量交流的场所，也是院落内人与人之间进行情感联系的场所，还是人们在院落休闲活动、院落装饰、院落形象展示的场所，所以院落公共空间对于院落环境的维持、人们生活的丰富具有重要作用，对于院落表征文化的保护也非常重要②。增加公共空间所占比例采取的措施包括以下几方面：一，在院落人口、院落面积数量不变的情况下，需要号召全院居民腾退所占公共空间，或者居委会应该对每家每户侵占的公共空间面积进行划定并监督；二，增加公共空间所占比例还应降低院落人口密度；三，增加公共空间所占比例，应引导院落居民对公共空间使用进行合理规划。

第二，从非表征文化保护的分析看，老居民对于历史上居民的非表征文化保留有一定的记忆。如有居民记述了"礼路胡同十九号外院那棵大柳树"，"糖人摊儿我们在礼路胡同就常见，那是个吹糖人的。拿起一根秫秸秆，沾上糖稀，他一边含着秫秸秆吹气，一边用手这么捏一下，那么捏一下，一会儿工夫，一只尾巴大大的金鱼出来了，一会儿一只爬在油壶上偷油吃的耗子又出来了……"③，有居民记述，受壁胡同的北京三中院落中曾有古槐、垂花门等④。有人记述，"记得我家在北京西城石老娘胡同居住时，有天晚上，邻居家突然有重病人急需到医院治疗，当邻居急促叫大门说明情况后，爸爸让我家司机张叔叔及时用专车把病人送到医院治疗"⑤。老居民的这些记忆中，蕴含着历史上居民的非表征文

---

① 刘牧雨、戚本超：《北京改革开放30年研究 城市卷》，北京出版社2008年版，第237页。
② 李昊、冯伟：《价值重构——历史环境中城市公共空间的设计思考》，中国城市规划学会《城市规划面对面：2005城市规划年会论文集（下）》，中国水利水电出版社2005年版，第1094页。
③ 丁伟：《中国十年情爱报告》（上册），中国文联出版公司1998年版，第235—241页。
④ 张占军、李晓秋：《北京历史名校概览》，华艺出版社2009年版，第81页。
⑤ 刘洪声、李振华：《风雨春秋 潘复生诗文纪念集》，河南人民出版社1993年版，第281页。

结 语

化。老居民对现在居民的非表征文化也比较了解，因为他们每天都在亲身经历着这些非表征活动。老居民是一部活的"文字历史书"，他们可以通过口述或者笔录的方式把对历史上居民的非表征活动的记忆传递给别人[①]，从而使之得以保存。对于老居民对北京历史文化的了解，正如有人认为"北京老居民，虽然不敢说踏破铁鞋，但历遍全城"[②]。有人认为，"北京的老居民，见得多识得广，往往有曾经沧海难为水的感觉"[③]。一位挪威的作者对北京四合院和老居民评价道："四合院的生活方式，是一个最适宜居住的地方……北京的老居民奋力挽救他们住了300年的四合院。'搬出去，不要阻挡时代的进程！'有人这样说。这真的是时代的进步吗，将所有中国传统文化连根拔除是时代的进步吗？……但是如果从物质上切断了和历史的联系……那么如何保留历史的痕迹？"[④] 可见，老居民对于非表征文化的保护具有重要意义和作用，在京津冀一体化的背景下，北京西四北一至八条街区应当保留适当比例的老居民。

三 选取院落空间组织中的核心人物

首先因为，权力是推动表征、非表征与空间实践相互作用的动力之一。而目前，居民拥有西四北一至八条历史文化街区表征和非表征的权力较少，政府部门和规划者拥有的权力较多。居民只有拥有表征和非表征的权力，才能更好地推动表征、非表征、空间实践三者的互动，才更能体现空间的平等、才更能激发出居民的积极性和活力，才更利于历史文化街区文化的保护，而居民获取权力的制度途径之一就是选举院落空间组织的核心人物。其次，结构方程模型分析的结果显示，选取院落空间组织的核心人物有利于传统居住文化的保护。

从表征文化的权力主体分析的结果看，西四街区部分表征文化的权

[①] 北京市哲学社会科学规划办公室、北京市教育委员会等：《北京文化发展研究报告2007》，同心出版社2007年版，第137页。
[②] 陶克涛：《毡乡说荟》，《陶克涛文集》，社会科学文献出版社2013年版，第395页。
[③] 牧惠：《盛世网闻 牧惠历史随笔》，福建人民出版社2004年版，第190页。
[④] ［挪威］爱伦：《城市规划者疯了》，《法制博览》2006年第10期下半月。

力主体是当代政府和规划者。部分表征文化的权力主体是传统社会的上层。从非表征文化的权力主体分析结果看，部分非表征文化的权力主体也是政府。而居民获取权力可以促进表征、非表征、空间实践之间的互动，有利于历史文化街区的保护。而选举核心人物是居民获取权力的途径之一，居民可以以核心人物为代表，通过核心人物表达自己的诉求，如可以通过核心人物表达自己对政府和规划者的意见、对院落其他居民的意见等。并且，经访谈和调查发现，目前北京西四北一至八条街区的大部分四合院中，没有代表居民权力的空间组织的核心人物，且经结构方程模型分析，院落居住情况与院落组织之间呈现负向的关系，院落组织越强，院落居住人数会越少，这也说明了居民选取院落组织的核心人物有利于四合院优秀传统文化的保护。因此，历史文化街区的保护应该选取院落空间组织的核心人物。

附　录

附录1　西四北一至八条街区院落和谐文化调查

问卷编号　　　　　　　　　　　　调查时间

第一部分　居民基本属性

（1）居住地址：____胡同____号（门牌）　（由调查人填）

（2）性别：　1. 男　　2. 女

（3）年龄段：

　　1. 25岁（含）以下　　2. 26—39岁　　　3. 40—59岁

　　4. 60—74岁　　　　　5. 75岁（含）以上

（4）职业：

　　1. 临时工（无合同）、下岗或无业　　2. 个体商人

　　3. 合同工　　4. 以前的正式工　　5. 国家机关和事业单位

（5）月收入：

　　1. 2000元（含）以内　　　　　2. 2000—5000（含）元

　　3. 5000—7000（含）元　　　　4. 7000—10000（含）元

　　5. 10000元以上

第二部分　对院落居住礼俗（居住文化）了解、院落是否和谐等情况的调查

（6）对院落原来居住礼俗的了解情况：老辈、儿子、女儿、下人居住在何处？

　　1. 完全不了解　　2. 了解一点　　3. 一般

　　4. 比较了解　　5. 完全了解

（7）选择在此居住的理由：

　　1. 区位优势　　2. 别处没房等房子原因　　3. 对房子有感情

　　4. 对邻里关系有感情　　5. 好的老城区文化氛围

（8）您认为该院落邻里之间：

　　1. 会发生矛盾　　2. 互不认识　　3. 一般

　　4. 比较和谐　　5. 非常和谐

（9）您与院落居民出现不和谐的原因：

　　1. 占用公共空间　　2. 安全问题　　3. 水电费公摊等经济问题

　　4. 卫生问题　　5. 生活习惯不同

（10）如果迁离这个地方，您最留恋的是什么：

　　1. 无　　2. 区位优势　　3. 自己的房子

　　4. 邻里关系　　5. 这个地方

第三部分　西四北一至八条街区院落和谐文化保护的影响因素

（11）房屋产权形式：

　　1. 向原来的租户再租房　　2. 租集体产权的房　　3. 租房管局的房

　　4. 国管局房　　5. 自有房

（12）居住时间：_____年

（13）院子里住着____户，大约____人，外地人约____人，人均面积大

附 录

约____平方米。

（14）您住院子里的____间房，大约____平方米。

（15）您与邻居出现矛盾时的解决方式：

　　1. 吵架、打架　　　2. 隐忍　　　　　3. 请居委会或者派出所协调

　　4. 请邻居协调　　5. 自行友好处理

（16）与邻居出现占用公共空间问题矛盾时，解决问题的依据是：

　　1. 没有依据　　　2. 国家法律　　　3. 临时约定

　　4. 居委会规定　　5. 院落自己的规定

（17）当院落出现积水等非预料问题时：

　　1. 都不理睬　　　2. 找居委会　　　3. 少数人排水

　　4. 大部分人排水　5. 居民会一起排水

（18）邻里互助的形式：

　　1. 帮收快递　　　2. 彼此借东西　　3. 照顾老人和孩子

　　4. 互相分享好吃的　5. 互相谈心

（19）公共空间占院落空间的面积比例，大约为____%。

（20）公共空间的利用方式：

　　1. 堆杂物　　　　2. 放自行车、电动车等　　3. 晾晒衣物

　　4. 过道　　　　　5. 喝茶聊天或下棋

（21）公共空间使用：

　　1. 都不可用　　　2. 某一两家可用　3. 少数家可用

　　4. 大部分人可用　5. 大家都可用

· 273 ·

附录2　西四北一至八条街区表征文化访谈问卷

问卷编号　　　　　　　　　　　　调查时间

第一部分　对表征文化的了解程度及其了解途径

1. 以前四合院有很多讲究，如院落布局上，长辈住正房、子女住厢房、下人住倒座房等，对这些您了解吗？
2. 胡同里有大宅子，也有小院落，院落的形制不同，为何是这样，以及分别由什么人居住，您了解吗？
3. 您看这些四合院的大门有不同的样式，以前是分为不同等级的，您对此了解吗？
4. 对四合院的门墩、户对、影壁等的区别，您了解吗？
5. 对不同院落的雕刻和装饰的区别，如普通居民的房屋不能雕刻龙凤图案、不能用九五之数等，不同的院落所用彩画也不同，您对这些了解吗？
6. 四合院的砖雕、石雕、木雕，雕刻不同的植物、动物等花纹图案，您对这些寓意了解吗？
7. 以前大门的门对子上会雕刻一些话语，您对这些作用了解吗？
8. 您对以上这些的了解，是怎么知道的？是从什么途径知道的？

第二部分　对政府部门或者规划者的表征空间的态度

1. 您在西四北一至八条街区生活期间，对于政府部门或者规划管理相关单位的标准化行为（如把墙统一刷为灰色、统一放置门墩等行为）有什么看法，您会对此进行反抗吗（如把统一放置的门墩搬开等等）？
2. 这些分散的花池子是哪年放置的？您对放置花池子怎么看？会不会在里面种点自己的花或者菜？

附 录

3. 近年来，政府部门对一些院落的门楼、墙面等进行修缮，对院落地面进行硬化，低洼院进行了整修等，您对此怎么看？
4. 您日常生活的便利程度如何？原来的一些生活设施有被规划所侵占或者拆除的吗（如菜市场、健身空间、胡同里的小卖铺等）？对此您怎么看？
5. 西四北一至八条街区有没有发生过居民与政府部门或者规划管理相关单位人员之间的冲突（包括个人冲突与集体冲突）？冲突的事由是什么？最后是怎么解决的？
6. 有没有游客闯入过您的生活空间的现象？有没有与游客发生过冲突？
7. 您认为政府部门或者规划管理相关单位的统一规划设计中，有哪些是好的，哪些是不好的，您为什么觉得好或者是不好？针对不好的，您有没有采取什么行为？

谢谢您的帮助，可能还会有回访麻烦您，还请您多支持。

附录3　西四北一至八条街区非表征文化访谈问卷

问卷编号　　　　　　　　　　　　调查时间

一　四合院内部空间

（1）您对院落居民占用公共空间等这些现象怎么看？

（2）您在院内有没有私自利用的一些空间？例如夹缝空间等，您怎么利用？

（3）您在西四北一至八条街区这里有童年的记忆吗？有让您印象深刻的经历吗？您会对此有一些回忆或者想象吗？有哪些空间会勾起您的这些回忆？或者在空间中，您会怎么做来纪念这些经历？

（4）您希望四合院中的居住情况是怎么样的？一个理想的院落是怎么样的？如对厨房、卫生间等。

（5）居委会不让在院落里储物，大家都是什么态度，以及有哪些行为？

二　外部空间

（一）胡同休闲娱乐空间

（1）胡同改造前，您与邻里一般在哪里聊天、活动？现在还可以在这些空间活动吗？

（2）目前胡同里人们文化娱乐（下棋等）、邻里聊天、体育健身的空间和设施有没有规划起来？您平时去哪里锻炼身体，和居民聊天？

（3）您想象的周边文娱空间是什么样？

（4）您会在大门外栽种一些喜欢的植物吗？您栽种的植物有没有被叫停？

（二）商业空间

（1）胡同里开的门面都是做什么生意的？它们是怎么开起来的？您

对这些商业空间等怎么看？

（2）您对胡同里的商业空间有一个什么样的想象？

（三）停车空间

（1）居委会给居民划出一些停车位，停车是免费的吗？为何这么多破自行车被锁在地上？您对胡同里停放车辆怎么看？

（2）对西四胡同停车空间的想象是什么样的？

（四）其他

（1）一些胡同有一些墙画，是居民自己画上去的吗？是谁画的？知道他为什么画成这个样子吗？您对此怎么看？

（2）居民平时有没有一些私自利用的空间？是哪些空间？

（3）西四北一至八条街区胡同和院落的空间中，您还对哪些空间有看法，您觉得应该成为什么样子？

（4）您会自己在胡同里、院落门口，或者院落内摆放一些物品吗？目的是什么？

（5）您会在院落空间、胡同空间布置一些装饰吗？更愿意布置哪方面的装饰？

（6）您居住的四合院里，有出面主持公道或者维持秩序的人吗？一般都是哪些人出面？

（7）院落的外墙上有很多配电箱和变压器，您怎么看？

（8）居委会在院落大门的门口安装了一些扶手，您对此怎么看？

参考文献

一 中文著作

"北京百科全书 西城卷"编辑委员会编：《北京百科全书 西城卷》，奥林匹克出版社2000年版。

《清会典事例》第10册，卷八五八到卷九九七《工部·盛京工部·理藩院》，中华书局1991年影印版。

《清世祖实录选辑》，台北：大通书局有限公司1995年版。

《文献》丛刊编辑部编：《文献》第12辑，书目文献出版社1982年版。

《西城区地名志》编辑委员会：《北京市西城区地名志》，北京出版社1992年版。

艾秀梅：《日常生活审美化研究》，南京师范大学出版社2010年版。

安继民：《荀子》，中州古籍出版社2006年版。

安仙生编绘：《北平市内外城分区地图.1：10500》，民国二十五年（1936）。

包亚明：《上海酒吧：空间，消费与想象》，江苏人民出版社2001年版。

包亚明：《现代性与都市文化理论》，上海社会科学院出版社2008年版。

包亚明：《现代性与空间的生产》，上海教育出版社2003年版。

北京规划委员会：《北京旧城二十五片历史文化保护区保护规划》，北京燕山出版社2002年版。

北京卷编辑部：《当代中国城市发展丛书》，当代中国出版社2011年版。

北京老城历史文化保护区市政基础设施规划研究课题组：《北京老城历史文化保护区市政基础设施规划研究》，中国建筑工业出版社2006年版。

北京市档案馆：《北京会馆档案史料》，北京出版社1997年版。

参考文献

北京市地方志编撰委员会编著：《北京志·市政卷·房地产志》，北京出版社2000年版。

北京市地方志编撰委员会编著：《北京志·综合卷·人民生活卷》，北京出版社2007年版。

北京市古代建筑研究所、北京市文物事业管理局资料中心编：《加摹乾隆京城全图》，北京燕山出版社1996年版。

北京市文物局编：《新编文物工作实用手册》，经济管理出版社2012年版。

北京市文物研究所：《圆明园长春园含经堂遗址发掘报告》，文物出版社2006年版。

北京市西城区地方志编纂委员会编：《北京西城年鉴2001》，中华书局2001年版。

北京市西城区地方志编纂委员会编：《北京西城年鉴2002》，中华书局2002年版。

北京市西城区地方志编纂委员会编：《北京西城年鉴2004》，中华书局2004年版。

北京市西城区地方志编纂委员会编：《北京西城年鉴2006》，中华书局2006年版。

北京市西城区地方志编纂委员会编：《北京西城年鉴2007》，中华书局2007年版。

北京市西城区地方志编纂委员会编：《北京西城年鉴2008》，中华书局2008年版。

北京市西城区地方志办公室编：《北京西城年鉴2009》，北京出版社2009年版。

北京市西城区地方志编纂委员会办公室编：《北京西城年鉴2011》，北京出版社2011年版。

北京市西城区地方志编纂委员会办公室编：《北京西城年鉴2014》，中华书局2014年版。

北京市西城区政协文史资料委员会编：《府第寻踪》，中国文史出版社2006年版。

北京市哲学社会科学规划办公室、北京市教育委员会等编：《北京文化发展研究报告2007》，同心出版社2007年版。

北京市哲学社会科学规划办公室编：《北京市哲学社会科学"十五"规划项目阶段成果选编（2003年度）》上，同心出版社2003年版。

北京市政协文史资料委员会编：《北京文史资料精选　西城卷》，北京出版社2006年版。

曹子西：《北京史志文化备要》，中国文史出版社2008年版。

陈博、陈晴编著：《皇城遗韵》，中国社会出版社2009年版。

（清）陈恒庆：《谏书稀庵笔记》，文海出版社1969年版。

陈乐人主编：《北京档案史料》，新华出版社2007年版。

陈勤建：《中国风俗小辞典》，上海辞书出版社2008年版。

陈义风：《当代北京四合院史话》，当代北京出版社2008年版。

陈宗蕃编著：《燕都丛考》，北京古籍出版社1991年版。

池瑾璟：《概念在历史中展衍》，苏州大学出版社2016年版。

崔乃夫主编：《中华人民共和国地名大词典》第1卷，商务印书馆1998年版。

崔乃夫主编：《中华人民共和国地名大词典》第5卷，商务印书馆2002年版。

大辞海编辑委员会编：《大辞海》美术卷，上海辞书出版社2012年版。

（清）戴璐（敏夫）：《藤阴杂记》，上海古籍出版社1985年版。

［美］戴维·哈维：《叛逆的城市：从城市权利到城市革命》，叶齐茂、倪晓晖译，商务印书馆2014年版。

淡欣：《京华遗韵》，上海古籍出版社2004年版。

党洁：《北京城旧影寻踪》，北京理工大学出版社2012年版。

邓的荣、廉振孝：《新闻的价值》，经济日报出版社2003年版。

邓亦兵：《清代前期北京房产市场研究》，天津古籍出版社2014年版。

邓云乡：《燕京乡土记》上册，河北教育出版社2004年版。

丁超：《"住"在北京：北京居住文化》，东方出版社2007年版。

丁伟：《中国十年情爱报告（上册）》，中国文联出版公司1998年版。

参考文献

段柄仁主编：《北京胡同志》，北京出版社2007年版。

段柄仁：《北京四合院志》，北京出版社2015年版。

（清）鄂尔泰等：《八旗通志（1—8册）》，东北师范大学出版社1985年版。

费多益：《寓身认知心理学》，上海教育出版社2010年版。

冯契主编：《哲学大辞典（上）》，上海辞书出版社2001年版。

傅华主编：《北京西城文化史》，北京燕山出版社2007年版。

高巍：《四合院》，学苑出版社2004年版。

高阳：《中国传统建筑装饰》，百花文艺出版社2009年版。

葛继善主编：《内蒙古自治区人民政府驻北京办事处志》，内蒙古人民出版社1999年版。

公丕祥：《法理学（第三版）》，复旦大学出版社2016年版。

郭本禹、崔光辉、陈巍：《经验的描述——意动心理学》，山东教育出版社2010年版。

何宝通：《中国古代建筑及历史演变》，北京大学出版社2010年版。

何本方：《中国古代生活辞典》，沈阳出版社2003年版。

侯斌英：《空间问题与文化批评》，四川文艺出版社2010年版。

侯杰泰、温忠麟等：《结构方程模型及其应用》，教育科学出版社2004年版。

胡大平：《城市与人》，南京大学出版社2015年版。

黄惠贤：《二十五史　人名大辞典》（下册），中州古籍出版社1997年版。

黄其森：《院子里的中国》，作家出版社2014年版。

黄晴珊：《全媒体时间的医学信息素养与信息检索》，中山大学出版社2014年版。

解学诗主编：《满铁档案资料汇编（第十一卷）（满铁与华北开发社会）》，社会科学文献出版社2011年版。

老舍：《老舍散文，可惜的寂寞》，浙江文艺出版社2014年版。

老舍：《四世同堂》，北京十月文艺出版社1995年版。

老舍：《兔儿爷　老舍散文精选》，生活·读书·新知三联书店2014年版。

李方祥：《中国共产党的传统文化观研究》，中共党史出版社2008年版。

李辉主编：《于光远自述》，大象出版社 2005 年版。

李盛平：《中国近现代人名大辞典》，中国国际广播出版社 1989 年版。

李铁生、张恩东主编：《南锣鼓巷史话》，北京出版社 2010 年版。

李欣：《中国古建筑门饰艺术》，天津大学出版社 2006 年版。

李振玉：《庭院风流》，华夏出版社 1990 年版。

辽宁省哲学社会科学成果奖评审委员会：《辽宁省哲学社会科学获奖成果汇编 2003—2004 年度》，辽宁人民出版社 2007 年版。

刘川生：《大自然的智慧》，国家行政学院出版社 2013 年版。

刘洪声、李振华：《风雨春秋 潘复生诗文纪念集》，河南人民出版社 1993 年版。

刘怀玉：《现代性的平庸与神奇：列斐伏尔日常生活批判哲学的文本学解读》，中央编译出版社 2006 年版。

刘牧雨、戚本超：《北京改革开放 30 年研究 城市卷》，北京出版社 2008 年版。

刘庆方：《开国上将李涛》，解放军文艺出版社 2006 年版。

（明）刘若愚：《酌中志》，北京古籍出版社 1994 年版。

刘洋：《北京西城历史文化概要》，北京燕山出版社 2010 年版。

刘岳：《北京胡同 66》，中共党史出版社 2009 年版。

陆翔：《北京四合院人居环境》，中国建筑工业出版社 2013 年版。

陆扬：《日常生活审美化批判》，复旦大学出版社 2012 年版。

罗胜强、姜嬿：《管理学问卷调查研究方法》，重庆大学出版社 2014 年版。

马渭源：《大明帝国洪武帝卷》，东南大学出版社 2014 年版。

马子木：《清代大学士传稿（1636—1795）》，山东教育出版社 2013 年版。

马芷痒著，张恨水审定：《老北京旅行指南》，北京燕山出版社 1997 年版。

孟伟：《交互心灵的建构——现象学与认知科学研究》，中国社会科学出版社 2009 年版。

孟伟：《塑造论哲学的认知科学哲学解读》，知识产权出版社 2011 年版。

牧惠：《盛世网闻 牧惠历史随笔》，福建人民出版社 2004 年版。

尼跃红：《北京胡同四合院类型学研究》，中国建筑工业出版社 2009 年版。

参考文献

潘知常主编：《传媒批判理论》，新华出版社2004年版。

乔晓军：《中国美术家人名辞典 补遗一编》，三秦出版社2007年版。

秦旭：《希利斯·米勒解构批评研究》，社会科学文献出版社2011年版。

曲钦岳主编：《当代百科知识大词典》，南京大学出版社1989年版。

全国政协文史和学习委员会、北京市政协文史和学习委员会编：《名人故居博览 北京卷》，中国文史出版社2011年版。

尚作湖：《岁月感悟》，中国海关出版社2013年版。

沈文权：《安乐窝风情》，河北少年儿童出版社1996年版。

沈云龙：《近代中国史料丛刊三编（5—7）国朝耆献类征选编（一、二、三）》，台湾文海出版社1996年版。

史铁生：《史铁生散文》，人民文学出版社2014年版。

史铁生：《务虚笔记》，作家出版社2011年版。

（明）史玄：《旧京遗事》，北京古籍出版社1986年版。

（宋）司马光：《资治通鉴》，王学典编译，中国纺织出版社2008年版。

宋濂：《元史·地理志》，中华书局1976年版。

苏天钧：《北京考古集成》，北京出版社2000年版。

孙家洲、杜金鹏：《莱州文史要览》，齐鲁书社2013年版。

孙山泽：《抽样调查》，北京大学出版社2004年版。

孙燕：《反对阐释：一种后现代的文化表征》，上海三联书店2007年版。

唐博：《北京房地产旧事（1912—1949）》，山西教育出版社2015年版。

唐旭昌：《大卫·哈维城市空间思想研究》，人民出版社2014年版。

陶克涛：《毡乡说荟 陶克涛文集》，社会科学文献出版社2013年版。

童庆炳、王一川、李春青主编：《文化与诗学》，北京大学出版社2013年版。

（元）脱脱等：《宋史》卷一五四《志第一百七·舆服六》，中华书局1977年版。

汪利娜：《中国城市土地产权制度研究》，社会科学文献出版社2006年版。

王彬：《北京微观地理笔记》，生活·读书·新知三联书店2007年版。

王彬、徐秀珊：《北京老宅门》，团结出版社2002年版。

王宏凯：《明代北京的商业》，平准学刊编辑委员会《平准学刊》（第五辑下册),光明日报出版社1989年版。

王济川、王小倩等:《结构方程模型:方法与应用》,高等教育出版社2011年版。

王聚英、魏国英:《八路军将领传略》,解放军出版社2006年版。

(宋)王溥:《唐会要》卷三十一《舆服上》,中华书局1955年版。

(明)王同轨:《耳谈类增》,中州古籍出版社1994年版。

王伟光:《民俗全书》,黑龙江科学技术出版社2012年版。

王永斌:《北京的商业街和老字号》,北京燕山出版社1999年版。

王真真:《历史街区的现代性》,广西师范大学出版社2015年版。

魏屹东:《语境论与科学哲学的重建》,北京师范大学出版社2012年版。

(清)吴长元:《宸垣识略》,北京古籍出版社1983年版。

吴次芳等:《中国土地制度改革三十年》,科学出版社2009年版。

吴明隆:《结构方程模型——AMOS的操作与应用》,重庆大学出版社2009年版。

吴宁:《日常生活批判——列斐伏尔哲学思想研究》,人民出版社2007年版。

吴廷燮总纂:《北京市志稿·民政志》,北京燕山出版社1998年版。

吴廷燮总纂:《北京市志稿·礼俗志》,北京燕山出版社1998年版。

伍仁:《共和国重大事件纪实》,西北大学出版社1992年版。

(清)夏仁虎:《旧京琐记》,北京古籍出版社1986年版。

夏铸九、王志弘:《空间的文化形式与社会理论读本》,明文书局1993年版。

(元)熊梦祥:《析津志辑佚》,北京古籍出版社1983年版。

徐杰舜、吕志辉、刘冰清主编:《旅游与景观——旅游高峰论坛2010年卷》,黑龙江人民出版社2011年版。

(清)徐珂:《清稗类钞》,中华书局1984年版。

薛毅:《西方都市文化研究读本》,广西师范大学出版社2008年版。

尹长云:《和谐与回归 儒家和谐思想及其当代价值研究》,中南大学出版社2008年版。

袁熹:《北京近百年生活变迁》,同心出版社2007年版。

袁熹:《近代北京市民居住条件的变迁》,首都博物馆编《首都博物馆丛刊》，北京燕山出版社 2004 年版。

袁行霈：《中华文明之光（下卷）》，北京大学出版社 2004 年版。

［英］约翰·罗斯金：《建筑的七盏明灯》，张鹏译，山东画报出版社 2012 年版。

张葆全：《大学中庸译解》，广西师范大学出版社 2016 年版。

张德强：《李莲英（上、下卷）》，中国社会出版社 2000 年版。

张国仁、杨荩诚等：《护法运动》，档案出版社 1993 年版。

张丽君、刘可晶主编：《大城北京：1000 帧（上册）》，外文出版社 2009 年版。

张清常：《北京街巷名称史话：社会语言学的再探索》，北京语言文化大学出版社 1997 年版。

张胜文、蒋和欣：《中华百年经典散文　吾国吾民卷》，作家出版社 2004 年版。

张述任：《风水心得　黄帝宅经》，团结出版社 2009 年版。

（清）张廷玉：《古典名著普及文库》，岳麓书社 1996 年版。

（清）张廷玉：《明史》，中华书局 1974 年版。

张晓东、顾玉平：《社会和谐论：当代中国新社会治理理念的理性省思》，江苏人民出版社 2008 年版。

张一兵、胡大平：《西方马克思主义哲学的历史逻辑》，南京大学出版社 2003 年版。

张一兵主编：《社会批判理论纪事》，中央编译出版社 2006 年版。

张占斌、宋志红等主编：《城镇化进程中土地制度改革研究》，河北人民出版社 2013 年版。

张占军、李晓秋：《北京历史名校概览》，华艺出版社 2009 年版。

（清）昭梿：《啸亭杂录续录》，上海古籍出版社 2012 年版。

赵福莲：《"十里红妆"初探》，社会科学文献出版社 2013 年版。

赵倩、公伟、於飞：《北京四合院六讲》，中国水利水电出版社 2012 年版。

赵燕、李永进主编：《中外园林简史》，中国水利水电出版社 2012 年版。

（清）震钧：《天咫偶闻》，北京古籍出版社 1982 年版。

郑自修总编纂:《郑氏族系大典》,中州古籍出版社 2004 年版。
中国人民政治协商会议内蒙古自治区委员会文史资料研究委员会编:《内蒙古辛亥革命史料》,内蒙古人民出版社 1961 年版。
周德义:《和谐论》,湖南人民出版社 2012 年版。
(清)周家楣、缪荃孙等编纂:《光绪顺天府志》,北京古籍出版社 2001 年版。
朱广宇:《中国传统建筑装饰艺术》,机械工业出版社 2008 年版。
朱竑主编:《地理学评论(第 4 辑)——第六届人文地理学沙龙纪实》,商务印书馆 2012 年版。
(清)朱一新:《京师坊巷志稿》,北京古籍出版社 1982 年版。
朱彝尊:《曝书亭集》,商务印书馆 1935 年版。
(清)于敏中等编纂:《日下旧闻考》,北京古籍出版社 2001 年版。
朱祖希:《营国匠意——古都北京的规划建设及其文化渊源》,中华书局 2007 年版。
铢庵:《北梦录》,来源于中国期刊网古籍资料,2009 年尹小林整理。
庄裕光:《中国门窗门卷》,江苏美术出版社 2009 年版。
左满常、白宪臣:《河南民居》,中国建筑工业出版社 2007 年版。

二 中文论文

《习近平在北京考察工作时强调 立足优势 深化改革 勇于开拓》,《北京观察》2014 年第 3 期。
《在新起点上加快建设国际一流的和谐宜居之都》,《北京日报》2015 年 11 月 26 日第 3 版。
《中央城市工作会议在北京举行》,《人民日报》2015 年 12 月 23 日第 1 版。
[挪威]爱伦:《城市规划者疯了》,《法制博览》2006 年第 10 期下半月。
安宁、朱竑:《"东突暴恐"事件的批判地缘政治分析》,《地理学报》2015 年第 10 期。
安仁:《"十三五":用国家思维引领文化建设》,《金融时报》2015 年 11 月 20 日第 9 版。

参考文献

白继增：《北京老西城区会馆》，《北京档案史料》2011年第4期。

蔡赴朝：《为"人文北京、科技北京、绿色北京"建设提供强大精神动力和智力支持》，《前线》2009年第3期。

蔡继明：《新中国土地制度改革60年：回顾与展望》，《中国国情国力》2009年第9期。

蔡庆悦：《加强文化建设 提升首都城市软实力》，《前线》2011年第2期。

车玉玲、袁蓓：《空间的多重维度——作为政治与资本表达的空间》，《社会科学辑刊》2012年第2期。

陈雪亚、朱晓东、廉毅锐：《北京西四北头条至八条历史文化保护区整治与保护规划》，中国建筑学会《中国建筑学会建筑师分会人居环境专业2006年学术年会论文集》，2006年10月。

陈映婕、张虎生：《村落记忆与空间表征——对山西上安村的文化地理学考察》，《山西师大学报》（社会科学版）2009年第1期。

谌丽等：《历史街区地方文化的变迁与重塑——以北京什刹海为例》，《地理科学进展》2010年第6期。

成志芬、田燕：《基于空间表征的北京历史文化遗迹的保护与开发研究》，《兰台世界》2015年第11期。

成志芬、张宝秀：《地方学与地域文化研究的"地方"和"地方性"视角》，奇朝鲁主编《论地方学建设与发展——中国地方学建设与发展研讨会集》，内蒙古人民出版社2013年版。

成志芬、周尚意、张宝秀：《"乡愁"研究的文化地理学视角》，《北京联合大学学报》（人文社会科学版）2015年第4期。

崔惠、禹忠兴：《北京四合院空间格局的价值与传承》，《价值工程》2013年第27期。

党洁：《和珅在京遗迹》，《北京纪事》2012年第4期。

冯健、吴芳芳：《质性方法在城市社会空间研究中的应用》，《地理研究》2011年第11期。

古丽扎伯克力、辛自强、李丹：《地方依恋研究进展：概念、理论与方法》，《首都师范大学学报》（社会科学版）2011年第5期。

郭文成：《论晚期海德格尔关于居住的生存伦理思想》，《湖北大学学报》（哲学社会科学版）2010年第3期。

侯仁之：《元大都城与明清北京城》，侯仁之《历史地理学的理论与实践》，上海人民出版社1979年版。

胡燕：《北京历史街区的传统建筑色彩文化与保护策略研究》，《华中建筑》2014年第2期。

靳京：《新中国成立60年来北京土地使用制度改革与发展》，《北京规划建设》2009年第11期。

靖鸣：《新闻意识及其对新闻实践的影响》，《当代传播》2004年第6期。

李栋：《西四胡同群里珍藏着文化底蕴》，《社区》2005年第22期。

李昊、冯伟：《价值重构——历史环境中城市公共空间的设计思考》，中国城市规划学会《城市规划面对面：2005城市规划年会论文集（下）》，中国水利水电出版社2005年版。

李恒威、黄华新：《表征与认知发展》，《中国社会科学》2006年第2期。

李建建、戴双兴：《中国城市土地使用制度改革60年回顾与展望》，《经济研究参考》2009年第63期。

李青森、韩茂莉：《北京四合院使用格局和空间格局转变探因》，《城市问题》2008年第6期。

李晓鸿：《结构方程模型在顾客满意度测评中的应用研究》，《西安邮电学院学报》2007年第4期。

李嫣：《我国城镇居民住房制度：历史变迁及改进对策》，《中州学刊》2007年第3期。

李颖伯、郭利娅、崇菊义：《历史文化街区现状调查及发展规划的建议》，《北京联合大学学报》（人文社会科学版）2004年第1期。

练玉春：《论米歇尔·德塞都的抵制理论——避让但不逃离》，《河北学刊》2004年第2期。

刘欢：《简述空间生产》，《中小企业管理与科技（上旬刊)》2011年第5期。

刘靖宇：《浅谈我国土地制度的变迁及存在的问题》，《农民致富之友》2011年第7期。

参考文献

刘新江：《清代北京城市经济空间结构初探》，《城市史研究》2009年。

刘亚品：《西方马克思主义地理学之"空间"概念辨析》，《阴山学刊》2014年第4期。

陆小赛：《礼俗意义下中国古代建筑木雕的装饰审美》，《装饰》2006年第9期。

明庆忠、段超：《基于空间生产理论的古镇旅游景观空间重构》，《云南师范大学学报》（哲学社会科学版）2014年第1期。

平永泉：《建国以来北京的旧城改造与历史文化名城保护（续）》，《北京规划建设》1999年第6期。

钱俊希：《后结构主义语境下的社会理论：米歇尔·福柯与亨利·列斐伏尔》，《人文地理》2013年第28卷第2期。

盛宁：《关于后现代"表征危机"的思考》，《外国文学评论》1991年第1期。

史铁生：《记忆与印象》，《北京文学》2002年第3期。

孙静：《康熙朝编设佐领述论》，《中央民族大学学报》（哲学社会科学版）2008年第6期。

孙九霞、周一：《日常生活视野中的旅游社区空间再生产研究——基于列斐伏尔与德塞图的理论视角》，《地理学报》2014年第10期。

谭烈飞：《解放后北京城市住宅的规划与建设》，《当代中国史研究》2002年第6期。

陶伟、王绍续、朱竑：《身体、身体观以及人文地理学对身体的研究》，《地理研究》2015年第6期。

田继忠：《历史文化街区整体保护及有机更新的路径研究——以北京南锣鼓巷地区为例》，《经济论坛》2011年第11期。

汪梦林：《谈中国古代建筑构造等级制》，《山西建筑》2013年第13期。

王敏、赵美婷：《空间生产视角下的历史街区自主复兴——以广州华侨新村为例》，《华南师范大学学报》（自然科学版）2015年第2期。

王夏：《北京老城四合院的保护与利用》，《中华民居》2011年第10期。

魏屹东、裴利芳：《论情境化潜意识表征——评德雷福斯的无表征智能理论》，《科学技术与辩证法》2009年第2期。

温宗勇、龚渤、李伟、臧伟：《西四北头条到北八条历史文化保护区实录》，《北京规划建设》2011年第4期。

吴剑平：《遣发：关于表征》，《国外文学》1994年第2期。

谢纳：《实践哲学视域中的当代"空间转向"》，《长白学刊》2011年第4期。

杨国安、甘国辉：《人文地理学研究方法述要》，《地域研究与开发》2003年第1期。

佚名：《四蛇为祸》，《点石斋画报（1884—1898）》巳集·十期。

佚名：《指导思想》，《城乡建设》2016年第1期。

张博、葛鲁嘉：《具身认知的两种取向及研究新进路：表征的视角》，《河南社会科学》2015年第3期。

张华：《符号入场问题及其哲学意义》，《哲学动态》2010年第1期。

张敏、熊帼：《基于日常生活的消费空间生产：一个消费空间的文化研究框架》，《人文地理》2013年第2期。

张明庆：《北京什刹海地区名人故居的现状及其旅游开发》，《首都师范大学学报》（自然科学版）2007年第5期。

张千帆：《城市土地"国家所有"的困惑与消解》，《中国法学》2012年第3期。

张青：《农民集中居住区——居住形态与日常生活》，陈映芳等编《都市大开发——空间生产的政治社会学》，上海古籍出版社2009年版。

周轲婧、张大玉：《北京四合院院落空间及功能的当代置换》，国际人类学与民族学联合会、中国民族建筑研究会《族群·聚落·民族建筑——国际人类学与民族学联合会第十六届世界大会专题会议论文集》，云南大学出版社2009年版。

周秋光、屈小伟、程扬：《晚清六十年间（1851—1911）华北地区的自然灾害》，《湖南师范大学社会科学学报》2010年第2期。

周尚意：《区域三大本性与主体性》，《地理教育》2015年第6期。

周尚意、吴莉萍、苑伟超：《景观表征权力与地方文化演替的关系——以北京前门—大栅栏商业区景观改造为例》，《人文地理》2010年第5期。

周尚意、夏侯明健、成志芬：《北京四合院居住文化空间认同与传承——以西四北头条至八条保护区的调查为例》，宁越敏主编《中国城市研究》第九辑，科学出版社 2016 年版。

周兴杰：《表征危机与文化研究的知识分子构想》，《社会科学辑刊》2012 年第 5 期。

朱竑、高权：《西方地理学"情感转向"与情感地理学研究述评》，《地理研究》2015 年第 7 期。

三　译著

［美］埃德尔曼：《比天空更宽广》，唐璐译，湖南科学技术出版社 2012 年版。

［美］爱德华、苏贾：《后现代地理学——重申批判社会理论中的空间》，王文斌译，商务印书馆 2004 年版。

［美］爱德华·苏贾：《后现代地理学》，王文斌译，商务印书馆 2004 年版。

［美］大卫·哈维：《希望的空间》，胡大平译，南京大学出版社 2006 年版。

［美］弗里德利克·詹明信：《晚期资本主义的文化逻辑》，陈清侨译，生活·读书·新知三联书店 1997 年版。

［英］霍恩比：《牛津高阶英汉双解词典》（第四版增补本），李北达译，商务印书馆 2002 年版。

［英］凯·安德森、史蒂夫·派尔、奈杰尔·思里夫特等主编：《文化地理学手册》，李蕾蕾、张景秋译，商务印书馆 2009 年版。

［英］雷蒙·威廉斯：《关键词：文化与社会的词汇》，刘建基译，生活·读书·新知三联书店 2005 年版。

［美］理查德·皮特：《现代地理学思想》，周尚意等译，商务印书馆 2007 年版。

［法］列斐伏尔：《列斐伏尔：〈空间的生产〉新版序言（1986）》，刘怀玉译，《实践与文本》，http：//www.ptext.cn/home4.php？id＝4178。

［英］斯图尔特·霍尔编：《表征：文化表征与意指实践》，徐亮、陆兴华译，商务印书馆 2005 年版。

[美] Edward W. Soja:《第三空间:去往洛杉矶和其他真实和想象地方的旅程》,陆扬等译,上海教育出版社 2005 年版。

[瑞士] 索绪尔:《普通语言学教程》,高名凯译,商务印书馆 1980 年版。

[美] 约翰·R. 塞尔:《社会实在的建构》,李步楼译,上海人民出版社 2008 年版。

四 学位论文

丁同玉:《集体与国有两类建设用地"同地同权同价"不可能原理及其政策涵义》,硕士学位论文,浙江大学,2012 年。

胡伟伟:《兼顾公平与效率的我国土地制度改革研究》,博士学位论文,中国地质大学,2012 年。

焦怡雪:《社区发展:北京旧城历史文化保护区保护与改善的可行途径》,博士学位论文,清华大学,2003 年。

梁嘉㮣:《北京老城传统居住院落的演变研究》,硕士学位论文,清华大学,2007 年。

刘媛欣:《北京传统四合院空间的有机更新与再造研究》,硕士学位论文,北京林业大学,2010 年。

罗鹏:《论我国城市住房制度的历史变迁（1978—2007 年）》,硕士学位论文,广西师范大学,2008 年。

牛宏宇:《空间理论视域下的弗吉尼亚·伍尔夫研究》,博士学位论文,天津师范大学,2014 年。

任少云:《〈哈利·波特〉的叙事空间研究》,硕士学位论文,山西师范大学,2010 年。

孙越:《斯图亚特·霍尔的文化表征理论探究》,硕士学位论文,山东大学,2012 年。

唐博:《清末民国北京城市住宅房地产研究（1900—1949）》,博士学位论文,中国人民大学,2009 年。

陶春春:《北京传统院落空间非居住功能的现代化模式研究》,硕士学位论文,清华大学,2004 年。

王刚：《街道的句法——武汉汉正街街道历史性考察》，博士学位论文，华中科技大学，2008年。

王亮：《北京历史文化保护区规划中"居民参与"的理论与实践研究》，硕士学位论文，清华大学，2003年。

王珊珊：《北京东城区清代现存王府建筑研究》，硕士学位论文，北京建筑大学，2013年。

薛蕊：《以人口疏解为前提的四合院更新改造设计研究》，硕士学位论文，北京建筑工程学院，2012年。

尹婧：《中国传统门的形态及其装饰艺术研究》，硕士学位论文，北京林业大学，2011年。

张仲金：《南京1912主题街区发展战略研究》，硕士学位论文，南京理工大学，2012年。

四 报纸

丁淑静：《谈平津女青年会近讯》，《申报》1931年7月18日。

魏屹东：《科学表征 一种新的科学哲学》，《山西日报》2013年1月22日第C02版。

五 档案文献

《北平市警察局内四分局关于处理市民房屋纠纷案的文件》，1948年6月1日至1948年7月1日，北京市档案馆藏，档案号：J183-002-23111：12。

《北平市警察局内四分局关于调解市民房屋纠纷问题的文件》，1948年1月1日至1948年7月1日，北京市档案馆藏，档案号：J183-002-23104：12。

北京市档案馆藏，北京特别市工务局编制的北京市简略现状册、各区户口人口密度、北京市之概略、北京市河道湖沼一览表等及建设总署编制的北京都市计划大纲等（1941—1946年），档案号：J017-001-02478。

六　外文著作

Allport, G. W., *The Nature of Prejudice*, Addison-Wesley Publishing Company: Cambridge, MA, UAS, 1954.

Ambrose, P. J., *Whatever Happened to Planning*? Routledge, 1986.

Atkinson, D., *Cultural Geography: A Critical Dictionary of Key Ideas*, I. B. Tauris, 2005.

Carmona, M., De Magalhaes, C., Hammond, L., *Public Space: the Management Dimension*, Routledge: London, UK, 2008.

Clark, A., *Being There: Putting Brain, Body, and World Together Ggain*, London: MIT press, 1997.

Cook, N., Everist, M., *Rethinking Music*, Oxford University Press, 1999.

De Certeau M., *The Practice of Everyday Life: Living and Cooking*, Volume 2, U of Minnesota Press, 1998.

Deleuze, G., *Bergsonism*, trans. Hugh Tomlinson and Barbara Habberjam, New York: Zone, 1991.

Duncan, J. S., *The City as Text: The Politics of Landscape Interpretation in the Kandyan Kingdom*, Cambridge: Cambridge University Press, 2005.

Elden, S., *Understandig Henri Lefebvre: Theory and the Possible*, London: Continuum, 2004.

Gottdiener, M., *The Social Production of Urban Space*, New York: University of Texas Press, 1985.

Grice, H., *Maxine Hong Kingston*, Manchester University Press, 2006.

Hall, S. (Eds), *Representation: Cultural Representations and Signifying Practice*, London: SAGE Publisher in Association of the Open University, 1997.

Harvey, D., *The Condition of Postmodernity: An Enquiry into the Origins of Cultural Change*, Oxford: Basil Blackwell, 1989.

Lefebvre, H., *Everyday Life in the Modern World*, trans. Rabinovitch S, London: Athlone Press, 2000.

参考文献

Lefebvre, H., *La révolution urbaine*, Paris: Gallimard, 1970.

Lefebvre, H., *The Survival of Capitalism: Reproduction of the Relations of Production*, Allison & Busby, 1976.

Lefebvre, H., *Writings on Cities*, Oxford: Blackwell, 1996.

Lefebvre, H., "*The Survival of Capitalism: Reproduction of the Relations of Production*", trans, Frank Bryant, London: Allison and Busby, 1976.

Lefebvre, H., *Critique of Everyday Life* (Vol. 2), Verso, 2002.

Lefebvre, H., *The Production of Space*, trans. D. Nicholson-Smith, Oxford: Blackwell, 1991.

Lin Ximeng, "The Housing Land Management in Dongcheng District in Beijing", *The Housing Bureau of Land Management in Dongcheng District in Beijing*, 1998.

Madanipour, A., *Cities in time: Temporary Urbanism and the Future of the City*, London: Bloomsbury, 2017.

Manning, E., *Relationscapes: Movement, Art, Philosophy*, Mit Press, 2009.

Merrifield, A., "Place and Space: a Lefebvrian Reconciliation", *Transactions of the Institute of British Geographers*, No. New Series 18, 1993.

Michel de Certeau, *The Practice of Everyday Life*, Berkeley: University of California Press, 1984.

Norberg-Schulz, C., *Existence, Space & Architecture*, New York: Praeger, 1971.

Paul C. Adams, Steven D. Hoelscher, Karen E. Till, *Textures of Place: Exploring Humanist Geographies*, Regents of the University of Minnesota, 2001.

Relph, E., *Place and Placeles Sness*, London: Pion, 1976.

Rydin, Y., *The British Planning System: An Introduction*, London: Macmillan, 1993.

Said, E., *Orientalism*, New York: Vintage, 1978.

Seamon, D., "Body-subject, Time-space Routines, and Place-ballets", in Buttimer, Anne, and David Seamon, eds. *The Human Experience of Space and Place*, London: Croom Helm, 1980.

Seamon, D., *A Geography of the Lifeworld: Movement, Rest and Encounter*, Croom Helm, 1979.

Shields, R., *Places on the Margin: Alternative Geographies of Modernity*, Routledge, 2013.

Shields, R., *Lefebvre, Love, and Struggle: Spatial Dialectics*, Psychology Press, 1999.

Soja, E. W., "Postmodern Geographies: The Reassertion of Space in Critical Social Theory", *Verso*, 1989.

Soja, E. W., *Thirdspace: Journeys to Los Angeles and Other Real-and-imagined Places*, Oxford: Blackwell, 1996.

Sorkin, M., *Variations on a Theme Park: The New American City and the End of Public Space*, Hill and Wang: New York, NY, USA, 1992.

Stuart Elden, *Understanding Henri Lefebvre: Theory and the Possible*, New York: Continuum, 2004.

Thrift, N., *Non-representational Theory: Space, Politics, Affect*, Routledge, 2008.

Thrift, N., *Spatial Formations*, Sage, 1996.

Worchel, S., Rothgerber, H., Day, A., et al., *Social Identity*, Oxford: Blackwell Publishing Ltd., 1998.

Yi-Fu, T., *Space and Place: the Perspective of Experience*, Minneapolis: University of Minnesota Press, 1977.

七　外文论文

"Henri Lefebvre", https://en.wikipedia.org/wiki/Henri_Lefebvre.

Abu-Rabia-Queder, S., Karplus, Y., "Regendering Space and Reconstructing Identity: Bedouin Women's Translocal Mobility Into Lsraeli-Jewish Institutions of Higher Education", *Gend. Place Cult*, Vol. 20, 2013.

Ahmad, M., "Deconstructing Bond of Signifier & Signified: a Corpus-based Study of Variation in Meaning", *International Journal of Linguistics*, Lit-

erature and Culture, Vol. 6, No. 4, 2020.

Allen, J., Pryke, M., "The Production of Service Space", *Environment & Planning D: Society & Space*, Vol. 12, 1994.

Anderson Hannah, "Chicago's Critical Mass & the Transportation of Everyday Life", http://hannahwinkle.com/ccm/ccm.htm. 2007.

Benson, M. & Jackson, E., "Place-making and Place Maintenance: Performativity, Place and Belonging Among the Middle Classes", *Sociology*, Vol. 47, No. 4, 2013.

Bucher, S., Ištoková, M., "Self-governing Regions in Slovakia: Spatial Differentiation and Perception of Socio-cultural Identity by Local and Regional Officials", *Geografie*, Vol. 120, No. 1, 2015.

Carp, J., "Ground-Truthing" Representations of Social Space Using Lefebvre's Conceptual Triad", *Journal of Planning Education and Research*, Vol. 28, No. 2, 2008.

Charnock, G., Ribera-Fumaz, R., "A New Space for Knowledge and People? Henri Lefebvre, Representations of Space, and the Production of 22@ Barcelona", *Environment & Planning D: Society & Space*, Vol. 29, No. 4, 2011.

Cochrane, A., "What a Difference the Place Makes: The New Structuralism of Locality", *Antipode*, Vol. 19, 1987.

Cresswell, T., "'You Cannot Shake that Shimmie Here': Producing Mobility on the Dance Floor", *Cultural Geographies*, Vol. 13, No. 1, 2006.

Dirksmeier, P. & Helbrecht, I., "Time, Non-representational Theory and the 'Performative Turn'—Towards a New Methodology in Qualitative Social Research", *Forum Qualitative Sozialforschung/Forum: Qualitative Social Research*, Vol. 9, No. 2, 2008, p. Art. 55, http://nbnresolving.de/urn:nbn:de:0114-fqs0802558.

Ealham, C., "An Imagined Geography: Ideology, Urban Space, and Protest in the Creation of Barcelona's 'Chinatown', c. 1835-1936", *Inter-

national Review of Social History, Vol. 50, 2005.

Eizenberg, E., "Actually Existing Commons: Three Moments of Space of Community Gardens in New York City", *Antipode*, Vol. 44, No. 2, 2012.

Fyfe, N. R., "Contested Vsions of a Modern City: Planning and Poetry in Postwar Glasgow", *Environment and Planning A*, Vol. 28, No. 3, 1996.

Geoff, E., "Stuart Hall 1932—2014", *History Workshop Journal*, Vol. 79, No. 1, 2015.

Gold, J. R., Revill, G., "Gathering the Voices of the People? Cecil Sharp, Cultural Hybridity, and the Ffolk Music of Appalachia", *Geo Journal*, Vol. 65, No. 1-2, 2006.

Hall, S., "Minimal Selves", in Gray, A and McGuigan, J. editors, *Studying Culture*, New York: Edward Arnold, 1993.

Hanif, E., Hashemnejad, H., Ghafourian, M., "The Concept of Sustainable Dwelling Epitomized in the Courtyards of Iranian Houses: A case Study of Houses in Kashan in the Qajar Period", *J. Eng. Appl. Sci.*, Vol. 12, No. 6, 2017.

Harvey, D., "The Urban Process Under Capitalism: a Framework for Analysis", *International Journal of Urban and Regional Research*, Vol. 2, No. 1-4, 1978.

Heidegger, M., "Bauen Wohnen Denken", in Führ, E. ed., *Building and Dwelling, Martin Heidegger's Foundation of a Phenomenology of Architecture*, Munich: Waxmann Münster, 2000 (first published in 1952).

Helbrecht, I., "Bare Geographies in Knowledge Societies—creative Cities as Text and Piece of Art: two Eyes, one Vision", *Built Environment*, Vol. 30, No. 3, 2004.

Hinchliffe, S., "Performance and Experimental Knowledge: Outdoor Management Training and the end of Epistemology", *Environment & Planning D: Society & Space*, Vol. 18, No. 5, 2000.

Horton, J., Kraftl, P., "Not Just Growing up, but Going on: Materials, Spacings, Bodies, Situations", *Children's Geographies*, Vol. 4, No. 3, 2006.

Howel, O., "The Poetics of Security: Skateboarding, Urban Design, and the new Public Space", *Urban Action*, 2001.

Jia, W., Huang, S., "Symbolic Reconstruction of a Chinese Cultural Community: An Analysis of Jinglong Wang's Folk Painting Celebrating a Bumper Harvest", *The Journal of Popular Culture*, Vol. 37, No. 4, 2004.

John Nagle, "Sites of Social Centrality and Segregation: Lefebvre in Belfast, a 'Divided City'", *Antipode*, Vol. 41, No. 2, 2009.

Joseph, P., Deborah, M. & James, M., "Relational Place-making: the Networked Politics of Place", *Transactions of the Institute of British Geographers*, Vol. 36, No. 1, 2010.

Korpela, K. M., "Place-identity as a Product of Environmental Self-regulation", *Journal of Environmental Psychology*, Vol. 9, No. 3, 1989.

Kraftl, P., "Building an Idea: the Material Construction of an Ideal Childhood", *Transactions of the Institute of British Geographers*, Vol. 31, No. 4, 2006.

Kuhlke, O., "German Bodies: Race and Representation After Hitler. Gender", *Place and Culture*, Vol. 7, No. 2, 2000.

Laura Beth Bugg, "Religion on the Fringe: the Representation of Space and Minority Religious Facilities in the Rural-urban Fringe of Metropolitan Sydney, Australia", *Australian Geographer*, Vol. 43, No. 3, 2012.

Laurier, E., Philo, C., "Possible Geographies: a Passing Encounter in a Café", *Area*, Vol. 38, No. 4, 2006.

Lefebvre, H., "Toward a Leftist Cultural Politics: Remarks Occasioned by the Centenary of Marx's Death", in Nelson C., Grossberg L. Eds. *Marxism and the Interpretation of Culture*, trans. Reifman D., Champaign: University of Illinois Press, 1988.

Lyndon, D., et al., "Towards Making Place", *Landscape*, Vol. 12, No. 3, 1962.

Massey, D., "Thinking Radical Democracy Spatially", *Environment & Planning D: Society & Space*, 1995.

Matless, D. & Cameron, L., "Experiment in Landscape: the Norfolk Excavations of Marietta Pallis", *Journal of Historical Geography*, Vol. 32, No. 1, 2006.

McCann, E. J., "Race, Protest, and Public Space: Contextualizing Lefebvre in the US city Antipode", *Antipode*, Vol. 31, No. 2, 1999.

McCarthy, E. D., "Toward a Sociology of the Physical World: George Herbert Mead on Physical Objects", *George Herbert Mead. Critical Assessments*, No. 4, 1984.

McCormack, D. P., "Diagramming Practice and Performance", *Environment & Planning D: Society & Space*, Vol. 23, No. 1, 2005.

McCormack, D. P., "Geographies for Moving Bodies: Thinking, Dancing, Spaces", *Geography Compass*, Vol. 2, No. 6, 2008.

Melewar, C., "Determinants of the Corporate Identity Construct: a Review of the Literature", *Journal of Marketing Communications*, Vol. 9, No. 4, 2003.

Michelson, W., "Research note: An Empirical Analysis of Urban Environmental Preferences", *J. Am. I. Planners*, Vol. 32, No. 6, 1966.

Mitchell, D., "The end of Public Space? People's Park, Definitions of Public, and Democracy", *Annals of the Association of American Geographers*, Vol. 85, 1995.

Muller, M. S., "Traditional Cultural Identity in new Dwellings of Urban Africa", *Ekistic*, Vol. 51, No. 307, 1984.

Nash, C., "Performativity in Practice: Some Recent Work in Cultural Geography", *Progress in Human Geography*, Vol. 24, No. 4, 2000.

No author, "David Harvey", https://en.wikipedia.org/wiki/David_Harvey.

Paasi, A., "Place and Region: Looking Through the Prism of Scale", *Progress in Human Geography*, Vol. 28, No. 4, 2004.

Pettigrew, T. F., "Intergroup Contact Theory", *Annu. Rev. Psychol*, Vol. 49, No. 1, 1998.

Revill, G., "Cultural Geographies in Practice Performing French folk Music:

参考文献

Dance, Authenticity and Nonrepresentational Theory", *Cultural Geographies*, Vol. 11, No. 2, 2004.

Ricoeur, P. , "Oneself as Another", *Philosophy & Social Criticism*, 1994.

Rob Shields, "Henri Lefebvre: Introduction", http://www.slidefinder.net/h/henri_lefebvre_introduction_rob_shields/lecture/5419117, 2015 年 9 月 27 日.

Rubidge, S. , "Nomadic diagrams: Choreographic topologies", *Choreographic Practices*, Vol. 1, No. 1, 2011.

Shusterman, R. , *Practicing Philosophy: Pragmatism and the Philosophical Life*, Psychology Press, 1997.

Shusterman, R. , *Practicing Philosophy: Pragmatism and the Philosophical Life*, Psychology Press, 1997.

Sletto, B. , "Producing Space (s), Representing Landscapes: Maps and Resource Conflicts in Trinidad", *Cultural Geographies*, Vol. 9, No. 4, 2002.

Smith, D. L. , "Household Design and Family Needs in Nairobi, Kenya", *Ekistic*, Vol. 48, No. 287, 1981.

Soja, E. W. , "Beyond Postmetropolis", *Urban Geography*, Vol. 32, No. 4, 2011.

Soja, E. , "The Spatiality of Social Life: Towards a Transformative Retheorisation", in Gregory D. , Urry J. eds. *Social Relations and Spatial Structures*, London: Macmillftn, 1985.

Stephen, P. , Ross, C. , "Public Injecting Drug use and the Social Production of Harmful Practice in High-rise Tower Blocks (London, UK): A Lefebvrian Analysis", *Health & Place*, Vol. 17, No. 3, 2011.

Stoller Nancy, "Space, Place and Movement as Aspects of Health Care in Three Women's Prisons", *Social Science & Medicine*, Vol. 56, 2003.

Takeuchi, K. , "Rebuilding the Relationship Between People and Nature: the Satoyama Initiative", *Ecological Research*, Vol. 25, No. 5, 2010.

Thrift, N. , Dewsbury, J. D. , "Dead Geographiesöand how to Make Them

Live", *Environment & Planning D: Society & Space*, Vol. 18, 2000.

Thrift, N., "Steps to an Ecology of Place", in Allen, J., Massey, D. & Sarre, P., eds., *Human Geography Today*, Cambridge: Polity Press, 1999.

Tomlinson, J., "Globalization and Cultural Identity", *The Global Transformations Reader*, No. 2, 2003.

Wessel, T., "Does Diversity in Urban Space Enhance Intergroup Contact and Tolerance?", *Geogr. Ann*, Vol. 91, 2009.

Wheeler, R., "Local History as Productive Nostalgia? Change, Continuity and Sense of Place in Rural England", *Social & Cultural Geography*, Vol. 18, No. 4, 2017.

Williams, D. R., Susan, I. Stewart, "Sense of Place: An Elusive Concept that is Finding a Home in Ecosystem Management", *Journal of Forestry*, Vol. 96, No. 5, 1998.

Zhang, X., "Urban Land Reform in China", *Land Use Policy*, Vol. 14, No. 3, 1997.

八 网络文献

《2015年中央城市工作会议（全文）》，http://bg.yjbys.com/gongzuobaogao/26711.html，2016年1月5日。

《2020年各区棚户区改造项目清单》，http://zjw.beijing.gov.cn/bjjs/zfbz/phqgz/ndssjh/index.shtml，2021年5月30日。

《北京市第一批历史文化保护区名单》（北京市人民政府1990年11月23日公布），http://www.bjww.gov.cn/2009/1-6/1231217210031.html。

《北京行政区划调整：西城宣武合并 东城崇文合并》，http://news.hexun.com/2010-07-01/124126471.html，2010年7月1日。

《北京城市总体规划（2016年—2035年）》，http://www.beijing.gov.cn/gongkai/guihua/wngh/cqgh/201907/t20190701_100008.html，2017年9月29日。

参考文献

《北京东四今年将试点居民"申请式搬迁"》，http：//news. chinanews. com/gn/2016/01 – 24/7730017. shtml，2016 年 1 月 24 日。

《北京老城历史文化保护区保护和控制范围规划》，http：//www. bjww. gov.

《北京市"十二五"规划纲要》，http：//district. ce. cn/zt/zlk/bg/201205/ 25/t20120525_23354637_14. shtml，2015 年 11 月 10 日，2015 年 12 月 5 日。

《北京市"十二五"时期历史文化名城保护建设规划》，http：//www. bjghw. gov. cn/web/bjghw_125. html，2015 年 11 月 20 日。

《北京市房地产管理局关于处理有关私房改造遗留问题的通知》，http：// www. 110. com/fagui/law_67680. html，2015 年 12 月 3 日。

《北京市落实私房政策领导小组关于印发〈关于落实"文化大革命"中接管的私房政策的若干规定的实施细则〉的通知》，http：//wenku. baidu. com/link？url = ajLgumMdrUCWDGkr3PUsebw4mad HdjneU64 nIMFWujUlImF1EGJwNa4Yycl6o1PpQ7F-TA3BvJ9WVS7YlvKnyXDHmnjVOf FQsMvt4mydYO，2012 年 4 月 22 日。

《北京市人民委员会批转市房地产管理局〈关于市、区级房屋分配工作几项规定的请示〉》，http：//www. 110. com/fagui/law_67884. html。

《北京市十三五规划建议全文内容公布》，http：//bj. bendibao. com/news/ 2015-128/210415. shtm，2015 年 12 月 08 日。

《北京市私房改造领导小组对私有出租房屋进行社会主义改造几个具体政策问题的规定》，http：//law. fayi. com. cn/256871. html。

《北京市推进全国文化中心建设中长期规划（2019 年—2035 年）》，http：// www. gov. cn/xinwen/2020 – 04/09/content_5500586. htm，2020 年 4 月 09 日。

《蔡奇：做好首都文化这篇大文章 推动全国文化中心建设不断取得新成效》，http：//news. eastday. com/eastday/13news/auto/news/china/20190601/ u7ai8604223. html，2019 年 6 月 1 日。

《东城拟疏解被占文物故居》，http：//www. huabianwen. com/detail/rolls316 0124m1435634772. html，2016 年 1 月 24 日。

《独家视频：习近平雾霾天视察北京胡同 问住房改造》，http：//news.ifeng. com/mainland/detail_2014_02/25/34166378_0. shtml，2014 年 2 月 25 日。

《关于鼓励单位和个人购买北京老城历史文化保护区四合院等房屋的试行规定》，http：//www. chinalawedu. com/news/1200/22598/22623/22948/22-986/2006/4/so756327490291460029165-0. htm，2015 年 11 月 23 日。

《关于落实 2008 年奥运会前旧城内历史风貌保护区整治工作的指导意见》，http：//www. bjjs. gov. cn/publish/portal0/tab3573/info72930. htm，2015 年 12 月 3 日。

《关于目前城市私有房产基本情况及进行社会主义改造的意见》，http：//tjbiji. blog. sohu. com/186276540. html，2011 年 10 月 01 日。

《关于实施中华优秀传统文化传承发展工程的意见》，http：//politics. people. com. cn/n1/2017/0126/c1001-29049653. html，2017 年 1 月 26 日。

《关于迅速清退机关、企事业单位占用私人房屋问题的通知》，http：//www. 110. com/fagui/law_354660. html，2015 年 12 月 3 日。

《国务院批转国家房产管理局〈关于私有出租房屋社会主义改造问题的报告〉》，http：//www. 54-ok. com/show. asp? id=262，2010 年 4 月 18 日。

《精心打造北京"金名片"》，http：//www. xinhuanet. com/syzt/jjjmp/，2017 年 3 月 27 日。

《李克强对棚户区改造工作作出重要批示强调》，http：//news. sina. com. cn/c/2015-10-10/doc-ifxiqtqy0717512. shtml，2015 年 10 月 10 日。

霜林：《西安市场与西安门》，http：//cn. obj. cc/article-6826-1. html，2002 年 12 月 1 日。

王安顺：《将北京建设成国际一流的和谐宜居之都》，http：//bj. people. com. cn/n/2015/0123/c82837-23659075. html，2015 年 1 月 23 日。

王国华：《北京的四合院》，北京文博，http：//www. bjww. gov. cn/2004/7-28/3166. html，2004 年 7 月 28 日。

佚名：《对北京西四东四牌楼的额文和老照片的澄清》，http：//www. 360doc.

com/content/14/0713/11/651210_394062078. shtml，2014 年 7 月 13 日。

《在哲学社会科学工作座谈会上的讲话》，http：//www. xinhuanet. com/politics/2016 - 05/18/c_1118891128. htm，2016 年 5 月 18 日。

张时哲：《漫谈十八大报告中的文化强国战略》，http：//dangjian. people. com. cn/n/2013/0117/c136058 - 20236742. html，2013 年 01 月 17 日。

《中共北京市委关于处理机关部队挤占私房进一步落实私房政策的通知》，http：//www. 110. com/fagui/law_67812. html，2015 年 12 月 5 日。

《中共北京市委关于制定北京市国民经济和社会发展第十三个五年规划的建议》，http：//www. vccoo. com/v/73b826，2015 年 12 月 9 日。

中共中央批转中央书记处第二办公室《关于目前城市私有房产基本情况及进行社会主义改造的意见》，http：//tjbiji. blog. sohu. com/18627-6540. html，2011 年 11 月 1 日。

《中共中央十三五规划建议（全文）》，http：//news. ifeng. com/a/20151103/46094489_0. shtml，2015 年 11 月 03 日。

《中共中央推动文化大发展大繁荣的决定》，http：//news. ifeng. com/mainland/special/17jieliuzhongquanhui/content-4/detail_2011_10/25/101-42993_0. shtml，2011 年 10 月 25 日。

《中国共产党第十八届中央委员会第二次全体会议公报》，http：//news. xinhuanet. com/2013 - 02/28/c_114843346. htm，2013 年 2 月 28 日。

《最高人民法院关于国家经租房屋的业主实际上丧失所有权的批复》，http：//www. 54-ok. com/show. asp? id =263，2010 年 4 月 18 日。

后　记

一

文化是一个国家、一个民族的灵魂。文化兴国运兴，文化强民族强。保护优秀文化已经成为全人类的共识，而优秀文化不仅包含优秀传统文化，也包含创新文化。历史文化街区既包含丰富的中华优秀传统文化，也包含许多创新文化。既包含表征文化，也包含非表征文化。然而，目前对历史文化街区的研究主要集中于表征文化，对其的保护依据也主要来源于从历史文献和历史建筑形态中挖掘的表征文化。而按照文化地理学近年来兴起的"非表征理论"，仅以这些历史资源不足以保护历史文化街区的文化，因为它们不仅来源于建筑，也来源于居住在历史文化街区中的居民。非表征文化还能体现历史文化街区的创新文化和地方特色。因此，从文化地理学空间表征与非表征综合的视角对历史文化街区的文化进行研究和保护非常必要。

本书的主要内容是分析北京西四北一至八条街区的表征文化、非表征文化，以及探究表征与非表征之间的关系，进而探索综合保护历史文化街区文化的途径，并提出其文化综合保护的框架和方案。

本书以北京的历史文化街区为案例研究地，是由于其在全国具有代表性，也具有紧迫性。正如《北京城市总体规划（2016 年—2035 年）》提出，北京历史文化遗产是中华文明源远流长的伟大见证。要大力推进

后 记

北京全国文化中心建设，提升其文化软实力和国际影响力。要传承城市历史文脉，深入挖掘保护内涵，构建全覆盖、更完善的保护体系。对北京历史文化街区表征与非表征文化保护的综合研究能为推动北京建设成为中国特色社会主义先进文化之都做出贡献。

本书具体以西四北一至八条街区为研究区域，是由于它是自元代以来北京胡同肌理保留最为完善、胡同系统保留最为完整的传统居住区之一，有不少保护较好的四合院。由于历史悠久，沉淀的历史文化相对丰富，能很好地发掘其在历史长河中形成的表征文化。作为传统的居住区，这里既有居住多于50年的长期居住者，多于30年的老居民，也有居住小于5年的全新居民，这为本书从居民日常生活中进行非表征文化识别提供很好的条件。该街区也是北京公布的第一批25片历史文化保护区之一，尤其在北京居住类的历史文化街区中具有典型性。

本书是在博士论文的基础上，加上近几年的修改、延伸、拓展所写成的一部学术成果。这些修改、延伸、拓展至少包含以下方面：一，重新撰写了部分内容，如重新撰写了"空间展现表征文化保护效果"及"空间实践分析影响表征文化保护的因素"部分，在该部分重新构建了结构方程模型并进行了分析。二，追踪研究了国内外关于表征理论、非表征理论、三元空间理论最新的核心文献；三，对表征理论、非表征理论、三元空间理论，及三者之间的关系做了进一步的思考和梳理，尤其是对于表征文化与非表征文化之间的联系和差别做了延伸研究；四，拓展研究了宏观的社会空间结构对表征文化形成发展演变的影响，以及分析了非表征文化形成发展的动因等；五，于2018年、2021年对研究区域进行了后续跟踪调研；六，对一些具体内容进行了补充或替换，如补充分析了表征与非表征文化综合保护的途径。如将部分照片替换为最新的照片：由于西四北五条58号院（原为国际青年旅舍）及西四北二条52号院（原为北京四合院客栈）功能的改变，本书对西四街区四合院新式天棚的照片进行了替换。又如将图5-21的图片替换为2021年的照片等。

本书也是本人国家自然科学基金资助项目"表征与非表征视角下历史文化街区文化综合保护研究——以北京不同功能类典型街区为例"

（41801143）的成果。该成果也被纳入北京学文库。

　　本书可能的创新点有两个，一是，当下对历史文化街区的研究和保护多集中于表征文化，本书引入了非表征理论，并探讨表征文化与非表征文化之间的区别及联系。二是，探讨表征、非表征与三元空间理论的关系，进而探讨历史文化街区文化综合保护的途径。本书可能存在以下不足。一是，本书尚未讨论研究区域由表征转化为非表征的情形。二是，由于资料所限，本书尚未找到研究区域历史上的非表征文化的经典案例。三是，本书得出研究区域需要适当降低居住人口的密度，适当保留一定比例的老居民的建议，但人口密度及老居民比例的范围尚未讨论。

　　本书对一些不统一的名称，以及容易引起读者疑问的名词，均进行了脚注。如书中有时候出现"西四北一至八条"，有时出现"西四北头条至八条"，是由于北京市人民政府1990年公布的《北京市第一批历史文化保护区名单》中的名称为"西四北一至八条街区"，而西四地区实际的门牌号中为西四北头条。因此，当与"街区"搭配出现时，书稿使用的是"西四北一至八条"，当与胡同、四合院等搭配出现时，使用的是"西四北头条"或者"西四北头条至八条"。又如，书稿第五章中使用的是"居民的权力"，而非"居民的权利"，是为了与列斐伏尔的三元空间理论中的"权力"相呼应。本书还对一些已经公开发表的内容进行了标注。

　　本书对非表征理论的研究还只是一个开始和探索，非常粗浅，许多问题还有待做更深入的研究，衷心地等待读者们的批评指正。

二

　　本书在撰写、修改、出版的过程中，得到了很多老师、同事等的鼓励、支持和帮助，在此表示衷心的感谢！

　　首先，感谢我的恩师——北京师范大学的周尚意教授，作为文化地理学的权威和领军人物之一，她以独到的视角、敏锐的眼光捕捉到文化地理学最前沿的研究主题和内容。本书从选题到写作到完稿，都得到周老师的

后　记

指导，在此对她深表敬意！也感谢老师为本书作序！从周老师的身上，我学到的不仅是她严谨的治学态度，更是她对于人生的积极的态度。

感谢北京联合大学应用文理学院的张宝秀教授，她对于本书整体的完善及一些细节的修改，以及对于我其他工作给予了悉心指导和无私帮助。与张老师的缘分，弥足珍贵。

感谢北京大学理学部城市与环境学院历史地理研究所的唐晓峰教授、北京师范大学地理科学学部人文地理学专业的各位老师，尤其是吴殿廷教授、宋金平教授、张文新教授、葛岳静教授、梁进社教授，在本书稿的完善过程中，他们都提出了很好的问题和建议，这些问题和建议对于本书的修改具有指导意义。他们对学术的厚重的造诣值得我敬佩。

感谢北京联合大学师范学院科研处周华丽处长，校对该书时正逢我在师范学院科研处挂职副处长，我俩同在一个办公室，她对于我书稿的校对很热情地给予指点，在此表达我的谢意！

我与同门师兄弟姐妹曾常相聚在一起，相互切磋，毕业后大家各赴前程，现为中央财经大学的戴俊骋副教授、北京市社会科学研究院的赵继敏副研究员、青岛大学的唐顺英副教授、云南师范大学的华红莲副教授、河南大学的别乾龙副教授、海口市自然资源和规划局的田燕、商务印书馆的苏娴，现为北京大学博士生的夏侯明健师妹、纪凤仪师妹，北京师范大学博士生李大伟师弟、李鑫师妹等给我很多启发，对他们表示感谢！

感谢中国社会科学出版社的领导和编辑对本书付出的工作，这是一个口碑很好的出版社，也是全国优秀出版社，出版了很多具有影响的学术著作。更感谢吴丽平、张小会等对书稿不遗余力地审读和校核！

最后，感谢我的家人在整个书稿的研究、撰写过程中对我一如既往地理解、支持和付出！他们是激励我前行的强大动力。

成志芬

2021 年 9 月